Herbert Bauernebel

UND DIE LUFT WAR VOLLER ASCHE

HERBERT BAUERNEBEL

UND DIE LUFT WAR VOLLER ASCHE

9/11 – Der Tag,
der mein Leben veränderte

LÜBBE HARDCOVER

MIX
Papier aus verantwortungsvollen Quellen
FSC® C014496
www.fsc.org

Dieser Titel ist auch als E-Book lieferbar.

Lübbe Hardcover in der Bastei Lübbe GmbH & Co. KG

Originalausgabe

Umschlaggestaltung: Geviert Büro für Kommunikationsdesign, München
Umschlagmotiv: © TORGOVNIK JONATHON/laif
Satz: Dörlemann Satz, Lemförde
Gesetzt aus der Weiss
Druck und Einband: GGP Media GmbH, Pößneck

Printed in Germany
ISBN 978-3-7857-2423-1

5 4 3 2 1

Sie finden uns im Internet unter: www.luebbe.de
Bitte beachten Sie auch: www.lesejury.de

Für Mia, Maxwell und Estee

1

Dieses Geräusch. Was ist das? Ein Flugzeug? Muss es sein, die Düsentriebwerke sind deutlich zu hören. Aber wo? Und wieso so laut? Ich sitze an meinem Schreibtisch, der erste Kaffee steht neben dem schwarzen Apple-Laptop. Ich checke E-Mails. Das österreichische Magazin *News*, für das ich seit zweieinhalb Jahren als US-Korrespondent arbeite, hat mir gerade den aktuellsten Produktions-Seitenspiegel geschickt, Nr. 37/01, Version 5B. Es ist Dienstag, Produktionsschluss. Meine aktuellen Geschichten habe ich bereits abgeliefert. Es sollte ein ruhiger Tag werden: Medienbeobachtung, Archivarbeiten, ein paar Telefonate, Kontaktpflege. Vielleicht ein Mittagessen mit meiner Frau Estee. Wenn ihr nicht gerade übel ist: Sie ist schwanger, in der achten Woche. Es ist unser erstes Kind. Ihr Appetit ist beachtlich, zu allen Tages- und Nachtzeiten schaufelt sie Köstlichkeiten in sich hinein – wenn es ihre »Morgenkrankheit« zulässt.

Doch plötzlich sitze ich wie festgefroren im Sessel. Dieses Geräusch! Ich kann es nicht einordnen. Über New York kreisen ständig Jumbos. Sie starten und landen auf drei Großflughäfen: JFK und LaGuardia in Queens, Newark auf der anderen Seite des Hudson im benachbarten Staat New Jersey. Wir wohnen im 31. Stock. Viele der meistfrequentierten Flugbahnen haben sich längst in mein Gedächtnis eingeprägt: Eine von ihnen verläuft parallel zum Hudson, von Süden kommend verlieren die Jumbos im steten Sinkflug an Höhe und absolvieren dann nördlich der

Stadt eine dramatische Kehrtwende für den finalen Landeanflug auf LaGuardias Piste 4-22. Eine andere Schneise im dichten Flugverkehr lässt Jumbos von Norden einschweben, mit einer scharfen Kurve über Manhattan, bevor sie am Kennedy-Flughafen aufsetzen.

Doch dieses Heulen der Jumbo-Triebwerke? So nahe, so niedrig. Und so laut?

Jetzt geht alles blitzschnell. Das Röhren der Triebwerke wird dramatisch lauter. Plötzlich plärren die beiden Düsen noch einmal richtig los. Voller Schub.

Ich starre geradeaus durch das Fenster, meine Augen folgen dem Getöse. Durch mehrere Hochhäuser, teils verdeckt, sehe ich die Nordseite des Wolkenkratzers *World Trade Center One* (WTC I), den nördlichen der beiden Zwillingstürme. 417 Meter hoch ragt allein der Koloss auf, der Sendemast auf dem Dach schraubt sich weitere 111,3 Meter in den Himmel über Manhattan. In dem für die *Twin Towers* so charakteristischen, grau glänzenden Gittermuster der Fassade glitzert die aufsteigende Morgensonne. Während der Nacht hat eine heftige Gewitterfront Dunst und Smog über New York weggewaschen. Ein herrlicher Spätsommertag: Keine Wolke trübt den azurblauen Himmel, wohltemperierte zwanzig Grad Celsius waren es am Morgen.

Dem Turbinengeheul folgt das Unvorstellbare: zuerst ein dumpfer Schlag, dann eine gewaltige Explosion – laut, durchdringend, nervenzerfetzend. Die Fenster vibrieren. Mein Herz schlägt bis zum Hals. Adrenalin schießt mir durch den Körper. Ich springe aus dem Sessel. *American Airlines*-Flug 11 – gestartet in Boston mit dem Ziel Los Angeles, doch knapp nach dem Start von fünf Al-Qaida-Terroristen entführt – hat sich mit unvorstellbarer Wucht in den Turm gebohrt. 168 Tonnen wog der Jumbo, betankt mit 94 Tonnen leicht entflammbarem Kerosin. Auf 750 Stundenkilometer hat Terrorzellenführer Mohammed Atta den Jet noch beschleunigt.

In dieser Schrecksekunde weiß ich das natürlich nicht. Angst und Unglauben vermischen sich zu einem lähmenden Gefühl. Alles läuft wie in Zeitlupe ab: Ich sehe, wie Stichflammen aus mehreren Stockwerken schießen. Die umliegenden Hochhäuser schleudern den ohrenbetäubenden Knall als Echo zurück. Das Inferno hallt durch Lower Manhattan. Endlos. »Boom, boom, boom, boom …«, immer leiser und von immer weiter weg. Es ist gespenstisch und alarmierend. Durchdringend. Die 270000 Stahlträger im Inneren des vertikalen Kolosses biegen sich. Der Turm ächzt. Es ist deutlich zu hören.

»Was war das?«, fragt Estee. Sie war noch im Schlafzimmer, als sie die Explosion hörte. Zuerst dachte sie, Bauarbeiter hätten einen der riesigen Metalldeckel auf eine Baugrube geknallt, um den Verkehrsfluss während des Tages zu gewährleisten. So machen sie es fast jeden Morgen, seitdem Baucrews in unserem Bezirk jeden Quadratzentimeter der umliegenden Straßen aufbohren, zuschütten, wieder aufbohren.

Ich stehe am Fenster, starre stumm auf die unglaubliche Szene dreihundert Meter über mir und nur fünf Straßenblocks entfernt. Papierfetzen segeln durch die Luft. Der pechschwarze Rauch, der aus den Brandherden zwischen der 93. und der 99. Etage quillt, ist durchsetzt von Akten, Druckerpapier, Schreibunterlagen – fast wie bei einem Konfettiregen, wenn die Baseball-Stars der Yankees nach einem Triumph auf dem Broadway, dem *Canyon der Helden*, mit Tonnen von aus den Bürofenstern geworfenen Papierschnipseln gefeiert werden. »Oder wie wenn man ein Daunenpolster aufsticht«, beschreibe ich den Anblick später meinen Freunden und der Familie.

Die leichte Brise lässt die Papiere durch den Hochhauswald segeln. Langsam gleiten sie, sanft schaukelnd, in die Straßenschluchten hinab. Einige landen bei uns auf dem Balkon. »Ich weiß nicht, aber ein Flugzeug ist ins World Trade Center gekracht!«, sage ich ernst zu Estee.

Sie starrt mich alarmiert an. Sie wirkt verwirrt.

Ich deute nach draußen: »Sieh dir das an …«

Die segelnden Papiere wehen jetzt – fast schaurig schön – über dem ganzen Finanzbezirk rund um die weltberühmte Wall Street. Estee sieht nach oben. Sie schüttelt den Kopf, hält sich mit der linken Hand den Bauch. Mutterinstinkte wohl.

Nach der ersten Schrecksekunde besinne ich mich auf meinen Job. Ich wähle die Nummer der Chefredaktion. Es ist 8:46 Uhr, wie später die Rechnung unserer Telefongesellschaft belegt. Der 11. September 2001.

»Ist es dringend?«, fragt die Assistentin des Chefredakteurs. Es ist nicht böse gemeint. In Anbetracht der nahenden Deadlines für die verschiedenen Segmente des Wochenblatts herrscht Hektik im neunten Stock des Galaxy-Bürogebäudes im zweiten Bezirk in Wien.

»Ich denke doch«, sage ich mit leicht genervtem Unterton. Dann setze ich nach: »Bitte mach schnell!«

Endlich habe ich meinen Chefredakteur in der Leitung. Fast unkontrolliert sprudeln die Worte aus mir heraus. Satzfragmente: »Flugzeug!«, rufe ich, dann: »World Trade Center«, »Explosion«, »Papierfetzen«, »Hier ist die Hölle los!«.

Später gesteht er mir, dass er im ersten Augenblick nicht wirklich verstand, was sein US-Korrespondent da aus New York so unbeholfen und aufgeregt zu berichten hatte. Doch eines war ihm klar, er hörte es am Ton meiner Stimme: Etwas Schreckliches musste passiert sein.

Ich mutmaße, dass es sich wohl um einen Unfall handeln müsse. Dann lege ich auf. Oft habe ich mir in meinen damals 934 Tagen in New York schon vorgestellt, dass die größte Katastrophe, über die ich von hier aus wohl berichten müsste, die Kollision eines Jumbos mit einem der beiden WTC-Wolkenkratzer sein könnte. Der Flugverkehr über der Metropole ist jeden Tag beträchtlich; allein JFK wickelte im Unglücksjahr 2001 mehr als 29 Millionen Passagiere pro Tag ab. Dabei zogen die Flieger tausendfach hinter den Türmen vorbei. Von unserem Balkon aus wirkte dies gefährlich nahe.

Sirenen künden die ersten Löschzüge des *Fire Departement New York* (FDNY) an, der Feuerwehr. Erst einige, dann mehrere, bald unzählige. Aus dem sporadischen Geheul ist ein unheimliches Konzert geworden. Der Soundtrack zu einem Katastrophenfilm. Nur ist alles Wirklichkeit. Erst später wird man wissen: Die schlimmsten Minuten der Stadtgeschichte haben begonnen. Der blutigste Tag für die Feuerwehr einer Stadt überhaupt.

Ich schalte den Fernseher an, CNN. Es läuft Belangloses. Sekunden später ertönt die dramatische Erkennungsmelodie der *Breaking News*. Sachlich – aber für die sonst abgebrühten Profis in den TV-Studios doch hörbar angespannt – eröffnet Kommentatorin Carol Lin die Übertragung: »Das ist gerade hereingekommen. Was Sie hier sehen, ist eine offensichtlich sehr erschreckende Live-Einstellung vom World Trade Center in New York City.« Es ist deutlich zu hören, wie im Hintergrund Menschen im Newsroom wild durcheinanderreden. Sie fährt fort: »Wir haben unbestätigte Berichte, dass ein Flugzeug in einen der WTC-Türme gekracht ist.«

Die Kamera zoomt heran. Ein Einschlagskrater in der Nordfassade, der Abdruck in der Form eines Flugzeugs. Die Tragflächen und der Rumpf sind klar auszumachen. Rauch quillt aus allen vier Gebäudeseiten. Etwas Verheerendes müsse am Südzipfel Manhattans geschehen sein, schließt Lin.

Das Telefon läutet. Es ist ein Kollege. Wir reden über den Umfang der Story. Die Chefredaktion habe vier Seiten vorgesehen. Komme natürlich darauf an, »was noch alles passiere«, setzt er nach. Er schlägt sogar vor, ich solle schnell zum Elektronikgeschäft um die Ecke laufen und mir eine Digitalkamera kaufen, um ein paar Bilder vor Ort zu schießen. Es ist vielleicht die absurdeste Idee an diesem gerade beginnenden Albtraumtag.

Ich telefoniere weiter, andere Kollegen melden sich. Via CNN bekomme ich Fragmente der Live-Übertragung mit. Der Grundtenor: Es handle sich um »einen Unfall«, möglicherweise ein »kleines Flugzeug«, ein technisches Versagen vielleicht, ein

Pilotenfehler, ein Herzanfall im Cockpit. Oder haben vielleicht Fluglotsen diesen verheerenden Irrtum ausgelöst? Das Offensichtliche wird verleugnet, obwohl die Fernsehbilder die exakte Dimension des involvierten Flugzeugs zeigen. Die gesamte Flügelspanne ist als Abdruck im Gebäude klar zu erkennen, der Schluss eindeutig: Es muss ein Linienflugzeug gewesen sein, ein Jumbo. Und Profis wissen: Kein Fluglotse würde eine Maschine je in einem derartigen Tiefflug über den dichtesten Hochhäuserwald der Welt, die Insel Manhattan, dirigieren. Und kein Pilot bei Sinnen – selbst im Fall des schlimmsten technischen Totalversagens – einen Jumbo dermaßen spektakulär in ein Hochhaus krachen lassen.

Mir ist wegen des Dröhnens der Turbinen klar, dass es sich nicht um einen verirrten Hobbyflieger mit einer Piper-Propellermaschine handeln kann. Dennoch denke ich ebenfalls noch immer an einen Unfall. Es ist Wunschdenken. Doch das verschwindet in den nächsten Sekunden endgültig.

Da ist es wieder: das rasant nahende Dröhnen von Flugzeugturbinen. Diesmal kommt das Geräusch von Süden. Ich weiß genau, was passieren wird: Die Triebwerke werden aufheulen, im Cockpit wird nochmals voller Schub gegeben, dann der dumpfe Schlag des Aufpralls, der durchdringende Knall der gewaltigen Explosion.

Getroffen wird der Südturm, etwa in Höhe der 72. Etage. *United Airlines*-Flug 175, ebenfalls in Boston mit dem Zielort Los Angeles gestartet, entführt von einer zweiten Al-Qaida-Terrorzelle um Todespiloten Marwan al-Shehhi.

Jetzt verstehe ich – erkennen wir alle: Das sind keine mysteriösen Unfälle, Pilotenfehler oder Irrtümer von Fluglotsen. Es sind bewusste Attacken von Terroristen.

2

Die Wohnung ist leer. Mit meiner Frau Estee sitze ich auf dem Parkettboden, vor uns der offene Koffer. Die nötigsten Utensilien sind halb ausgepackt. Noch fühlen wir uns eher wie im Urlaub als nach einem Umzug. Doch wir haben einen Wohnungsschlüssel, hocken in unserem neuen Apartment: 69 Quadratmeter, 31. Stock, Nr. 3104. Der beige Ziegelbau ragt an der John Street 100 auf, vier Blocks östlich des Broadways, fünfzehn nördlich der Südspitze Manhattans. Es ist ein kurioses Gebäude: Mit den vielen rückversetzten Simsen und Balkonen wirkt es wie eine extrem steile Pyramide. Früher, als der kommerzielle Immobilienmarkt im Finanzviertel rund um die Wall Street noch boomte, brummte das einstige Büroviertel vor Leben. Als immer mehr Firmen nach Midtown abwanderten, wandelten Investoren die Komplexe in Luxuswohnungen um.

Es ist der 3. März 1999, ein trüber Spätwintertag. Der Airbus des *Austrian Airlines*-Flugs ist pünktlich um 15:15 Uhr Ortszeit am JFK-Flughafen gelandet. Unsere Möbel sind per Schiff unterwegs. Vielleicht wartet der Containerriese im Hafen von Elisabeth, New Jersey, schon auf die Andockerlaubnis.

Wir öffnen die Schiebetür zum Balkon und saugen die ersten Eindrücke gierig auf: die Geräusche, die Aussicht, das Gefühl. Und das Lichtermeer, einfach unbeschreiblich. Majestätisch thronen die beiden WTC-Türme über der Skyline. Die Stadt brummt, surrt, lebt. Klimaanlagen dröhnen aus den klotzigen

Metallboxen, in denen gut eineinhalb Meter lange Turbinenblätter rotieren. Von unten dringt das Heulen der Einsatzfahrzeuge herauf. Jeder kennt das aus Filmen.

Diesen Moment werde ich mein ganzes Leben lang nicht vergessen. Wir sind in New York, um hier ein neues Leben zu beginnen. In unserem kleinen »Vogelnest«, wie wir unsere Wohnung gleich liebevoll nennen, hoch oben inmitten der aufregendsten Stadt der Welt.

Wir waren nicht recht glücklich zuvor. 1992 lernte ich meine Frau bei einer Reise in Singapur kennen. Geboren in der malaysischen Kapitale Kuala Lumpur – ihre Mutter eine Diplomatin aus Südkorea, der Vater ein chinesischstämmiger Industriechemiker aus Malaysia –, wuchs sie in Brisbane, Australien, auf. Doch Österreich? Das trübe Wetter, die im Vergleich zum fröhlichen australischen Alltag harschen Umgangsformen, die latente Fremdenfeindlichkeit, das alles machte unsere fünf Jahre in Wien zu einer Geduldsprobe.

Die Chance auf den Korrespondentenjob für das Magazin *News*, für das ich seit 1994 im Ressort Außenpolitik schreibe, kam plötzlich – und zur rechten Zeit. Nur Minuten nachdem ich erfuhr, dass meine Kollegin in den USA das Handtuch geworfen hatte, stand ich vor der Tür des Herausgebers. »Wenn du dir das zutraust, warum nicht?«, willigte der prompt ein.

Wenige Stunden später sperrte ich die Wohnungstür in der Berggasse, neunter Wiener Gemeindebezirk, auf. Ich bin ein schlechter Schauspieler, sodass Estee meine so offensichtlich unterdrückte Euphorie sofort auffiel. »Was ist los?«, erkundigte sie sich.

Ich zelebrierte den Moment, versuchte, die monumentale Nachricht so lapidar wie möglich zu vermelden. »Was hältst du davon, wenn wir nach New York ziehen?«, fing ich schließlich an. Ihr Gesicht fror ein, sie schaute ungläubig. Ich erklärte, erzählte von meinem Gespräch mit dem Chef, wie begeistert er reagiert hatte, was für eine einmalige Chance das für uns sei, ein neues Leben zu beginnen.

Überglücklich fiel sie mir um den Hals.

New York! Ein Posten in New York! Zuletzt waren wir 1993 da, als Touristen. Zwei Tage nach der ersten Attacke auf das World Trade Center, bei der durch die Explosion einer 680-Kilo-Bombe, versteckt in einem in der Garage geparkten Lieferwagen, sechs Menschen getötet und mehr als tausend verletzt wurden. Der Plan der Terroristen damals: Die Detonation sollte den Nordturm zu Fall bringen, ihn in den benachbarten Südturm stürzen lassen.

Wir blieben eine Woche: Shopping, Ausgehen, Sightseeing. Hier zu leben? Was für ein ferner Traum! Ein Traum, der nun Wirklichkeit wurde.

Nur einen Monat nach dem Gespräch mit meinem Chef befanden wir uns bereits im Landeanflug auf unsere neue Heimat: Eine Woche hatten wir für die Wohnungssuche veranschlagt. Unser Wiener Apartment war da längst leer geräumt, unser Hab und Gut, in Luftpolsterfolie verpackt, irgendwo auf dem Atlantik unterwegs. Wir handelten ohne Sicherheiten, ohne jegliches Netz. Aber wie kann man in New York keine Wohnung finden? Und tatsächlich sollte es nur eineinhalb recht chaotische Tage dauern: Wir besichtigten Besenkammern, etikettiert als *Two Bedrooms* (in denen man im Stehen hätte schlafen müssen) für 2800 Dollar pro Monat, vergammelte, finstere Absteigen in Chelsea, eine schlauchförmig angelegte Wohnung in einem *Brownstone* an der Upper West Side, bei der die Vermieterin zugab, dass hier gerade eine alte Frau gestorben war. Da das Gebäude auch noch frappierend an die TV-Serie *The Munsters* erinnerte, winkten wir dankend ab. Schließlich brachte uns unsere Maklerin, eine Britin, die wie viele junge Immigranten den Start in New York mit der Jagd nach Provisionen versucht, zur Adresse 100 John Street. »Renaissance« haben die Manager den Komplex getauft. Die Lobby wirkt hell, modern, teuer. Estee und ich sehen uns an, wissen, dass wir hier fündig werden könnten. 2600 Dollar beträgt die Monatsmiete. Die Räume sind hell, die Aussicht umwerfend, die Terrasse ein Traum.

Und die Umgebung? Später überlege ich oft, was für ein großer Zufall es ist, dass wir im Finanzdistrikt landeten – letztlich fußläufig zur größten Terrorkatastrophe der Menschheitsgeschichte. Eine Laune des Schicksals, denn bei der hektischen Wohnungssuche ging es von Bezirk zu Bezirk: Soho, Lower East Side, Noho, Chelsea, Upper-East- und West-Side, rund um den Central Park, das East Village – alles verschwamm am Ende zu einem Einheitsbrei. Und mit unserem kläglichen Touristenwissen über die Stadt hatten wir sowieso keine Ahnung, was eine geeignete Wohngegend war. Dass wir in einem sehr neuen, besonderen Wohnbezirk landeten, fiel uns erst später auf: an den nachts so leeren Straßen und den wenigen Ausgehmöglichkeiten. Noch residierten inmitten der Bankentürme wenig mehr als 50000 Bewohner.

Wir nahmen einen Atemzug auf der Terrasse und teilten der quirligen Britin mit: »*We take it!*«, »Wir nehmen die Wohnung«. Die freute sich – und erteilte uns eine erste Lektion im Kapitalismus amerikanischer Prägung: Da wir Ausländer ohne amerikanische *Credit Card History* (ein Messwert der Kreditwürdigkeit) waren, mussten wir die Miete für ein ganzes Jahr im Voraus zahlen: exakt 31200 Dollar. Hinzu kam eine Extramonatsmiete. Willkommen in Amerika!

Wir unterschrieben dennoch, hatten keine Wahl, als die Riesensumme mithilfe des Verlags und meiner Eltern aufzutreiben und über den Atlantik zu kabeln.

Wir leben uns rasch ein; auch die Möbel kommen schließlich an, wenn auch verspätet und nach einigen recht ungehaltenen Anrufen meinerseits. Gleich merke ich, dass die Hürden für Zuwanderer in den USA überraschend hoch sind, die Herausforderungen bisweilen kafkaesk anmuten. Bankkonto, Ausweis, Kreditkarte – dies zu organisieren wird zum frustrierenden

Spießrutenlauf. Doch abgesehen davon verlieben wir uns rasch in den schnellen Alltag, die erfrischende Zupackmentalität der New Yorker, die positive Grundstimmung, das Multikulti-Tohuwabohu. Die Metropole versprüht den Elan einer Welthauptstadt, besonders jetzt, in der Boomphase zum Ende der Ära von US-Präsident Bill Clinton: Budgetüberschüsse, niedrige Arbeitslosigkeit und der Investorenrausch der *New Economy* zeigen eine Supermacht am Zenit.

Auch New York hat viel von seinem früheren Schrecken verloren: Bürgermeister Rudy Giuliani – das geben selbst jene zu, denen der schroffe Exstaatsanwalt mit seinen engstirnigen Law-and-Order-Getrommle auf die Nerven geht – hat seit seiner Amtseinführung acht Jahre zuvor die Kriminalität erfolgreich bekämpft und die Lebensqualität drastisch erhöht.

Wir genießen die ersten beiden Jahre, erkunden am Wochenende das Umland und das aufregende Nachtleben der Metropole. Es fasziniert mich, in einer Stadt zu arbeiten, in der mehr Profis auf engstem Raum ihren Jobs nachgehen als irgendwo sonst auf der Welt. Und bei jeder Autofahrt über die Brücken zurück nach Manhattan drehen Estee und ich beim überwältigenden Anblick der Skyline das Radio auf volle Lautstärke, zelebrieren laut singend die Ansicht dieses Weltwunders und unsere neu entdeckte Lebensfreude.

Die gute Stimmung bleibt, als der *Supreme Court* Ende 2000 – für uns und die anderen New Yorker enttäuschend – den Florida-Nachwahlkrimi letztlich zugunsten von George W. Bush entscheidet. Amerika blickt weiter optimistisch in eine aufregende Zukunft. Auch das Platzen der Internetblase hinterlässt nur eine Delle in der weiter die Welt dominierenden US-Ökonomie.

Trotz einer Serie kleinerer Fehltritte von Bush zu Beginn seiner Amtsperiode fällt das Jahr 2001 zunächst als wenig erinnerungswürdig auf. Die US-Medien ergötzen sich am chaotischen Abgang von Bill Clinton aus dem Weißen Haus, berichten über die Proteste nach seinen skandalösen Begnadigungen (etwa von

Milliardenjongleur Marc Rich), das zuerst geplante superteure Büro in Midtown Manhattan (mit jährlichen Kosten von rund 700000 Dollar), das angeblich abtransportierte Oval-Office-Inventar, die Streiche seines Stabs, der auf allen Computertastaturen das W entfernte. Im Sommer – Bush urlaubt sechs Wochen lang auf seiner Texas-Ranch in Crawford – dominieren Haifischattacken die Berichterstattung. »Der Sommer des Hais«, titelt beispielsweise das US-Magazin *Time*.

3

Der Aufstieg des Terroristen Osama bin Laden und seiner Organisation Al-Qaida (»Die Basis«) war spätestens seit den blutigen Attacken auf Amerikas Botschaften in Nairobi (Kenia) und Dar es Saalam (Tansania) am 7. August 1998 von Geheimdiensten und der US-Regierung mit zunehmender Sorge verfolgt worden. Präsident Bill Clinton ließ im Spätsommer des gleichen Jahres ein Al-Qaida-Trainingslager in Afghanistan mit Cruise Missiles beschießen, verpasste bin Laden laut Geheimdienstberichten jedoch um wenige Minuten. Bei einer weiteren Chance für einen Angriff auf einen vermuteten Aufenthaltsort bin Ladens zögerte Clinton, da er eine zu hohe Zahl von zivilen Opfern befürchtete.

Zu diesem Zeitpunkt hatte bin Laden bereits Khalid Sheikh Mohammed als Chefplaner für Terrorattacken rekrutiert. Mohammed hatte in den Achtzigerjahren in den USA studiert und zögerte nicht, seine Vorstellungskraft, technische Expertise und sein exzellentes Managementtalent fortan einzusetzen, um tödliche Terrorkomplotte zu schmieden.[1] Dass ihn die Idee, die 417 Meter hohen Zwillingstürme am Südzipfel Manhattans anzugreifen, besonders faszinierte, ist wohl durch seine Komplizenschaft zum Architekten der ersten Attacke gegen das WTC zu erklären, Ramzi Yousef. Mohammed muss erkannt haben, dass ein neuer Angriff aus der Luft kommen musste. Die mit großem Aufwand kontinuierlich verbesserten Sicherheitsbarrieren an den Einfahrten in die WTC-Tiefgaragen wären sicherlich nicht einfach zu überwinden gewesen.

Ich erinnere ich mich gut an die Baumaßnahmen, die ich aus nächster Nähe miterlebte, wann immer ich in meinen ersten beiden New Yorker Jahren im Getöse der Presslufthämmer an den Garagen vorbeiging. Mächtige, versenkbare Stahlträger wurden installiert, die bei Bedarf die Zufahrt verdächtiger Fahrzeuge stoppen sollten. Im Jahr 2000 waren die Arbeiten abgeschlossen, die Riesenbauten schienen – aus Sicht der Giuliani-Stadtverwaltung und von Terrorexperten – als »sicher«.

Keiner von ihnen ahnte, dass bin Laden Anfang 1999 Mohammeds Idee genehmigte, wichtige US-Ziele mit entführten Flugzeugen anzugreifen. Bei Treffen in einer geheimen Al-Qaida-Basis nahe der afghanischen Talibanhochburg Kandahar wählte der Terrorführer gemeinsam mit Mohammed und dessen Planungspartner Mohammed Atef eine Liste begehrenswerter Ziele aus, darunter die New Yorker *Twin Towers*, das Weiße Haus, den Amtssitz des damaligen US-Präsidenten George W. Bush, sowie die oktagonförmige Trutzburg des Pentagons, den Sitz des US-Verteidigungsministeriums. Nach einem langwierigen Rekrutierungsprozedere, das einen intensiven Auswahlprozess samt Kampfausbildung in Terrortrainingcamps umfasste, aber auch Rückschläge beinhaltete, wie die Verweigerung eines US-Visums für einen potenziellen Kandidaten, wurden die vier Todespiloten ausgewählt: der Ägypter Mohammed Atta, Hani Hanjour aus Saudi-Arabien, Marwan al-Shehhi aus den Vereinten Arabischen Emiraten und der Libanese Ziad Jarrah. Im Jahr 2000 begannen diese vier ihr Training in verschiedenen amerikanischen Flugschulen.

Jarrah paukte im *Florida Flight Training Center* in Venice, Florida. Atta, der Anführer des 9/11-Todeskommandos, nahm das Pilotentraining gemeinsam mit Shehhi in der *Huffington Aviation*, ebenfalls in Venice, auf. Im Laufe ihrer Ausbildung schloss sich Atta schließlich mit Jarrah zum Tandem zusammen; sie wechselten gemeinsam an eine weitere Schule in Sarasota, dreißig Kilometer nördlich von Venice.[2] Sie fielen dort, daran erinnert sich einer ihrer Trainer, durch unhöfliches und aggressives Benehmen auf, entrissen dem Lehrer bei Trainingsflügen mitunter sogar den Steuerknüppel.

Der vierte, Hanjour, hatte nach mehreren Kursen in Arizona und Florida bereits im April 1999 eine Pilotenlizenz der US-Luftfahrtbehörde FAA erworben. Im Frühjahr 2001 startete er am Flugsimulator für eine Boeing 737 einen Auffrischungskurs in der *Pan Am International Flight School* in Mesa, Kalifornien.

Alle vier Todespiloten unterbrachen ihre Pilotenausbildung immer wieder, um nach Übersee zu reisen: Atta, Shehhi und Hanjour, die den Kontakt zu ihren Familien bereits weitgehend abgebrochen hatten, holten sich bei ihren Trips weitere Instruktionen für den großen Terrorschlag. Jarrah hingegen lud nach einem Kurzurlaub in Beirut sogar seine Freundin für zehn Tage zu sich nach Florida ein. Ende Januar 2001 flog er erneut nach Beirut, diesmal, um »mehrere Wochen lang«, so der 9/11-Report, seinen kranken Vater zu pflegen. Danach besuchte Jarrah wieder seine Freundin, diesmal in Deutschland.[3]

Zu den Piloten gesellten sich im Frühjahr 2001 nach und nach fünfzehn Komplizen, die Passagiere und Crews in den entführten Maschinen überwältigen und dann unter Kontrolle halten sollten, während die Piloten Kurs auf ihre Ziele nahmen. Chefplaner Mohammed hatte Teams von jeweils fünf Mann avisiert: ein Pilot, vier Mann als Kampftruppe. Nur ein Flug hatte einen Kämpfer weniger. Ermittler bezeichneten die Männer später als »Muskelmänner« – auch wenn diese mit Körpergrößen zwischen 165 und 170 Zentimetern keinesfalls als kampferprobte Hünen auffielen. Dass sie in mehreren Al-Qaida-Trainingslagern in Afghanistan eine knallharte Ausbildung durchlaufen hatten, gelernt hatten, wie die Flugzeugentführungen ablaufen, mögliche *Air Marshalls* an Bord überwältigt und die Passagiere unter Kontrolle gehalten werden sollten, war ihnen nicht direkt anzusehen. Daneben hatten die Männer mit intensivem Bodybuilding Muskelmasse aufgebaut und ein paar Phrasen Englisch gelernt, bevor Mohammed und Terrorführer bin Laden höchstpersönlich sie mit feurigen Ansprachen auf ihre Todesmission einschworen.

Die Terroristen lebten in Apartments in mehreren US-Bundesstaaten, beschafften sich amerikanische Ausweise und Führerscheine, um am 11. September problemlos einchecken zu können, trainierten weiter an Flugsimulatoren. Als der Sommer hereinbrach, lebte der Großteil der nun neunzehn Verschwörer in Florida und New Jersey. Die Männer gaben sich wenig Mühe, Spuren zu verwischen: Sie eröffneten Bankkonten auf ihren eigenen Namen, verwendeten die echten Pässe und Ausweise. Auch eine amerikanische Sozialversicherungsnummer hatten sie sich besorgt.

Der Countdown beginnt im Sommer 2001: Die Terroristen starten zu ihren ersten »Erkundungsflügen«. Waleed al Sherhri etwa fliegt am 30. Juli von Fort Lauderdale (Florida) nach Boston (Massachusetts). Am Folgetag nimmt er den Flug nach San Francisco, sitzt, wie später bei der echten Attacke, in der Businessclass einer Boeing 767. Die drei Piloten Atta, al-Shehhi und Jarrah unternehmen kurz darauf eigene Probetrips, sogenannte *Cold Runs*: Shehhi jettet von New York nach Las Vegas, Jarrah von Baltimore nach Vegas, Atta von Boston aus ebenfalls in die Glücksspielmetropole. Immer wieder frischen sie ihr Pilotenwissen mit weiteren Übungsstunden in Flugsimulatoren auf. So denkt sich niemand in der *Hortman-Aviation*-Flugschule viel dabei, als Jarrah um eine Simulation des Hudson-Korridors bittet, also der Route entlang des Hudson, an deren Ende New York und die majestätischen Türme des World Trade Center liegen. Da Jarrah von den Fluglehrern als »ungeeignet« für Soloflüge eingestuft wurde, sitzt bei dem gespenstischen Testflug ein Trainer an seiner Seite. Pilot Hanjour, wahrscheinlich in Begleitung von Hamzi,[4] unternimmt mit einer Propellermaschine einen Flug in der Nähe des Stadtgebiets von Washington, D. C., einem der späteren Terrorziele.

Atta, der Anführer des Komplotts, hat damit die Teams in den USA in Stellung gebracht und beschäftigt sich mit den letzten Vorbereitungen. Er jettet für ein letztes Treffen mit Mohammeds Planungskomplizen Ramzi Binalshibh nach Spanien. Dokumente des Büros für *National Intelligence* bezeichnen den ehemaligen Hamburger Studienkollegen Attas als »Schlüsselfigur bei der 9/11-Planung«[5]. Binalshibh sollte eigentlich ebenfalls als Selbstmordpilot ausgebildet werden, erhielt jedoch kein Visum für die USA.

Zuletzt haben sich die beiden Männer im Januar in Berlin getroffen: Jetzt geht es um die letzten Instruktionen für den geplanten Vernichtungsschlag gegen die USA. Binalshibh hat das Frühjahr über die Rekrutierung und das Training der »Muskelmänner« überwacht, pendelte zwischen den Trainingslagern in Afghanistan und der Metropole Karatschi, von wo die Männer am Ende ihrer Ausbildung in die USA ausgeflogen wurden. Gleichzeitig hielt Binalshibh direkten Kontakt zu bin Laden – die beiden Männer trafen sich zur Koordination der Planungsarbeiten in *Compound Six*, dem geheimen Kommandozentrum nahe Kandahar.[6]

Das World Trade Center in New York und das Pentagon stehen als erste Angriffsziele fest, doch unter den Planern herrscht Streit: Soll das schwer zu treffende, da recht kleine Weiße Haus oder doch der wuchtige Kuppelbau des Kapitols, der Sitz beider Kammern des US-Kongresses, ins Visier der Flugzeuge genommen werden? Planer Binalshibh, der nach seiner Festnahme und Gefangenschaft in CIA-Schattenlagern seit 2006 auf Guantanamo Bay auf ein Militärtribunal wartet, sagte aus, dass bin Laden das Weiße Haus als Ziel bevorzugt habe. Er habe ihn angewiesen, dies Atta unmissverständlich mitzuteilen.

Zwischen dem 8. und 19. Juli hecken Atta und Binalshibh

höchstwahrscheinlich letzte Details aus. Sie mieten gemeinsam ein Auto und – dies belegen Hoteldokumente – ein Zimmer in der spanischen Stadt Cambrils. Die von Binalshibh überbrachte, wichtigste Botschaft bin Ladens: Die Attacke solle so schnell wie möglich ausgeführt werden. Der Grund: Bin Laden macht sich Sorgen, dass durch die große Anzahl an Mitwissern das Komplott noch »auffliegen könnte«. So zumindest schreibt es die 9/11-Kommission.[7]

Atta entgegnet, er sei noch mit der Unterbringung der Mitgliederzellen beschäftigt gewesen – und habe keine Zeit gehabt, die Flugpläne ausführlich zu studieren und die Flüge so zu koordinieren, dass die Einschläge der Flugzeuge weitgehend simultan erfolgen. In fünf bis sechs Wochen sei er bereit, den geplanten Tag der Anschläge zu nennen.

Binalshibh sagte aus, dass ihm Atta während ihres Treffens in Spanien eine Fülle an Planungsdetails verraten habe. Stanleymesser als Tatwaffen seien für Atta kein Problem gewesen, sie seien bei allen Testflügen mühelos damit an Bord gelangt. Er habe zudem erwartet, dass die Cockpittüren offen seien und nicht »eingetreten werden müssten«[8]. Atta habe sich für Langstreckenflüge entschieden, da die mit weit größeren Mengen des hochexplosiven Kerosins betankt waren. Bevorzugt worden seien Boeing-Maschinen: Die ließen sich leichter manuell fliegen als die weitgehend computergesteuerten Airbus-Jumbos.

Für weitere Telefonate vereinbaren Atta und Binalshibh Codewörter für die Anschlagsziele: »Architektur« bedeutet WTC, »Kunst« steht für Pentagon, »Gesetz« für das Kapitol und »Politik« für das Weiße Haus.

Nach weiteren »Beobachtungsflügen« tickt die Uhr im Terror-Countdown: Am 22. August kauft Jarrah ein GPS-Navigationssystem und Flugkarten. Einen Tag später wird das erste der insgesamt neunzehn Flugtickets gekauft – die letzte Buchung erfolgt via Internet am 5. September. Binalshibh gesteht später in den Verhören durch den US-Geheimdienst CIA, dass ihm Atta

Mitte August das geplante Datum für den Jumbo-Angriff telefonisch durchgab. Der Code: »Zwei Zweige, ein Querstrich und ein Lolipop.«[9] Der 11. 9. – oder, wie in den USA üblich, mit dem Monat voran: 9/11. *Nine Eleven,* der 11. September.

Noch bezeichnet dieses Datum einen stinknormalen Tag im Spätsommer, in jenem Jahr einen Dienstag. Heute ist es das vielleicht meistgenannte Datum der Weltgeschichte.

Amerika, New York, das Pentagon, die US-Regierung, Estee und ich selbst: Wir alle sind weitgehend ahnungslos – auch wenn bei der CIA und anderen Geheimdiensten aufgrund von immer offensichtlicheren Indizien die Angst vor einem Großanschlag wächst. Dabei prahlen einige wenige, offensichtlich von den Terroristen in einem hohen Grad an Unachtsamkeit Eingeweihte bereits jetzt mit dem bevorstehenden Blutbad.

Zeugen fällt beispielsweise auf, dass sich einige Arbeiter an einer Tankstelle, an der Hamzi arbeitet, am 10. September gegenseitig beglückwünschen, mit *High Fives* jubeln. Einer sagt: »Endlich ist es so weit, jetzt wird es bald passieren.«[10]

Das »Geschnatter« in den von Geheimdiensten abgehörten Kommunikationskanälen extremistischer Gruppen nimmt ebenfalls nahezu stündlich zu. Und obwohl das System »rot blinkte«, wie sich der damalige CIA-Chef George Tenet erinnert,[11] können die zahlreichen Indizien und verdächtigen Einzelbeobachtungen – etwa die Verhaftung des angeblich »zwanzigsten Entführers«, Zacharias Moussaoui, oder lokale FBI-Reports über eine plötzlich hohe Anzahl »muslimischer Flugschüler«, wie dem FBI-Agenten Ken Williams auffiel und er dies am 10. Juli in einem Memo notierte[12] – nicht zu einem Gesamtbild verknüpft werden.

Besonders prekär: Bereits am 6. August erhält Bush, der gerade auf seiner Ranch in Crawford seinen ersten mehrwöchigen Sommerurlaub verbringt, ein recht detailliertes Briefing. »*Bin Laden determined to Strike in US*« (»Bin Laden ist entschlossen, in den USA zuzuschlagen«), stand auf dem Umschlag der Unterlagen. Analysten, die das Dokument zusammenstellten, sagten später aus, dass sie dem Präsidenten vermitteln wollten, wie »akut und ernst« die Bedrohung durch Al-Qaida sei.[13]

Vielleicht überforderten die Terrorbeobachter den Oberbefehlshaber ein wenig: Es war bekannt, dass Briefingpapiere für Bush nicht länger als eine Seite sein sollten. Die Terrorwarnung der führenden US-Geheimdienste umfasste elfeinhalb Seiten.

4

Während neunzehn Terroristen sich darauf vorbereiten, ihrem mörderischen Fanatismus ihr Leben zu opfern, steht für Estee und mich plötzlich die Entstehung von neuem Leben im Mittelpunkt des Daseins. Wir sitzen im Büro eines Frauenarztes in Tribeca, Ecke West Street/Murray Street. Wenige Stunden vorher hat ein Schwangerschaftstest ein eindeutig positives Resultat gebracht. Der Doktor, ein Pole mit leicht antiquiertem Büro, Benehmen und Geräten, zeigt uns erste Ultraschallbilder des Embryos. Er ist kleiner als eine Erbse. Unser erstes Kind. Wir sind euphorisch, klar. Und natürlich auch nervös.

Die Terroristen begeben sich in ihre Startpositionen. Die letzten Tage sind angebrochen. Bald soll nichts mehr sein wie zuvor. Noch aber feiern die Amerikaner den *Labor Day*, verbringen ein langes, geruhsames Sommerwochenende.

Wie unverdächtig und friedlich diese Tage ins Land ziehen, illustriert die Story, an deren Fertigstellung ich an diesem Wochenende arbeite: ein Porträt von Robert Tools, dem ersten Patienten, dem ein komplett künstliches Herz eingepflanzt wurde. (Sein Ableben exakt 151 Tage später ist angesichts der dramatischen Geschehnisse dann keinen Beitrag mehr wert.) Auch die Gründung der *New York Times* jährt sich in jenen Tagen zum 150. Mal, weshalb ich mich gerade auf ein Interview mit Abe Rosenthal vorbereite, damals einer der Chefredakteure des Renommierblattes. Im Zentrum des Gesprächs steht die Frage, warum die *Times* während der finstersten Tage des Naziterrors der Berichterstattung über den Holocaust so lange kaum Raum einräumte und selbst die furchtbarsten Enthüllungen im Blattinneren versteckte – obwohl sie selbst in jüdischem Besitz ist.

Zu jenen Beiträgen kommt ein fröhlicheres Stück über den ehemaligen Vizepräsidenten und unglücklichen Wahlverlierer Al Gore, der sich nun, mehr als ein halbes Jahr nach der umstrittenen Niederlage gegen George W. Bush, mit kleinen Schritten auf ein politisches Comeback vorbereitete. Und dann natürlich wieder eine tragische Haistory: Der zehnjährige David stand nur 45 Meter vom *Sandridge Beach* in Virginia entfernt, als ihn einer der gefürchteten Raubfische attackierte und ins Bein biss. Sein Vater vertrieb den Killerfisch todesmutig, doch der Junge verblutete.

Davon abgesehen ist alles ruhig. In einer E-Mail an eine Kollegin stelle ich fest: »Wir haben Kaiserwetter, wohltemperiert, kaum Luftfeuchtigkeit.« Überschwänglich teile ich ihr mit, dass Estee nun wegen ihrer Schwangerschaft an einem Tag so viel isst wie sonst in einer Woche, werte das als »gutes Zeichen«.

Nach ein paar Stunden Arbeit entspannen Estee und ich uns auf der Terrasse, genießen die Sonne. Und auch, dass die lautstarken Ventilatoren der Klimaanlage unter uns am Feiertagswochenende abgestellt sind.

Atta & Co überweisen unterdessen ihre noch verbliebenen Geldguthaben zurück an die Planer: 26000 Dollar werden via SWIFT-Bank-Transfer auf ein Al-Qaida-Konto in den Vereinigten Arabischen Emiraten gekabelt. Es ist erstaunlich: Die Terroristen benehmen sich, als müssten sie jeden Dollar mehrmals umdrehen. Denn die Terrororganisation geht durch die Überweisung des verhältnismäßig kleinen Betrags auch das Risiko ein, dass sie den US-Behörden auffällt, diese doch noch Verdacht schöpfen.

Die Entführer, die auf Flug 77 vom Washingtoner Internationalen Großflughafen Dulles gebucht sind, beziehen Hotelzimmer in Laurel, Maryland, 20 Kilometer von der Hauptstadt entfernt. Ihre letzte Nacht verbringen sie in Herndon, noch näher am Flughafen.[14] Das für *United Airlines*-Flug 93 vorgesehene Terrorteam unter der Führung von Jarrah fährt mit dem Auto entlang der I-95-Interstate von Florida nach Newark, New Jersey. Jarrah kassiert dabei ein Strafmandat wegen zu schnellen Fahrens.

Atta und Shehhi treffen sich in einem Hotel in Boston. Atta und sein Komplize Abdulaziz al Omari fahren dann – aus Gründen, die die 9/11-Kommission auch nach Gesprächen mit 1200 Zeugen nicht herausfinden konnte – mit einem Mietwagen nach Portland, Maine. Von dort sollen sie mit einer Lokalfluglinie zum Bostoner Logan-Airport fliegen und an Bord von Flug AA 11 gehen.

Das zweite Team, das ebenfalls von Boston mit *United* 175 aufbrechen soll, verbringt die letzten Tage in zwei verschiedenen Hotels.

Das zweite Wochenende im September bricht herein. Perfektes Spätsommerwetter löst die ärgste Schwüle der drückenden, berühmt-berüchtigten New Yorker Hundstage des Juli und August ab: Tageshöchstwerte um 26 Grad, weit geringere Luftfeuchtigkeit. In *Flushing Meadows* in Queens ringen die Tennisstars um den Pokal der US Open, in einer dreieinhalbstündigen Schlacht siegt Pete Sampras gegen Andre Agassi, verliert im Finale aber gegen den Australier Lleyton Hewitt.

Bei strahlendem Sonnenschein gehen wir mit unseren besten Freunden, der österreichischen Fotografin Nathalie Schüller, die für mich die Fototermine absolviert, und ihrem französischen Mann Benoît, eine Runde in den Parks am Hudson spazieren. Auf dem Wasser drehen Motorboote beim jährlichen Wettrennen ihre Runde. Tausende genießen bei Picknicks die Sonne. Boote mit gut gelaunten Touristen tuckern an der Freiheitsstatue vorbei, daneben eine Armada an Segelbooten betuchterer Erholungssuchender.

Ist das New York?, fragte ich mich. Die Stadt, die in den Siebzigern bankrott war und in der in der Bronx täglich die Feuer loderten? Die Stadt, in der sich in den Achtzigern durch die Verbrechenswelle verschreckte Bürger in ihren Wohnblöcken einigelten? Ist das nicht alles zu gut, um wahr zu sein?

Es ist Sonntag, der 9. September. Noch achtundvierzig Stunden. Kaum etwas deutet darauf hin, dass Terroristen den USA in Kürze den schwersten Schlag seit dem japanischen Überraschungsangriff auf Pearl Harbor zufügen werden.

Atta und Omari werden, wie Ermittler später rekonstruieren, bei vergleichsweise normalen Tätigkeiten von Überwachungskameras gefilmt: Sie heben an einem Geldautomaten ein wenig Bargeld ab, kaufen in einem Laden ein, bestellen bei einer Fastfood-Kette Pizza. Die anderen Teams warten in Absteigen in Boston, Newark und Maryland auf ihren Einsatz.

Für mich ist der Montag ein recht geschäftiger Arbeitstag, Abgabetermine für das Magazin *News* stehen an, für die Schwesterpublikation *Format* erstelle ich eine Themenliste für die nächste Ausgabe: Ein neues Enthüllungsbuch über die »Wahlbetrügereien« von Bush in Florida ist erschienen. Die plötzliche journalistische Anerkennung des *National Enquirer*, wie sie dem Boulevardmagazin nach einer Welle beachtlicher Enthüllungen sogar durch die *New York Times* zukommt, schließe ich mit ein. Daneben die Biografie der ehemaligen General-Electric-Legende Jack Welch. Dass es keine dieser Storys jemals ins Heft schaffen sollte, wird erst in wenigen Stunden offensichtlich werden.

Ich telefoniere mit meinem Bruder Erhard in Wien. Er plant, im Herbst nach New York zu kommen, beschwert sich über das miese Wetter in Österreich und bittet mich, den Rest des auch ihm so euphorisch beschriebenen New Yorker Traumwetters doch bitte »aufzuheben«. Mit einem Kollegen in Wien arbeite ich weiter an einem Webprojekt.

Insgesamt ist es ein angenehmer Tag. Estee nimmt ihre Schwangerschaft gelassen, genießt den wachsenden Appetit, entwickelt unbändigen Heißhunger auf bestimmte Speisen. Am Nachmittag schleppen wir daher große Taschen biologischer Kost vom nahen Supermarkt nach Hause. Es ist inzwischen doch ein wenig stickig geworden; fast lässt sich annehmen, dass die glutheißen Sommertage noch einmal zurückkehren. Doch laut Wetterbericht soll eine Kaltfront die schwüle Luft mit heftigen Gewittern »ausräumen« – und eine neue Phase perfekten Wetters einleiten.

Die Meteorologen haben recht: Nach 21 Uhr rollen die Stürme mit wolkenbruchartigem Platzregen und einem Stakkato spektakulärer Blitzschläge über Manhattan hinweg. Ich zucke zusammen, als ein Blitz in die Antenne des WTC-Nordturms hoch über uns einschlägt. An das plötzliche, ohrenbetäubende Echo des Donnergrollens im Hochhauswald von Lower Manhattan kann man sich nicht gewöhnen.

Weil niemand innerhalb der weltweiten Geheimdienste die Indizien richtig aufaddierte und die Medien mit anderen Themen beschäftigt waren, weiß an diesem Tag kaum einer, dass die Liste der Warnungen aus allen Ecken der Erdballs lang, nachträglich betrachtet außerordentlich detailliert und schlüssig ist. Und es scheint erstaunlich, wie wenig die Mitwisser des 9/11-Komplotts ihre Vorfreude zu verbergen versuchen. Viele Terrorexperten ahnten daher, dass es zu einem Anschlag kommen würde. So wurde CIA-Spezialist Cofer Black am 15. August recht deutlich, als er warnte: »Sie werden uns treffen, viele Amerikaner werden sterben – und es könnte alles hier in den USA geschehen.«[15]

Wenige Tage später, am 21. August, wurde ein Gefangener in einer Haftanstalt in Florida vernommen – er hatte sich an die Behörden gewandt, um vor einem Terrorangriff zu warnen. Der Jordanier hatte zwischen 2000 und 2001 eine Haftstrafe in Großbritannien abgesessen und dort von drei britischen Mitgefangenen, allesamt bekannte Al-Qaida-Mitglieder, gehört, dass »etwas Großes in New York passieren wird«. Die FBI-Agenten zeigten sich uninteressiert: »Ist das alles, was Sie für uns haben?«, fragte einer.[16] Der Mann, bereits sichtlich panisch, suchte am 9. September nochmals ein Gespräch mit den Behörden, dieses jedoch kam vor dem Anschlag nicht mehr zustande.

Am 22. August unterläuft den Behörden eine der gravierendsten Pannen: Flugschüler Zacarias Moussaoui, der laut Aussagen von Binalshibh für eine »zweite Welle« trainiert wurde und nicht, wie anfangs geglaubt, als »20. Entführer« der 9/11-Attacke vorgesehen war, war verhaftet worden. Einem Ausbilder in einer Flugschule war aufgefallen, dass Moussaoui bei seinen Trainingseinheiten am Flugsimulator keinerlei Interesse an Starts und Landungen zeigte – und trotz rudimentärer Pilotenkenntnisse große Jumbojets fliegen wollte. Festgenommen wurde er jedoch wegen Verstößen gegen das US-Einwanderungsgesetz. Die »Feds« holten pflichtbewusst Informationen aus Moussaouis Heimatland Frankreich ein und erfuhren dabei von seinen Kontakten zu einem militanten Extremisten, der im Jahr 2000 im Tschetschenien-Krieg gestorben war. Die Pariser Behörden fügten an, dass Moussaoui in Geheimdienstkreisen »bekannt« sei. Sie hätten einen Komplizen des Extremisten interviewt, der behauptete, von Moussaoui für den Kampf in Tschetschenien rekrutiert worden zu sein, und ihn als »gefährlich« bezeichnete. Der Terrorverdächtige blieb in den USA zwar in U-Haft, doch erste weitere Nachforschungen gerieten unzureichend.[17]

Am 23. August übergibt der israelische Geheimdienst Mossad den US-Kollegen eine Liste möglicher Terroristen, die in den USA leben und Anschläge vorbereiten. Auf der Liste enthalten sind auch die Namen von vier der 9/11-Entführer: Nawaf Alhamzi, Khalid Almihdhar, Marwan al-Shehhi und Rädelsführer Mohammed Atta.[18] Kryptisch deuten die Israelis an, sie hätten die Namen durch einen ins Leben gerufenen Spionagering von »Kunststudenten« erfahren. Doch auch in diesem Fall räumt die CIA den Informationen wenig Priorität zu, legt die Namen in ihrer Zentrale in Langley ab, anstatt sie an die Bundespolizei FBI weiterzuleiten.

In Minneapolis lässt lokalen Agenten des FBI die Sache mit Moussaoui keine Ruhe: Nach hektischen Beratungen und den aus Frankreich eingetroffenen Infos sind die Ermittler inzwischen zur festen Überzeugung gelangt, dass der Algerier mit französischem Pass irgendetwas »mit einem Flugzeug« vorhaben müsse. Konkreter – und längst berühmt in der makabren Pannenserie vor dem Jumbo-Schlag: Agent Greg Jones bedrängt seine Vorgesetzten in der FBI-Zentrale im Edgar-J.-Hoover-Gebäude in der Pennsylvania Avenue in Washington, D. C., mit dem Argument, dass Moussaoui einen Jumbo »ins World Trade Center« steuern könnte.[19] Jones und seine örtlichen Kollegen wollen vor allem seinen Computer durchsuchen. Denn aufgefallen ist, wie offensichtlich Moussaoui bei der Verhaftung seinen Laptop hatte schützen wollen. »Als transportiere er darin etwas Wichtiges«, notierten Ermittler in einem Bericht.[20]

Doch die Zentrale lehnt am Ende ab, bürdet den Kollegen aus Minneapolis immer höhere Argumentationshürden für ihr Ansuchen nach einem Durchsuchungsbefehl wegen möglichen Verstößen gegen den *Foreign Intelligence Surveillance Act* (FISA) auf, ein Statut des Kongresses aus dem Jahr 1978, das Prozeduren zur Beschaffung ausländischer Geheimdienstinformationen regelt. Die größte Chance, das 9/11-Komplott in letzter Sekunde zu entdecken, ist vertan.

In den letzten Tagen vor der Attacke prasseln mit steigender Intensität und immer konkreteren Details weitere Warnungen aus aller Welt herein: Osama bin Laden selbst protzt in einem Interview mit der in London angesiedelten arabischen Zeitung *Al-Quds al-Arabi* mit einer »sehr, sehr großen Attacke gegen die USA«[21].

Immer offener spricht Al-Qaida über das bevorstehende Inferno. Man werde »dem Adler die Gurgel durchschneiden«, freut sich beispielsweise ein vom spanischen Geheimdienst abgehörter Brite im Telefonat mit dem Anführer einer spanischen Zelle.[22]

Zwischen dem 30. August und dem 4. September warnt, so Ägyptens Staatschef Husni Mubarak, auch sein Geheimdienst die Amerikaner, dass Al-Qaidas Terrornetz sich im fortgeschrittenen Planungsstadium für eine »signifikante Operation gegen US-Ziele« befinde.[23] Mubarak behauptete, dass ihm ein eingeschleuster Doppelagent diese brisanten Informationen persönlich zutrug. Die US-Regierung soll den Erhalt dieser Warnung später jedoch bestreiten.[24]

Und die Warnungen nehmen kein Ende: In den ersten Septembertagen nötigt ein iranischer Abschiebehäftling das Wachpersonal eines deutschen Gefängnisses so lange, bis er bei den US-Behörden anrufen darf. Er warnt vor einer unmittelbar bevorstehenden Attacke gegen das World Trade Center in New York. Wörtlich: »Es wird ein Anschlag sein, der die Welt verändert.«[25] Später werden vierzehn Telefonate mit dem Weißen Haus bestätigt.

Schließlich will der Iraner Präsident George W. Bush ein Fax schicken. Dieses Ansuchen lehnten die Deutschen jedoch ab. Die Behörden dort werden sich später damit rechtfertigen, dass der Mann »mental nicht sonderlich stabil wirkte«, alles am Ende einfach ein recht makaberer Zufall gewesen sei.[26]

Britische Geheimdienstler fangen derweil Telefongespräche von bin Laden mit einem Verbündeten in Pakistan ab, in denen er den Mann über die Attacke »am« oder »um« den 11. September unterrichtet – und mögliche Konsequenzen für die Region bespricht. Den Geheimdiensten fällt auch auf, dass Al-Qaida große Teile seines »Personals« in die Basislager nach Afghanistan zurückholt. Die Organisation igelt sich ein.[27]

Nervös sind die US-Behörden, keine Frage. Doch offenbar

verlieren sich die konkreten Hinweise in dem Wust des »elektronischen Geschnatters«, wie das Glühen der Kommunikationsdrähte im Geheimdienstjargon heißt. So ergehen zwar allgemeine interne Warnungen an Mitglieder des Pentagons und des State Departement. Sogar die Fluglinie *American Airlines*, später mit zwei entführten Jumbos eines der beiden Hauptopfer der Attacke, warnt sein Personal vor möglichen *Imposters*, Gangstern, die sich als Flugpersonal ausgeben könnten. Die Warnung erfolgt nach Berichten, es seien Uniformen und Ausweise in Rom gestohlen worden.[28] Die Ermittler finden Teile davon später in dem durch einen Überstellungsfehler am Bostoner Airport »verloren gegangenen Gepäck« von Atta.[29]

Ausgerechnet zwei Tage vor dem Inferno publiziert schließlich die *New York Times* einen Bericht mit düsterem Unterton: »Bin Laden verspricht weitere Attacken«, so der Tenor der Story. Sie bezieht sich auf ein Videoband des Terrorführers, das in extremistischen Zirkeln verbreitet wurde. Bin Laden macht sich in ihm über Amerikas Macht lustig, preist den Anschlag auf den Zerstörer *USS Cole*, bei dem am 12. Oktober 2000 17 amerikanische Soldaten starben. Er übergießt die Supermacht, so Kriegsreporter John F. Burns, Autor des Artikels, »mit regelrechter Häme«, fordere sie »provokant« heraus.[30] Weitere Reports, dokumentiert auf der Website *History Commons*, behaupten, bin Laden hätte am gleichen Tag, dem 9. September 2001, seine Stiefmutter von seinen Plänen unterrichtet. Die Autoren beziehen sich auf von der NSA abgehörte Gespräche via Satellitentelefon. Bin Laden soll seiner Mutter erzählt haben, dass sie in zwei Tagen etwas »Großes« in den Medien sehen und von ihm wohl eine Weile nichts hören werde. Später räumen die Geheimdienste ein, dass sie das Telefon des Terroristen häufig abhörten und Besuchern der NSA-Zentrale zum Spaß humorige Dialoge mit bin Ladens Stiefmutter Al-Khalifa vorspielten. Insgesamt wurde dieser Report später jedoch von Geheimdienstquellen als »fragwürdig« relativiert.

Am Vorabend des Terrorschlags registrieren Regierungsstellen zur Überwachung der Finanzmärkte »verdächtige Transaktionen«, so der Fernsehsender CBS.[31] Wegen der mysteriösen Aktivitäten schrillen die »Alarmglocken«, offenbar wollen Insider mit dem Wissen über die bevorstehende Attacke mittels Leerverkäufen Riesenprofite generieren.

Die NSA kann das immer lauter werdende, aufgeregte Geschnatter in den Terrorforen zu diesem Zeitpunkt kaum mehr auswerten, zeichnet das meiste nur noch auf. Unüberhörbar jedoch ist, dass etwas Großes angekündigt wird. Jetzt werde der »Preis bezahlt«, heißt es da. Oder: »Wir sind bereit, zuzuschlagen.« Viele der schrillen Warnungen landen in den Tresoren. Übersetzt werden sie, als es längst zu spät ist.

Das Donnergrollen verhallt vor unserem Schlafzimmer, einem winzigen Eckraum mit einer Tür zu einem zweiten, weit kleineren Balkon. Das Prasseln der Regentropfen hat aufgehört. Der Wind pfeift noch ein wenig, gelegentlich dringt das Heulen eines Rettungswagens aus den Straßenschluchten zu uns herauf. Estee isst noch eine Riesenportion ihrer neuen Lieblingsspeise, angebratene Auberginen, und eine Schale Karamell-Eiscreme. Dann gehen wir schlafen. Auch der Dienstag soll kein zu stressiger Tag werden. Es stehen keine Abgabetermine an, kaum komplizierte Recherchen.

Die Nacht schreitet voran, im Kabelfernsehen laufen die immer gleichen Filme, und so müssen wir wohl vor Mitternacht auf unserem spartanischen Futonbett eingeschlafen sein. Wir schlafen ruhig – wie der Rest des Planeten.

Die neunzehn Männer in den Hotels in der Nähe der Flughäfen schauen nochmals die letzten Instruktionen durch. Wie detailliert diese waren, erfahren die Behörden später anhand einer regelrechten »Betriebsanleitung« für die Anschläge, die sich in Attas verlorenem Gepäck befindet. Handgeschrieben steht da in Arabisch: »Stelle sicher, dass dein Körper gereinigt ist und deine Socken in den Schuhen glattgestriffen sind.« Weiter: »Stelle sicher, dass du deinen Ausweis, dein Ticket und deine Waffe bei dir hast, beobachte aufmerksam, dass dir niemand folgt.« Und schließlich: »Wenn die Stunde der Wahrheit erreicht ist, streiche deine Kleidung glatt, öffne deine Brust und heiße deinen Tod im Namen Allahs willkommen.«[32]

5

Die Fensterreihen unseres Apartments sind nach Westen (Wohnraum) und Süden (Schlafzimmer) ausgerichtet. Nach Sonnenaufgang wird das Dunkelgelb der gegenüberliegenden Häuserfassaden reflektiert, taucht die Wohnung in warmes Licht. Zu bestimmten Tageszeiten durchfluten reflektierte Sonnenstrahlen die Räume. Ich wache zuerst auf, Estee ist in den letzten Tagen meist recht müde, niedergeschlagen. Kein Wunder. Ich reibe mir die Augen, drehe mich auf die Seite und stehe auf. Das Anziehen dauert für einen Heimarbeiter wie mich stets nur Sekunden: ein T-Shirt über den Kopf gezogen, kurze Hose raufziehen. Und das »Pendeln« zu meinem Arbeitsplatz dauert ebenfalls nur Augenblicke. Es sind ja nur wenige Meter.

Ich blicke nach draußen: Der September ist generell die Zeit für perfekte Bilderbuchtage. Doch heute ist alles fast gespenstisch perfekt: der Himmel azurblau, die Sicht klar, keine Wolke am Himmel, kaum Wind, die Luft trocken. Die Gewitter der Nacht haben die schwere, feuchte, fast tropische Luft weggeweht. Jeder New Yorker, der an diesem Tag in der Metropole weilte, erinnert sich an die perfekten Wetterbedingungen. Noch heute nennen die New Yorker solche Idealbedingungen »9/11-Weather«, Elfter-September-Wetter. Makaber, aber sehr deskriptiv.

Zu den Füßen der Wolkenkratzer pulsiert die Stadt bereits: In das Surren der Generatoren für die Klimaanlagen mischt sich das stete Autogehupe, das Gasgeben der Busfahrer, das Losbrummen der Lkws bei der Anfahrt an den Ampeln, das Gehämmer der immer nahen Bauarbeiten. Seit unserem Einzug vor dreißig Monaten haben wir uns an den nervtötenden Krach der Presslufthämmer fast gewöhnt: Praktisch jeder Quadratmeter der umliegenden Straßen und Gassen wurde bereits mehrfach aufgestemmt und wieder zugeschüttet. Ein Bekannter erklärt das unkoordiniert wirkende Tohuwabohu der Bautrupps so: Einmal werden Gasleitungen verlegt, dann Glasfaserkabel oder TV-Leitungen, später Wasser, Strom, was auch immer. Und da die Verlegearbeiten offensichtlich nie gleichzeitig durchgeführt werden, werden für jeden Auftrag die Straßen aufs Neue mit viel Getöse geöffnet – und dann wieder aufgefüllt, zuasphaltiert. Bis zur nächsten Leitungsverlegung.

Mohammed Atta und Abdulaziz al-Omari sind in ihrem Motel in Portland (Oregon) früh aufgestanden. Sie nehmen einen Regionalflug nach Boston, um dort in die Todesmaschinen umzusteigen. Atta wird für ein zusätzliches Screening ausgewählt, damals aber bedeutet das lediglich, dass sein Reisegepäck erst in den Jet geladen wird, nachdem er selbst die Kabine betreten hat. Michael Tuohey, an dessen Schalter die beiden eincheckten, wundert sich: Komisches Paar, sie hatten 2500 Dollar für ihre Einfachflüge bezahlt, Businessclass. »Solche haben wir hier nicht sehr oft …«

Sie tragen Anzug und Krawatte. Atta habe »so steif wie eine wandelnde Leiche, dabei extrem zornig« ausgesehen, erinnert er sich.

»Die sehen aus wie zwei arabische Terroristen«, schießt ihm durch den Kopf. Doch gleich wehrt er sich gegen die spontane Einschätzung, erinnert sich an seine Ausbildung, die Mahnungen vor dem »Profiling«, Verdächtige aufgrund ethnischer Zugehörigkeit oder der Hautfarbe auszuwählen. So unternimmt er nichts.[33]

Um 6 Uhr früh hebt *Colgan Air*-Flug 5930 mit den beiden Terroristen an Bord ab. Attas Reisetasche bleibt zurück, wird jedoch nicht geöffnet. Damit verstreicht erneut eine Chance, die Tragödie noch im letzten Moment zu verhindern. Immerhin befindet sich in Attas Tasche der handschriftlich verfasste Terrorplan. So machen sich Atta und sein Komplize unentdeckt auf den Weg nach Boston.

Zwischen 6:20 Uhr und 7:48 Uhr checken auch die weiteren Entführer für ihre Flüge ein, *American* Nr. 11 und *United* Nr. 175 in Boston, *American* Nr. 73 in Dulles sowie *United* Nr. 93 in Newark. Als letzte Verteidigungslinie könnte das *Computer Assisted Passenger Prescreening System* (CAPS) das Schlimmste verhindern. Das Programm scannt Auffälligkeiten wie Einfachflüge oder Barzahlung, wählt zusätzlich andere Passagiere für eine intensivere Durchleuchtung aus. Wie bei Atta wird auch bei ihnen das eingecheckte Reisegepäck zurückgehalten, bis sie an Bord sind. Das Kalkül: Ein Terrorist, der eine Bombe an Bord eines Flugzeugs schmuggeln will, würde wohl nicht den gleichen Flug nehmen. Mit Selbstmordkommandos rechnet damals offenbar niemand ernsthaft. Laut 9/11-Kommissionsreport schlägt zwar bei neun der neunzehn Al-Qaida-Terroristen das Alarmsystem an. Doch der Check-in verzögert sich für sie dadurch nur um wenige Minuten, denn die entdeckten Stanleymesser sind noch legal, daneben haben sie nichts Verdächtiges bei sich.

Schon warten auf dem Rollfeld zur Startbahn zwei Maschinen, eine Boeing 767-223ER, Flug AA 11, Boston – Los Angeles, dahinter mit gleichem Ziel ein Jumbo fast gleichen Typs, eine Boeing 767-222, UA 175. Eine völlig normale Szene. Zwei Verkehrsmaschinen, die in einer Kolonne auf die Zufahrt zur Startpiste warten. Niemand weiß, dass Terroristen die in wenigen Minuten harmlos zur Startpiste rollenden Verkehrsmaschinen in Raketen verwandeln, Amerikas symbolkräftigste Gebäude auslöschen, die Weltmetropole in seine finstersten Stunden stürzen, die Supermacht vorübergehend ins Wanken bringen und dauerhaft traumatisieren werden.

Ich stelle die Kaffeemaschine an, drehe das Radio auf. »*It is a beautiful day*«, leitet die freundliche Stimme den Wetterbericht ein: »*Clear skies, no wind, a balmy 68 degrees.*« Klarer Himmel, windstill, zwanzig Grad Celsius. Perfekt.

Vor der Tür liegen die Zeitungen. Die *New York Times* berichtet über neue, härtere Visa-Bestimmungen, die chinesischen Studenten den Zugang zu amerikanischen Universitäten erschweren könnten. Der Multimediagigant AOL Time Warner erwäge eine Fusion seines Kabelfernsehgeschäfts mit dem Telekomriesen AT&T. Des Weiteren lese ich, dass die Furcht vor einer Rezession zu einer neuen Debatte über Steuersenkungen führt und eine Stadt in Oregon öffentlichen Grund für Obdachlosenunterkünfte zur Verfügung stellt. Sauregurkenzeit nennen wir Reporter eine so unaufregende Nachrichtenlage. Das mag zynisch erscheinen, aber so ist der Job.

Normalerweise tippe ich nach dem kurzen Durchblättern der Zeitungen und einer schnellen Runde durchs Internet eine kurze Übersichtsmail an meine Ressortleiter in Wien – doch an diesem Tag bietet sich wenig bis gar nichts an. Auch in meinem Mailfach finden sich kaum Nachrichten. Vorübergehende Unterbeschäftigung wie diese macht Korrespondenten oft leicht nervös; das weiß ich aus meinem Erfahrungsaustausch mit Kollegen. Permanent stehen wir unter dem Druck, die Existenz unseres Auslandsbüros zu rechtfertigen, zumal viele Kollegen glauben, wir befänden uns 8000 Kilometer vom Hauptquartier entfernt auf Dauerurlaub. Doch an diesem Tag genieße ich den kleinen Durchhänger fast, denn für die aktuelle Ausgabe habe ich ein angemessenes Pensum an Storys bereits abgeliefert. Heute stehe ich für *Breaking News* auf Abruf, habe mir vorgenommen, meine Themenliste für die nächste Ausgabe vorzubereiten, allgemeinen Bürokram zu verrichten.

Es ist exakt 8:13 Uhr. Der *American*-Jumbo befindet sich über der Stadt Gardner, Massachusetts, 72 Kilometer nordwestlich des Bostoner Flughafens. Die Fluglotsen funken den Piloten von AA 11 an. Lotse Pete Zalewski weist Kapitän John Ogonowski an, eine Zwanziggradkurve nach rechts zu fliegen. »*Roger that*«, bestätigt der. Doch Sekunden später bleibt er die Bestätigung einer neuen Anweisung schuldig: Er hätte auf 35000 Fuß (knapp 11000 Meter) steigen sollen.

Der Lotse wird zusehends nervös, versucht in den nächsten zehn Minuten mehrfach, den Piloten zu erreichen. Auf allen Frequenzen, auch dem Notband.

Ich setze mich an meinen Schreibtisch. Wir haben unseren kleinen Wohnraum zweigeteilt: Die Couch und der Kaffeetisch sind an der Wand zur Küche platziert, das »Büro«, abgetrennt mit einem IKEA-Regal, auf der anderen Seite. Estees Schreibtisch steht an der Wand, näher an den terrasseseitigen Fenstern. Mein Tisch steht im rechten Winkel dazu gleich dahinter, sodass ich aufs Fenster blicke. An den majestätischen Anblick habe ich mich längst gewöhnt. Zu sehen ist die halbe nördliche Ostseite des WTC-Nordturms, der Rest des vertikalen Riesen ist von anderen Bürotürmen verstellt.

Ich fahre meinen Laptop hoch. Verglichen mit heutigen Produkten ist es ein klotziger, langsamer, wuchtiger und superschwerer »Schlepptop«, mit dem antiken Betriebssystem OS 9.0 bestückt. Fast muss ich lachen, als ich diese Zeilen auf meinem aktuellen, ebenso schlanken wie federleichten MacBook Pro tippe.

Ich studiere die E-Mails, nehme ab und an einen Schluck Kaffee. Estee wird in Kürze aufstehen, sie schläft seit den letzten Wochen stets etwas länger, das Heranwachsen des neuen Menschen in ihr bedarf offenbar einer gehörigen Portion Energie.

Wie die Entführer Zutritt zum Cockpit erlangten, wird wohl für immer ungeklärt bleiben. Aus Gesprächen der Passagiere an Bord vor den Abstürzen lässt sich eine Vielzahl möglicher Versionen ableiten. Einige berichten ihren Angehörigen über Mobiltelefon von »Drohungen mit Bomben«, andere von »Attacken auf Stewardessen«. Weitere scheinen überzeugt, dass es sich um eine »normale Entführung« handelt – samt wahrscheinlicher Notlandung und Verhandlungen über die Forderungen der Terroristen.

Die 9/11-Kommission fasst am Ende trocken zusammen: »Wir wissen nicht genau, wie die Entführer Zutritt zum Cockpit erlangten. FAA-Regeln sehen vor, dass die Cockpittür beim Flug stets verschlossen bleiben muss. Vielleicht erstachen die Terroristen eine Stewardess und entrissen ihr den Schlüssel zur Tür. Möglicherweise erpressten sie die Piloten mit der Drohung, Mitglieder der Crew zu töten, um Zutritt zu erlangen.«[34]

Vor dem 11. September wurden die Piloten angewiesen, im Fall einer Entführung vor allem Ruhe zu bewahren und den Anweisungen der Terroristen zu folgen. Heimlich sollten sie einen speziellen vierziffrigen Code in die Funkanlage tippen: Alarm! Entführung! Doch keiner der Piloten setzt diesen Notruf ab. Die Ermittler schließen daraus später, dass der Sturm von Atta und den anderen Terroristen auf die Pilotenkanzel »schnell« und »brutal« erfolgt sein dürfte.

Einen außerprotokollarischen Notruf setzt die Stewardess Betty Ong um 8:19 Uhr vom hinteren Teil des Jumbos über eines der in den Rücklehnen montierten Kreditkartentelefone ab. Sie telefoniert mit Vanessa Minter, einer Mitarbeiterin am Reservierungsschalter im *American*-Büro in Cary, North Carolina, und einem ihrer Kollegen, Winston Sadler. Das Telefonat dauert fünfundzwanzig Minuten, bricht etwa neunzig Sekunden vor dem Einschlag ins World Trade Center ab.

»Hier ist die Nummer Drei auf Flug 12«, beginnt Ong. Sie hat in der Aufregung die Flugnummer verwechselt, korrigiert sich prompt: »Flug 11. Die antworten nicht im Cockpit.« Ongs

Stimme ist ängstlich, ihre schnelle Atmung deutlich zu hören. Sie erzählt, ihr sei berichtet worden, jemand sei in der ersten Klasse erstochen worden. Dass sich die Entführer gewaltsam den Weg zum Cockpit bahnten, die verschlossene Tür aufbrachen. Es müsse sich wohl um eine Entführung handeln, schließt sie. Bemerkenswert ist, dass Zeugin Ongs Gespräch, die zu diesem Zeitpunkt einzige Verbindung zur entführten Maschine, als »ruhig, professionell und beherrscht« beschreiben.

Nachdem ich die E-Mails in meinem Postfach beantwortet habe – es geht schnell, nichts Kompliziertes dabei –, gehe ich in die Küche, schenke mir eine zweite Tasse Kaffee ein. Im Radio dröhnt immer noch der gleiche Einheitsbrei aus populären Hits, jeder Menge Werbung, dazwischen News und immer wieder der Wetterbericht. Auch die Verkehrslage in dem wie immer verstopften Netz aus Autobahnen und majestätischen Brücken, die das geografische Puzzle aus Festland, Flussläufen und Inseln im Großraum New York verbinden, wird berücksichtigt. Jeder 16. Amerikaner, das sind insgesamt rund 19 Millionen Menschen, leben im Großraum der Weltmetropole an der Mündung des Hudson River. So staut sich der Verkehr an den üblichen Flaschenhälsen: dem Brooklyn Queens Express Way, BQE, wie die New Yorker sagen, und an der George Washington Bridge, der mit der Überquerung von 106 Millionen Fahrzeugen am dichtesten befahrenen Verkehrsverbindung der USA.

Um 8:24 Uhr drückt an Bord von Flug 11 jemand irrtümlich die Talkback-Taste an der seit dem letzten offiziellen Funkspruch verstummten Verbindung zum Cockpit. Fluglotse Pete Zalewski hört im Bostoner Center die Durchsage an die Passagiere: »*We have some planes. Just stay quiet and you'll be OK. We are returning to the airport.*« (»Wir haben einige Flugzeuge. Bleiben Sie ruhig und alles wird gutgehen. Wir kehren zum Flughafen zurück.«) Der Lotse überhört jedoch den entscheidenden ersten Satz, erkennt nicht, dass der Entführer von *planes* – also offenbar mehreren Flugzeugen – spricht. Ein klarer Hinweis auf einen koordinierten Großangriff.

Der Verantwortliche im Tower ordnet wegen der mysteriösen Durchsagen, die keinem konkreten Flug zuzuordnen sind (obwohl gleich angenommen wird, dass sie wohl vom »verstummten« *American*-Jumbo stammen müssen), an, die Aufzeichnung zur exakten Abhörung an Spezialisten weiterzuleiten. Die sind um 9:03 Uhr damit fertig, genau als der zweite Jumbo in den Südturm kracht.

Noch während der Auswertung unterrichtet die Bostoner Flugleitzentrale ihre Vorgesetzten über die offensichtliche Entführung. Die Nachricht geht die Kommandokette hinauf, landet beim regionalen FAA-Kommandozentrum in Hernon, Virginia. Das leitet die Meldung an die NATO-Luftabwehr NORAD weiter, die gerade eine groß angelegte Militärübung abhält und den Nuklearkrieg probt. Während die Militärs für den größten erdenklichen Ernstfall üben, stehen zur tatsächlichen Verteidigung des US-Luftraumes lediglich sieben Kampfjets bereit. Dass ein Angriff von entführten Flugzeugen ausgehen könnte, die noch dazu von innerhalb des US-Territoriums aufstiegen, überforderte offenbar die Vorstellungskraft der Militärplaner.

Das Militärhauptquartier EADS *(Eastern Air Defence Sector)* wird um 8:37 Uhr über die vermutete Entführung einer Verkehrsmaschine benachrichtigt. Im Nachhinein wirkt alles sehr amateurhaft, doch vor dem 11. September hat für derartige Attacken niemand eine Handlungsanweisung ausgearbeitet, geschweige denn dafür trainiert.

»Hi, hier ist Boston Center TMU«, meldet sich Fluglotse Joseph Cooper von der Flugleitzentrale in Boston bei den Militärs. »Wir haben ein Problem«, fährt er fort: »Ein offenbar entführtes Flugzeug fliegt in Richtung New York. Und wir bräuchten von euch, dass ihr F-16s oder was Ähnliches sofort in die Luft bringt …«

»Ist das wirkliche Welt – oder eine Übung?«, antwortet am anderen Ende ein niederrangiger Sergeant, der für die Technik im EADS-Kontrollraum zuständig ist.

Cooper ruft aufgeregt: »Das ist keine Übung! Kein Test!«

Der Soldat reicht den Hörer offenbar verdutzt an einen seiner Vorgesetzten weiter.

Der Lotse wiederholt: »Wir haben eine entführte Maschine, und wir brauchen von euch so was wie Kampfjets, um uns aus der Patsche zu helfen.«[35]

Ich studiere nochmals die Zeitungen. Vielleicht habe ich ja doch eine spannende Story übersehen. Der Fernseher – eigentlich recht ungünstig links hinter mir an der Wand montiert – ist noch abgeschaltet. Ich gönne mir gerne in der Früh zumindest eine Stunde Stille, bevor das Geplärre der Nachrichtenkanäle losgeht. Meist läuft CNN mit den häufigen, endlosen und extrem stumpfsinnigen Werbeblöcken.

Ich checke den Terminkalender für die kommende Woche. Für Freitag haben wir einen Kontrolltermin bei Estees Frauenarzt eingetragen. Wir sind wegen der Schwangerschaft extrem aufgeregt. Wir haben uns mit dem Nachwuchs Zeit gelassen. Obwohl wir uns schon neun Jahre zuvor, im April 1992, in Singapur kennengelernt und im Dezember 1994 in Wien geheiratet haben, haben wir das Leben als kinderloses Ehepaar genossen. Estee war noch in ihren Zwanzigern, und obendrein fühlten wir uns in Wien einfach nicht wohl genug, um uns ins Abenteuer des Elternseins zu stürzen. Gleich nach der Übersiedlung nach New York aber hatte Estee die Pille abgesetzt. Wir waren bereit! Theoretisch jedenfalls.

Die mittlerweile recht weit aufgestiegene Morgensonne taucht die Hochhäuser vor mir in grelles Licht. Besonders glitzert die Stahl-Glas-Hülle des World Trade Centers. Der konstante Straßenlärm hat sich erhöht, als hätte jemand den Lautstärkeregler an einer Stereoanlage langsam hochgefahren. New

Yorks Rushhour ist in vollem Gang. Aus den Dutzenden U-Bahn-Stationen in Lower Manhattan, vor allem dem Knotenpunkt Fulton Street, wo sich die Linien 4, 5, A, C, 2 und 3 kreuzen, drängen Hunderttausende. Broker, Banker, Geschäftsleute, Büroangestellte, Sicherheitspersonal. Computerspezialisten, Nannys, Arbeiter, Putzkräfte, aber auch Beamte und Gerichtsangestellte. Das für eine Weltmetropole überraschend kleine Rathaus, die Verwaltungsgebäude sowie der Gerichtsbezirk mit den wichtigsten Justizpalästen der städtischen, staatlichen und bundesstaatlichen Rechtsprechung liegen nur ein paar Blocks nördlich unserer Adresse. Zehntausende andere Pendler gelangen mit Expressbussen aus Brooklyn, Queens, Staten Island oder New Jersey nach Lower Manhattan. Auch die beiden Türme des World Trade Centers füllen sich mit Menschen: 430 Firmen aus 26 Nationen sind hier untergebracht, insgesamt arbeiten fast 40000 Menschen in den Gebäuden, beinahe so viele, wie meine österreichische Geburtsstadt St. Pölten Einwohner hat.

Ich erinnere mich noch gut an die für uns fast überwältigende Hektik, als wir uns am Tag nach unserer Übersiedlung nach Manhattan bei einem der berühmten *Delis*, einem Laden am Hanover Square im Schatten der Zwillingstürme, unser Frühstück kauften: Da plärrten Kunden ihre Bestellungen, flogen in Alufolie gewickelte Bagels durch die Luft, riefen die Verkäufer ungeduldig »*Next? Next?*«. Wir standen eine Weile wie angewurzelt in dem Tohuwabohu, fühlten uns als Neu-New-Yorker reichlich überfordert.

Es ist 8:44 Uhr. Außer der Stewardess Betty Ong telefoniert an Bord des entführten *American*-Jets seit geraumer Zeit eine zweite Flugbegleiterin mit dem Bodenpersonal, Amy Sweeney. Sie sitzt im hinteren Bereich des Fliegers und berichtet, dass die meisten Passagiere nicht einmal mitbekommen haben, dass sich die Maschine in den Händen von Entführern befindet. »Irgendwas stimmt hier nicht«, sagt Sweeney plötzlich: »Wir befinden uns im rapiden Sinkflug, die Maschine wackelt wild.«

Sie wird aufgefordert zu beschreiben, was sie beim Blick durch die Fenster sehen kann. Die Stewardess antwortet laut einem späteren Bericht des Fernsehsenders ABC: »Ich sehe Wasser, ich sehe Gebäude ...« Dann atmet sie hörbar durch, sagt mit ruhiger, besonnener Stimme: »O mein Gott, wir sind viel zu niedrig.«

Der Anruf bricht ab. Flugmanager Michael Woodward, der mit ihr telefonierte, hört nur noch Rauschen im Hörer.[36]

Nur 90 Sekunden später wird der Jumbo in den Nordturm einschlagen.

6

Jetzt höre ich den Lärm der Düsentriebwerke. Das Drama entfaltet sich vor meinen Augen. Der Nordturm brennt bereits seit 18 Minuten, als ich wieder das Röhren von Triebwerken vernehme. Instinktiv verkrieche ich mich unter die Glasplatte des Schreibtischs. Die Explosion beim Einschlag von *United* 175 hört sich sogar noch gewaltiger an als die erste.

65 Menschen, darunter fünf Terroristen und neun Crewmitglieder, verglühen in dem Feuerball hoch über dem Hochhauswald des Finanzdistrikts. Die Maschine mit 37800 Litern Kerosin an Bord trifft den Tower an der Südseite zwischen der 77. und der 85. Etage mit einer Geschwindigkeit von 877 Stundenkilometern, einem Vielfachen des Tempos, das für Flugzeuge in derart geringer Flughöhe zulässig ist. Experten wundern sich später, dass der Jet bei der scharfen Linkskurve nicht durch die extremen Zentrifugal- und Luftwiderstandskräfte zerbrach.

Um 8:46 Uhr, fast genau zum Zeitpunkt des Einschlags des ersten Flugzeugs in den WTC-Nordturm, hatte der Punkt auf dem Schirm der Fluglotsen die vorgesehene Route von Boston nach Los Angeles verlassen, drehte Richtung Süden ab – mit Kurs auf New York. Der zuständige Lotse bemerkte die unplanmäßige Kursänderung jedoch erst um 8:51 Uhr. Da der Transponder, der die exakte Position und Flughöhe an den Tower funkt, anders als beim *American*-Jumbo nicht ausgeschaltet war, konnten die hilflosen Lotsen die Route des entführten Jets bis zum Einschlag zu jeder Sekunde nachvollziehen.

Die aus beiden Hochhäusern in den Himmel steigenden Rauchfahnen wirkten auf die mächtigste Nation der Welt und die wichtigste Metropole des Globus wie ein Fanal. Auf welchem Weg auch immer man sich New York näherte – die beiden Kolosse waren oft bereits zwanzig Kilometer vor der Stadt sichtbar.

Angesichts der Schreckensszene erstarrten Millionen Menschen im Großraum New York. Die beiden Bürotürme füllten sich zur Zeit der Attacke gerade, zwischen fünf- und siebentausend Menschen hielten sich bereits in jedem der beiden Hochhäuser auf. Wer sich über der Einschlagstelle des Nordturms aufhält, hat keine Chance zu entkommen: 1360 Tote sind dort zu beklagen. Unterhalb des Kraters sterben 72 Menschen, 4000 überleben. Im Südturm sterben allein in den Sekunden des Einschlags 100 Menschen im gigantischen Feuerball, insgesamt kommen in dem Gebäude 600 ums Leben. Die Todesrate ist deutlich niedriger als im Nordturm, da gut die Hälfte der Angestellten nach dem Flugzeugeinschlag im Nachbarturm evakuiert wurde.

Ich hocke weiter unter meinem Glasschreibtisch, halte verkrampft den Telefonhörer in der Hand, am anderen Ende ein Kollege in Wien. »*SHHHITT!!!*«, habe ich bei der Explosion gerufen. Die Druckwellen rüttelten wieder an unseren Fenstern. Dann das dumpfe Echo, die Papierfetzen. Alles ein furchtbares Déjà-vu von 18 Minuten zuvor.

»*Close the Window!*«, rufe ich Estee zu. »Schließ die Fenster!« Eine fragwürdige Anordnung, muss ich heute fast schmunzeln. So nach dem Motto: In unserem Bezirk ist der Krieg ausgebrochen, wir sollten zumindest die Fenster unserer Wohnung schließen. Wundern sollte ich mich auch später: Was für ein Held, der seine schwangere Frau in der Sekunde des unvorstellbaren Terrors vorschickt! Dabei ist das nur die erste kuriose Episode an einem Tag, an dem mir klar wird: Kein Mensch weiß im Voraus, wie er Extremsituationen tatsächlich begegnet.

Amerikas Luftwaffe bleibt an diesem Tag hilflos, vermag es nicht, die Nation zu schützen. Die ersten zwei F-15-Kampfflieger stiegen um 8:53 Uhr von der Otis Air National Guard Base in Cape Cod (Massachusetts) auf, wenige Minuten nachdem mit der Explosion des *American*-Jumbos der Horror dieses Albtraumtages begann. Die Jets fliegen jedoch »mangels eines klaren Ziels«, so der 9/11-Kommissionsreport, östlich von Long Island über dem Atlantik mehrere Warteschleifen.[37] Erst um 9:53 Uhr donnern die eigentlich zur Abwehr gestarteten Kampfmaschinen über die längst im Inferno versunkene Stadt – und versetzen Hunderttausende in neue Todesangst. Sie denken wegen des Düsenlärms gleich an weitere Todesflieger.

Das Telefon läutet nonstop. Ich lasse es klingeln, starre immer noch fassungslos auf die brennenden Tower. Estee steht ebenfalls am Fenster. Wir haben seit Minuten kein Wort gewechselt. Einige Papierfetzen sind auf unserer Terrasse gelandet. Es sind Computerausdrucke, sehe ich von drinnen. Viele sind vollkommen intakt, andere zerrissen oder an den Rändern leicht angekohlt. Sie liegen in einer Schicht Staub.

Ich überlege: Was nun? Wie vermittle ich am besten die größte Story, über die ich als Korrespondent wohl jemals zu berichten haben werde? Mein Herz pocht, durch den Kopf geistert mir ein wilder Mix Emotionen: Angst, Unglauben, Schock, aber auch journalistische Instinkte – und der Reportern gewohnte Druck, schnell und präzise Details des Dramas zu vermitteln. Ich muss los, so viel ist klar. Runter auf die Straße, so nah wie möglich an den Tatort.

Mit zittrigen Händen packe ich meinen Lederrucksack, mit dem ich in den letzten Jahren stets auf Recherche- und Reportagetouren gezogen bin. Eingepackt habe ich diesmal außer dem Schreibblock nur eine Wasserflasche: Die Idee, mir mitten in dem Chaos noch schnell eine Kamera zu kaufen, habe ich verworfen. Natürlich bereue ich bis heute, dass ich damals keine hatte. Bis zu jenem Tag aber arbeitete ich bei größeren Reportagen stets mit Fotografen zusammen. Eine eigene Kamera wollte ich mir zwar seit Langem anschaffen, war aber nie dazu gekommen.

Estee versucht mich umzustimmen. »*Please don't go!*«, sagt sie. »Bleib hier!« Alles sei so ungewiss, niemand wisse, was noch alles passieren könne.

Es bricht mir das Herz, es zerreißt mich. Aber als Korrespondent habe ich in der größten Story, die sich nur wenige Blocks entfernt von mir abspielt, natürlich keine Wahl. Es ist mein Job; meine Arbeitgeber hätten wenig Verständnis für Zögerlichkeiten, besonders bei einem Mitarbeiter, den sie genau für solche Anlässe in Übersee stationiert haben. Es treibt mich aber auch der eigene Instinkt. Ich will die Tragödie, die gerade die ganze Welt fassungslos und live am Fernsehgerät mitverfolgt, so gut wie eben möglich beschreiben. Wie sieht es am Platz zwischen den brennenden Türmen aus, der ja von Trümmern und Verletzten übersät sein muss? Was sagen die Überlebenden, die aus den Türmen ins Freie strömen? Wie reagieren die Behörden? Und wie will die Feuerwehr gegen die Feuersbrunst in 300 Metern Höhe vorgehen? Wie die Polizei Schaulustige im Zaum halten?

Gleichzeitig sehe ich meine schwangere Frau. Für Estee ist die Zeit ohnehin emotional turbulent – auch wenn nicht gerade zwei Jumbos in die höchsten Gebäude der Stadt einschlagen. Sie in diesem Inferno, in diesen Minuten des blanken Entsetzens in unserem Apartment allein zu lassen, kommt mir falsch vor. Wie immer man es betrachtet. Ich ziehe dennoch los – eine Entscheidung, über die ich bis heute nachdenke.

Ich rede auf Estee sanft ein, beteuere, dass ich vorsichtig sein, sie regelmäßig anrufen werde. Wie aussichtslos das angesichts der hoffnungslosen Überlastung der Handynetze bald sein würde, bedenke ich nicht. Ich gebe ihr bei der Tür noch einen Kuss – und eine letzte Versicherung: »*I'll be careful!*« Vorsichtig werde ich sein, versprochen.

Mit dem Lift fahre ich in die Lobby. Dort stehen Nachbarn herum, reden wild durcheinander. Ich gehe ins Freie, stehe in der engen John Street, von der aus ich den Nordturm am Ende der Straße sehen kann. Der Verkehr ist komplett zum Erliegen gekommen, die Straße gefüllt mit Menschen, die fassungslos auf die Rauchfahnen über sich starren. Aufgeregt sprechen sie in den unzähligen Sprachen des Schmelztiegels New York über das Inferno. Viele vergraben ihre Gesichter in den Händen, andere umarmen sich. Doch die meisten starren einfach nur stumm nach oben, stehen wie angewurzelt da.

Der Anblick ist tatsächlich schrecklich: Dicker, pechschwarzer Rauch quillt aus den zerborstenen Fenstern zwischen der 93. und der 99. Etage, die Turmspitze ist vom Rauch komplett verhüllt. Schwarze Rauchfahnen wehen über Lower Manhattan. Der Kontrast zum friedlichen, azurblauen Himmel könnte kaum stärker sein. Gleichzeitig hallt durch die Straßen das Sirenengeheul Hunderter Feuerlöschzüge des *Fire Departments New York* (FDNY). Die schrillen Töne der Signalhörner vermengen sich mit dem dumpfen Dröhnen eines zweiten, auf den Firetrucks montierten Signalhorns. Mit dem tausendfachen Echo in den Straßenschluchten vermischt sich alles zu einem wahrhaft apokalyptischen Konzert.

Was ich vor dem Verlassen meiner Wohnung nicht mitbekommen habe: Inzwischen gilt eine dritte Maschine als entführt.

American Airlines, Flug 77, vom Flughafen Dulles in der Nähe von Washington, D. C., in Richtung Los Angeles gestartet, sendet um 8:51 Uhr die letzte Routinemeldung über Funk. Dann macht die Maschine östlich von Washington eine Kehrtwende, der Transponder wird abgeschaltet. Die Lotsen im zuständigen Tower in Indianapolis (Indiana) suchen den Jet entlang der vorgesehenen Flugroute und im Umfeld der letzten Funkübertragung. Vergeblich.

»*American* 77, *Indy*«, funkt der Lotse. (»American 77, Indianapolis«) Und wieder: »*American* 77, *Indy, radio check, how do you read* ...«[38] (»American 77, Indianapolis, Funk-Überprüfung, empfangen Sie?«)

Stille.

Ich laufe zielstrebig die vier Blocks in Richtung World Trade Center, erreiche den Broadway. Dort ist bereits eine erste Absperrung eingerichtet. Ein Polizist des *New York Police Department* (NYPD) versucht, Passanten vor dem Weitermarsch zur Unglücksstelle abzuhalten. Doch meist blickt er selbst geschockt und verwirrt auf die Wolke. Die steht an dieser Stelle, nur einen Block vom Fuß der Wolkenkratzer entfernt, fast senkrecht über ihm. Ganz weit muss er, wie alle anderen rund um ihn herum auch, den Kopf in den Nacken legen, um die Feuer zu sehen. Ich zeige ihm meinen Presseausweis, es ist ein *Press Pass*, ausgestellt von der New Yorker Polizei. Er winkt mich durch. Dann starrt er gleich wieder nach oben. Allen erscheinen in diesen Minuten ihre wirklichen Aufgaben als störende Nebenbeschäftigung. Das Augenmerk der Menschen gilt ganz dem Inferno über ihnen. Es zieht die Massen in seinen Bann.

Es ist ein merkwürdiger Zufall, dass ich diesen Ausweis vor Monaten beantragt habe. Meist reicht die Pressekarte des *Foreign Press Center* (NYFPC), die weit leichter zu beschaffen ist und fast immer ausreichenden Zutritt verschafft. Die bürokratischen Hürden liegen beim Polizeipass um einiges höher; um ihn zu bekommen, muss man weit mehr Zeit investieren. Dafür bietet er im Katastrophenfall Zutritt »hinter« die Polizeiabsperrungen. Katastrophenfall? Wann hätte der in New York schon eintreten sollen? Die Stadt liegt auf keiner Erdbebenlinie, andere Desaster konnte sich vorher niemand ausmalen – auch wenn Hollywood bis heute New York in seinen Katastrophenfilmen durch Alienfeuer, Kometentreffer oder Monstertsunamis alle Jahre wieder sehr kunstvoll und kreativ ausradiert.

An diesem 11. September ist die Katastrophe Wirklichkeit, und ich bin froh, dass ich das Dokument habe, auch wenn mich dieser einsame Polizist an der Ecke Braodway/John Street inmitten der Stimmung aus Furcht, Unglauben und Chaos wohl auch mit einer x-beliebigen Kundenkarte durchgelassen hätte.

Ich versuche Estee zu erreichen, tippe die Nummer in mein Klapphandy. *Beep, beep, beep.* Ich versuche es nochmals. Und wieder. Kein Signal. Ich bin zunächst etwas verwirrt: Noch nie war ich in einer Situation, in der inmitten einer Weltmetropole das Handynetz offenbar so weitgehend zusammengebrochen ist. Aus heutigem Blickwinkel betrachtet ist das natürlich kein Wunder: Etwa eine Milliarde Menschen hängt in jedem Winkel dieser Erde vor den Fernsehgeräten, starrt ungläubig die Bilder der brennenden Zwillingstürme an. Und da in der Multikultimetropole Einwanderer aus praktisch jedem Staat dieser Welt leben, ruft die Welt voll Sorge New York an. New York ruft sich selbst an. Und der Rest der USA ruft New York an.

Eine Polizistin stemmt sich neben mir hilflos gegen den Drang der Menschen, zu telefonieren. »*Don't use your phones!*«, appelliert sie. »Verzichtet auf eure Telefone!«

Eine recht absurd wirkende Anweisung angesichts der reichlich berichtenswerten Vorgänge. Erst später erfahren wir, dass auch Polizei und Feuerwehr mitunter kommerzielle Mobiltelefonnetze für ihre Kommunikation nutzen.

Dann stehe ich vor den Türmen. An der Ecke Church Street/ John Street. Ich habe es mir fast schlimmer vorgestellt. Die *Plaza*, die weitläufige Fußgängerzone zwischen den insgesamt sieben Gebäuden des WTC-Komplexes, wirkt verwüstet – aber nicht zerstört. Fassadenteile liegen herum, blanke Metallelemente, möglicherweise von den Flugzeugen. Und überall Staub und Glassplitter.

Wie in Trance lasse ich den Blick über den Platz schweifen:

Hierher kam ich fast jeden Tag, wenn ich bei einer indischen Trafik in der Einkaufspassage unter den Lobbys der beiden Büroriesen meine Zeitungen und Magazine kaufte. Erst vor wenigen Tagen haben wir hier eine Orangensaftpresse gekauft, um Estee und das Baby mit Vitaminen zu versorgen. Auch meine tägliche Joggingrunde führte nach einer Runde um den Südzipfel Manhattans und durch Battery Park City über den Platz zurück zu unserem Apartment. Jetzt ist er ein Ort des Schreckens.

Ich sehe die roten Löschzüge des FDNY heranrasen; die Männer springen herunter, ihre Gesichter sind voller Angst. Es ist beunruhigend, in die panischen Minen von Männern zu starren, die sonst todesmutig in brennende Häuser stürmen. Sie wissen, dass sie sich, um den Brand bekämpfen zu können, mit 35 Kilo Ballast (Sauerstofftanks, Schläuche, Äxte etc.) im Südturm mindestens 77. Stockwerke und im Nordturm noch höher zu Fuß durch das Treppenhaus nach oben zu dem Inferno vorkämpfen müssen – durch Rauch, Staub, brütende Hitze und gegen den Strom der Flüchtenden.

Natürlich denkt in diesen Minuten niemand an das Schlimmste – nicht die Feuerwehrmänner, die in das Gebäude hetzen, nicht die Polizei, die das Areal notdürftig abriegelt, nicht die Zehntausenden in den Straßen rund um die brennenden Türme, die weiter wie angewurzelt dastehen und in die Rauchfahnen starren.

Niemand auf der Straße ahnt, dass beim Einschlag des Flugzeugs in den Nordturm 35 der insgesamt 236 an der Außenfassade angebrachten Stützpfeiler eingeknickt sind. Die rechteckig angeordneten Stahlträger tragen normalerweise die Hälfte des Gewichts; jetzt ist der Turm in seiner Traglast um 7,5 Prozent geschwächt. Der Schaden an den inneren Stahlträgern kann später trotz exzessiver Untersuchungen nicht mehr eruiert werden. Zu wenig wichtige Bauteile werden im Schutt gefunden. Computersimulationen des *National Institute of Standards and Technology* (NIST) zeigen aber, dass Teile des Flugzeugrumpfes mindestens drei der 47 inneren Stahlträger kappten und zehn weitere massiv beschädigten. Dadurch wurde die Statik des Turms zusätzlich geschwächt.[39] Hinzu kommt, dass die gewaltige Explosion das Feuerdämmmittel Blazeshield DC/F von vielen, auch horizontalen Stahlträgern riss, die Hitze bis zu 1100 Grad Celsius schwächte sie weiter.

Einen ähnlichen statischen Totalschaden erleidet auch der Südturm. Sowohl WTC 1 als auch WTC 2 stehen kurz vor dem Einsturz. Jahrelang zermartere ich mir später noch den Kopf. Hätte ich ahnen können, was passieren würde? Immer komme ich zu dem gleichen Schluss: Nein, nie und nimmer konnte ich mir vorstellen, dass die Türme hätten kollabieren können.

Knapp nach dem zweiten Einschlag hat US-Präsident George W. Bush seinen geplanten und selbst nach Bekanntwerden des ersten Jumbotreffers nicht abgesagten Besuch in der Booker-Elementary-Volksschule begonnen. Er sitzt vor sechzehn Volksschülern und hält das Kinderbuch *The Pet Goat* hoch.

Stabschef Andrew Card, der ihn zuvor über den »Unfall« in New York unterrichtete, flüstert ihm jetzt ins Ohr: »Ein zweites Flugzeug hat den anderen Turm getroffen – Amerika wird angegriffen.«

Bush liest das Buch seelenruhig weiter vor.

»*The Pet Goat. A girl got a pet goat*«, skandiert Bush mit den Kindern im Chor, während New Yorks Türme brennen.

Acht, neun Minuten lang dauert die gespenstische Szene. Sie ist heute weltberühmt und wurde von Dokumentarfilmer Michael Moore in seiner Dokumentation *Fahrenheit 911* in ihrer ganzen, schmerzhaften Länge auf der Kinoleinwand verewigt.

7

Mein Blick schweift weiter über die von Trümmern übersäte *Plaza* vor den Türmen. Immer wieder blicke ich nach oben, vor allem, wenn wieder kleinere, durch die Feuersbrunst aus dem Gebäude gerissene Metall- und Glasteile mit voller Wucht auf den mit Steinplatten verkleideten Platz prasseln. Der nun merklich schwärzere Rauch qualmt bei beiden Türmen aus allen vier Seiten heraus, die verbogenen Metallträger am Rand des Einschlagskraters sind deutlich auszumachen. Und immer noch schießen mit dem Rauch Papierstücke heraus, segeln mit der leichten Brise über die Dächer in Richtung East River hinaus.

Das durchdringende Sirenengeheul scheint nun von jedem Quadratmeter dieser schwer getroffenen Stadt zu kommen. Über uns knattern mehrere Helikopter, auch wenn jetzt nur noch die Hubschrauber der Polizei in die Nähe der Türme fliegen dürfen. Der Helikopter des Fernsehsenders WNYW, »Chopper 5«, der den Einschlag des zweiten Flugzeugs um 9:02 Uhr live übertrug, und andere TV-Helikopter sind aus dem Umkreis der Türme verbannt. Ihre Bilder haben den Menschen von Sydney, Stockholm, Santiago bis Shanghai den größten kollektiven Schock der Geschichte versetzt.

Ich bin überrascht, wie verlassen der Ort schon 25 Minuten nach dem zweiten Einschlag wirkt. Nur ankommende Feuerwehrleute bilden kleinere Menschentrauben. Vom Eingang zur Einkaufspassage an der Church- und Fulton-Street aus zieht die

Karawane der Überlebenden aus dem Nordturm in Richtung Osten, zum Broadway.

Dann stehe ich plötzlich doch vor einer Schwerverletzten. Die Frau in den Fünfzigern hockt auf dem Gehweg. Blut rinnt von ihren klaffenden Wunden am Kopf herunter, sie hat schwere Verbrennungen im Gesicht, aber vor allem an den Händen. Es ist ein entsetzlicher Anblick: Die Haut ist abgeschält, das angebrannte Fleisch der Unterarme liegt frei. Sie starrt ins Leere, ist wohl zu traumatisiert, zu geschockt, um die Schmerzen wahrzunehmen – oder die bizarre Szene hier auch nur ansatzweise zu verstehen, überhaupt zu wissen, was passiert ist.

Elf Monate später sitze ich in ihrem Wohnzimmer im 26. Stock eines Apartmentgebäudes in Battery Park City, nur zwei Blocks von der dann bereits ausgeräumten Baugrube *Ground Zero* entfernt. Sie beschreibt jene endlosen Sekunden und Minuten des Terrors. Dass sie dazu noch in der Lage ist, dass sie überlebte, ist ein Wunder. Wiedererkannt habe ich Mary Jos, eine Beamtin der Hafenbehörde *Port Authority,* auf einem Bild in der *New York Post*, geschossen von meiner befreundeten Bekannten und Kollegin Brigitte Stelzer, einer Österreicherin, die seit mehr als zehn Jahren als freischaffende Fotoreporterin stets an vorderster Front im Big Apple bewegende Bilder schießt. Als Brigitte sie fotografiert, ist Mary Jos wie in Trance, bekommt kaum Luft. Ein Sanitäter und ein Feuerwehrmann kümmern sich um sie, warten mit ihr auf den Rettungswagen.

Zum Zeitpunkt des zweiten Einschlags stand Mary Jos in der Skylobby des Südturms, wartete auf die Expresslifte. Wie ein kleines vertikales Verkehrsnetz waren die Lifte im WTC in Express- und Lokallifte aufgeteilt. Per Schnelllift ging es direkt und ohne Zwischenstopps zu Knotenpunkten des Gebäudes, von dort mit den überall anzuhaltenden Fahrstühlen in die einzelnen Etagen. Die Skylobby im 79. Stock war einer dieser Umsteigeplätze.

Kurz zuvor hat Jos die Explosion im benachbarten Nordturm gesehen, die Druckwelle gespürt. Ihr Büro bebte, die Fenster vibrierten durch die nahe Explosion.

»*Get out!*«, nur raus, war ihre erste, instinktive Reaktion. Sie räumte hastig ein paar Utensilien von ihrem Schreibtisch in die Handtasche, rief noch schnell ihren Mann an. Wertvolle Minuten verstrichen.

Jos fuhr in den 79. Stock, um dort in den Expresslift in die Lobby einzusteigen. Dort aber stehen die Büroangestellten bereits dicht gedrängt, viele sind fahl im Gesicht, die meisten nervös, einige ungeduldig, da die Wartezeit länger als üblich ausfällt.

»Meine Erinnerungen an diese Sekunden sind bruchstückhaft«, erzählt Mary Jos, deren Arme zum Zeitpunkt unseres Gesprächs immer noch in Bandagen gewickelt sind. Zuerst habe es einen furchtbaren Knall gegeben, eine blendende Stichflamme – dann den totalen Blackout.

Als Jos zu sich kommt, steht ihr Körper in Flammen. Sie rollt sich instinktiv auf den Rücken, um die Flammen zu ersticken. Sie blickt in ein Inferno, unvorstellbar, schrecklicher, als es sich jeder Hollywoodregisseur hätte ausmalen können: Tote türmen sich vor ihr auf, einige verkohlt, andere mit abgetrennten Gliedmaßen, viele mit klaffenden Wunden. Und überall Blut, Staub, Rauch, züngelnde Flammen, die an den teils eingestürzten Wänden emporlodern. Ein gespenstisches gelbliches Licht erfüllt die Etage, in der nach späteren Ermittlungen und Zeugenberichten binnen Sekunden mindestens sechzig Menschen ihr Leben ließen.

»Es war totenstill, gespenstisch, es roch nach Benzin, verbranntem Fleisch«, erinnert sich Jos.

Sie kriecht über einen Leichenberg, die Adrenalinstöße des Schocks und der unbändige Überlebenswille schalten jegliches Schmerzgefühl aus. Und das trotz der Verbrennungen zweiten und dritten Grades am Rücken, im Gesicht, an den Armen. Die

Wucht der Explosion und die wie Geschosse durch den Raum fliegenden Trümmerteile haben ihren Oberarmknochen freigelegt, Jos ein »Loch«, wie sie plastisch ausführt, ins Bein gebohrt. Dennoch kriecht sie über Leichen, findet endlich die Tür zum Treppenhaus. Sie zwingt sich mit schier übermenschlicher Kraft durch eine von Schutt, eingestürzten Wänden und Rohren der zerstörten Klimaanlage blockierte Öffnung. In ihrem Kopf hämmert es, rhythmisch, befehlsartig: »Du wirst hier nicht sterben! Du wirst deinen Mann wiedersehen!«

Ein Unbekannter rettet Mary Jos schließlich das Leben. Er führt sie die 78 Stockwerke nach unten. Sie erinnert sich noch, wie sie ihren Schuh verlor und das blutende Bein Abdrücke auf den Treppen hinterließ.

Der Helfer bringt sie ins Freie, übergibt sie an einen weiteren Überlebenden, der sie zur Ambulanz führt – wo sie stumm hockt, als ich sie zum ersten Mal sehe. Noch weiß sie nicht, dass es neununddreißig ihrer Arbeitskollegen nicht aus dem Turm schaffen. Sie selbst verbringt vierundzwanzig Tage auf der Intensivstation.

Mary Jos hat ihren Retter ausfindig gemacht: Eric Thompson, ein Angestellter aus einem anderen Büro. »Anstatt sein eigenes Leben durch eine schnelle Flucht in Sicherheit zu bringen, hat er gewartet, bis ich es durch den Schutt schaffte«, sagt Jos ein Jahr später: »Er ist mein persönlicher Engel.«

Ich gehe weiter, halte auf die Karawane der Überlebenden aus dem Nordturm zu. Sie kommen die Rolltreppe aus der Untergrundpassage hoch, treten ins Freie. Die meisten starren sofort nach oben auf das Flammenmeer über ihnen. Sie alle sind patschnass. Das muss wohl die ausgelöste Sprinkleranlage schuld sein, denke ich zunächst. Kaum einer trägt noch seine Krawatte, einige haben ihre Sakkos geschultert, viele sie wohl einfach weggeworfen. Die Männer haben ihre Hemden aufgeknöpft, viele Frauen halten ihre Stöckelschuhe in den Händen.

Erst später erfahre ich, dass sie nicht durch den Sprinkler nass wurden, sondern schweißdurchtränkt waren. Die Hitze durch das Brandinferno soll in den verrauchten, unklimatisierten Notabgängen bis zu vierzig Grad erreicht haben, erzählen Zeugen. Hinzu kommt der enorme Stress: Alle wollen raus, doch ständig ist der Abgang verstopft, weil auch aus den unteren Etagen immer neue Flüchtende in die Treppenhäuser strömen. Sie alle haben endlose Minuten der Todesangst durchlebt, der wirkliche Schock kommt für viele jedoch erst jetzt – beim Anblick des Infernos.

»*What happened?*«, ruft einer der Überlebenden, ein Mann mit weißem Hemd, Bauchansatz und Brille. Völlig ungläubig starrt er nach oben. Und noch ein Stoßseufzer: »Was um Himmels willen ist geschehen?«

Tatsächlich: Die Überlebenden hatten keine Ahnung, was vor sich ging. Viele dachten wohl an eine Explosion, an eine Autobombenattacke wie 1993. Im Freien zücken sie ihre Handys, wollen Angehörige beruhigen – Ehepartner, Kinder, Eltern, Schwestern, Brüder, Großeltern, Freunde.

New York, die USA und die Welt halten im Bann der Tragödie längst die Luft an. Verwandte und Bekannte jener, die in den Zwillingstürmen arbeiten, sind bereits verrückt vor Sorge. Immer schwerer wird es, im Mobilfunknetz durchzukommen. Hektisch tippen die Überlebenden auf der Tastatur ihrer Handys herum, fluchen, tippen wieder, stecken schließlich die nutzlosen Geräte in die Taschen.

Eine Frau zieht mich am Ärmel: »Haben Sie 25 Cent?«, fragt sie, ihr Gesicht ängstlich, verzweifelt. Sie will es beim Münzautomaten versuchen. Tränen laufen ihr über die Wangen: »Ich kann meinen Mann nicht erreichen, er ist immer noch in einem der Tower.«

Ich krame in meiner Geldbörse, finde einen Quarter. »Das ist alles, was ich habe«, entschuldige ich mich. Sie bedankt sich, ergreift die Münze wie ein Verdurstender eine Wasserflasche, hetzt zurück zur Telefonzelle.

Ich stelle mich an die Fulton Street zwischen Church und Broadway, einen halben Block vom Nordturm entfernt. Gleich vor dem Eingang haben mich die Cops rasch und barsch vertrieben: »*Get back! Get back!*«, herrscht mich einer an.

Ich versuche Augenzeugenberichte einzuholen. Tausende Fragen schwirren mir durch den Kopf: Wie fühlt sich der Aufprall einer Verkehrsmaschine in einen Wolkenkratzer an? Wie hört sich das an? Wie geordnet verlief die Flucht? Wie groß ist das Chaos? Schafften es Menschen von oberhalb des Kraters noch nach unten?

Erste Eindrücke möchte ich einsammeln, Berichte von drinnen, von der Frontlinie der offensichtlich größten Terrortragödie der Menschheitsgeschichte. Doch es ist nicht so einfach: Die meisten, die ich anspreche, scheinen mich gar nicht zu hören oder zu sehen. Sie starren geradeaus, wanken sichtlich traumatisiert, marschieren vorwärts, mechanisch. Viele zittern am ganzen Leib. Und diese Blicke: leer, ausdruckslos, erschöpft. Andere winken bloß mit der Hand ab, bedeuten mir: »Kein Kommentar.«

Erst nach dem zehnten »*Excuse me?*« schert jemand aus dem Strom der Überlebenden aus, stoppt kurz, berichtet. »Das ganze Gebäude begann zu schwingen«, erzählt etwa Steve Ventret: »Menschen kippten von ihren Sesseln, danach herrschte totale Panik.«

Ich stoppe einen weiteren Zeitzeugen, den Broker Bill Mayers: »Die Leute erreichten gerade nach und nach ihre Arbeitsplätze«, beginnt er. Er atmet schwer: »Die Büros füllten sich langsam.« Im 72. Stock habe sein Arbeitsplatz gelegen, der Abstieg durch das Treppenhaus über dreißig Minuten gedauert. »Es lief überraschend geordnet ab. Alle verhielten sich enorm diszipliniert«, sagt er und erzählt, die totale Angst aller sei spürbar gewesen, habe wie ein unsichtbarer Schleier in der dicken, schwülen und rauchschwangeren Luft gehangen.

Noch näher an der Einschlagstelle war der Angestellte Rob

Smith: »Trümmer flogen an den Fenstern vorbei«, sagt er, gestikuliert wild mit den Armen: »Und dann drang langsam Rauch in unsere Büros, alle drängten zu den Ausgängen, ließen alles einfach zurück.«

Doch bald dreht sich die Gesprächssituation; meine Interviewpartner haben Fragen an mich, sehen mich offensichtlich als Vertreter einer besser informierten Außenwelt. So starrt Smith wieder nach oben, ruft plötzlich mitten im Satz: »Hey, Mann, wieso brennen die Türme eigentlich, was ist passiert?«

»Jumbos haben die Gebäude getroffen«, antworte ich, »ein Terrorangriff auf Amerika.«

Die Reaktion ist blanker Unglauben. »Was redest du da daher?«, brüllt mich einer fast an: »Das ist doch gar nicht möglich!«

»Glaube mir«, ich lege ihm die Hand kumpelhaft auf die Schulter, füge an, »der zweite Treffer war sogar live im Fernsehen zu sehen.«

Er reißt die Augen auf, blickt nochmals rauf, schüttelt den Kopf, hebt die Hand noch schnell zum Gruß und läuft aus der Katastrophenzone. Ich sehe noch von hinten, wie er den Kopf schüttelt.

Die Fluglotsenzentren des Landes gleichen nun allesamt Hexenküchen. Überall treffen Berichte über echte und mutmaßliche Flugzeugentführungen ein – 29 (davon 25 irrtümlich), bevor der amerikanische Luftraum für den kommerziellen Flugverkehr gesperrt wird. Einer der makabersten Vorfälle: *United*-Flug 93, mit Verspätung von Newark, New Jersey, gestartet, wird als entführt gemeldet – *vor* dem tatsächlichen Kidnapping durch den Al-Qaida-Libanesen Jarrah und sein Team, dem als Einzigen der vier Terrorzellenführer nur drei Komplizen für den Sturm auf das Cockpit und zum Inschachhalten von Passagieren und Crew zur Verfügung standen. Nach Angaben von CNN informierte die FAA bereits um 9:16 Uhr die Militärs der NORAD-Flugabwehr über die mutmaßliche Entführung[40], also bereits zwölf

Minuten bevor laut Protokoll der 9/11-Kommission der Sturm auf die Pilotenkanzel erfolgte.[41]

Für Aufruhr sorgt zu diesem Zeitpunkt aber vor allem eine weitere Meldung: Die FAA meldet NORAD, dass Flug AA 77 definitiv entführt worden sei und »in Richtung Washington« abgedreht habe. Erste Informationen darüber, dass sich eine neue Tragödie abzeichnet, waren laut Zeugen bereits früher informell über die hastig eingerichteten »Telefonbrücken« zwischen ziviler und militärischer Luftüberwachung kommuniziert worden. Die Berichte werden nun immer dramatischer: Der Jumbo rase mit hoher Geschwindigkeit auf die Hauptstadt zu, heißt es. Plötzlich ist die Rede davon, das Weiße Haus könne ein mögliches Ziel sein.

Die Luftabwehr bleibt jedoch weiter schockierend hilflos. Die in Massachusetts gestarteten F-15-Jets fliegen nun, fast fünfundvierzig Minuten nach dem ersten Einschlag, noch immer Warteschleifen über dem Atlantik östlich von New York. Zwar steigen von der Langley Airforce Base in Virginia, nahe Washington, D.C., um 9:30 Uhr zusätzlich drei F-16-Jets auf. Doch noch auf der Startbahn müssen sie – trotz höchster Prioritätsstufe – zwei Minuten lang warten, um dem zivilen Luftverkehr nicht in die Quere zu kommen.[42] Als sie endlich in der Luft sind, fliegen sie in die falsche Richtung, rasen auf den Atlantik hinaus, wie die 9/11-Kommission notiert.[43]

So sind die Jets 240 Kilometer entfernt, als sich *American*-Flug 77 um 9:37 Uhr mit 64 Menschen an Bord in den äußeren Ring der oktagonförmigen Trutzburg des Pentagons bohrt.

In den Büros sterben weitere 125 Menschen.

8

Von all dem, dem heillosen Durcheinander in den Militär- und Flugleitzentralen, dem hilflosen Losschicken von Kampfjets oder der Entführung des dritten Jumbos, habe ich mitten im Chaos rund um die brennenden Türme natürlich nichts mitbekommen. Ich versuche weiter, Augenzeugen zu befragen. Es ist mühsam, und nach mehreren Absagen fühle ich mich eher wie ein lästiger Schnüffler und Störenfried, weniger wie der Chronist eines geschichtlichen Moments, wie wir Reporter uns im Idealfall gerne selbst sehen.

Ein Schrei schreckt mich auf, selbst in der apokalyptischen Geräuschkulisse des inzwischen noch intensiveren Sirenengeheuls der Tausenden, aus allen Bezirken eingetroffenen Einsatzfahrzeuge.

»*Oh my God, oh my God, oh no!*«, ruft plötzlich eine fülligere Afroamerikanerin vor mir. Sie starrt nach oben auf die Nordseite des Nordturms. Den Anblick werde ich nie vergessen: Ihre Augen sind vor Entsetzen weit aufgerissen, ihr Gesicht ist zu einer Grimasse verzogen. Jetzt erst kommen die unvorstellbaren Worte aus ihr heraus: »*They are jumping! Oh my God! Oh no, please, no!!!*«

Sie springen? Wer springt? Was, wie bitte? Ich verstehe nicht, was sie meint. Dann endlich setzt mein Gehirn ihre Sätze mit den anderen vorhandenen Informationen zu einem grauenhaften Gesamtbild zusammen.

Als mir dämmert, was sie meint, fürchte ich mich bereits, mich umzudrehen und die Augen ebenfalls nach oben zu richten. Mir stockt der Atem, als ich es dennoch tue. Mein Herz schlägt wild, das Entsetzen lässt meinen Körper wie bei einem Stromstoß zusammenzucken: Durch die enorme Höhe der Türme winzig, doch deutlich zu sehen, entdecke ich nun ebenfalls die fallenden Körper. Meine Pupillen fixieren einen. Ich beobachte seinen Fall, langsam, wie in Zeitlupe: Seine Hände zucken, der Körper rotiert, dreht sich um die eigene Achse. Ich kann nicht erkennen, ob es ein Mann ist oder eine Frau. Ist das wichtig? Hier stürzt ein Mensch zu Tode.

Vom unteren Rand des Einschlagskraters hinunter auf Straßenniveau sind es 350 Meter. Ich kann mich noch gut daran erinnern, wie es war, als Estee und ich selbst zwei- oder dreimal auf der Aussichtsplattform des Wolkenkratzers standen: Die Aussicht glich der aus einem Flugzeug. Wie schlimm muss es jetzt dort oben sein, dass Menschen freiwillig durch die zerborstenen Fenster steigen, ihre Hände von den Fensterrahmen lösen und sich fallen lassen?

Ich starre wieder auf einen der stürzenden Körper. Es ist ein endloser Fall. Jede Millisekunde wirkt wie eine Ewigkeit. Er verschwindet hinter der Reihe an Häusern, die mir den Blick verstellt.

»Das hörte sich an wie Bombeneinschläge«, erzählt mir später der Dokumentarfilmer Jules Naudet. Er drehte mit seinem Bruder Gedeon gerade einen Film über die Ausbildung des Feuerwehrlehrlings Tony Benetatos, als *American Airlines*-Flug 11 über ihnen röhrte. Der Franzose filmte instinktiv weiter und war dadurch der Einzige, der den Einschlag des ersten Jumbos in den Nordturm festhielt. Nach dem Einschlag eilten die Naudets mit dem Bataillon der Engine 7/Ladder 1 zum Unglücksort. Als die ersten Körper auf dem Asphalt zerplatzen, sind sie gerade in der Lobby. In ihrer preisgekrönten Dokumentation *9/11* sind die von Naudet beschriebenen »Explosionen« deutlich zu hören, selbst durch die dicken Glasscheiben der Lobby. Auch die abgebrühten Feuerwehrleute zucken bei jedem neuen Aufprall zusammen. Sie alle wissen, dass gerade ein weiterer Mensch auf grauenhafte Weise gestorben ist.

Nachdem ich die Todesspringer gesehen habe, nehme ich das Desaster völlig anders wahr. So absurd es klingt: Wegen der gigantischen Dimensionen der Gebäude und der schieren Absurdität der Vorgänge fehlte meinen Eindrücken bisher der Aspekt menschlichen Leides. Natürlich habe ich die Verletzten gesehen. Doch das Ganze wirkte eher wie ein Hollywood-Katastrophenfilm: absurd, unwirklich. Der Anblick der Todesspringer aber zeigt mir auf einmal, was für eine unvorstellbare Tragödie sich innerhalb der Türme abspielt. Ich verstehe: Gerade verlieren in den über tausend Grad heißen Brandherden Hunderte Meter über mir Menschen ihr Leben!

Die Frau vor mir ist in Tränen ausgebrochen. Sie stammelt nun mehr, als sie schreit: »*Oh my God! Oh my God!*« Ein tiefes Schluchzen. Und wieder: »*Oh no! Oh no!*« Sie hat sich auf eine ihrer Arbeitskolleginnen gestützt, auch der rinnen die Tränen über die Wangen.

Für mich stürzt eine Welt zusammen. Immer war ich davon überzeugt, dass wir dank des Fortschritts in der Lage wären, in Not geratenen Menschen selbst unter schwierigsten Umständen helfen zu können. Sie zu retten. »Warum hilft ihnen niemand?«, schießt es aus mir heraus. Ich zucke selbst überrascht zusammen angesichts meines plötzlichen – und lauten – Emotionsausbruchs. Längst sind alle Grenzen verwischt: Ich bin hier nicht mehr nur Reporter, ich bin Zeuge, New Yorker, Mensch.

»Vergiss es!« Jemand dreht sich um, um meine Frage zu beantworten. »So hoch oben? Denen kann niemand helfen. Wer soll dieses Feuer löschen?«

Ich ahne, dass er recht hat: In Relation zu den brennenden Zwillingstürmen wirken die Feuerwehrleute, die die Gebäude und die Opfer in ihnen retten sollen, wie Ameisen. Bis die Brandbekämpfer nach dem endlosen Marsch durch die Treppenhäuser zu den Feuerherden vorgedrungen sind, wird es zu spät sein. Aber vielleicht könnten Helikopter Überlebende vom Dach evakuieren. Immer klarer wird mir: Diese Katastrophe eskaliert, verwandelt sich in eine Tragödie, der selbst eine Supermacht hilflos gegenübersteht.

Und wieder springt jemand, eine Weile wirkt die Schreckensszene fast hypnotisierend. Ich lasse den Blick schweifen, sehe in die Gesichter der Umstehenden. Sie kommen aus allen Nationen dieser Welt, ihre Gesichtszüge spiegeln die unterschiedlichsten Emotionen wider: Schock, Entsetzen, Trauer, Hilflosigkeit, Angst, ja Panik. Doch alle eint das lähmende Gefühl, das alles nicht glauben zu können. Warum starren wir an diesem sonnigen Spätsommertag mitten in Manhattan auf die brennenden Türme des World Trade Center – aus denen sich Menschen in den Tod stürzen?

Schreckliche Gerüchte machen die Runde. Jemand ruft: »Sie haben das Pentagon attackiert!«

Sofort bildet sich eine Menschentraube um den Mann, der gerade mit seinem Handy telefoniert und die von seinem Gesprächspartner erhaltenen Informationen bruchstückhaft weitergibt. Ich schnappe nur Fragmente auf: »das Pentagon in Flammen«, »das Weiße Haus evakuiert«, »Bush an unbekannten Ort gebracht«, »Berichte über Dutzende weitere Flugzeugentführungen«, über »neue mögliche Flugzeugattacken« auch gegen New York.

Was um Himmels willen ist nur los?

Während die New Yorker Feuerwehr noch verzweifelt versucht, die brennenden Türme des World Trade Center zu löschen, hat das Kerosin in den Tanks der zerschellten Boeing 757-223 auch im Pentagon ein Brandinferno entfacht. Dicker schwarzer Rauch quillt aus den Fenstern der Büroflügel der Kommandozentrale der US-Streitkräfte. Nicht einmal sie konnte die Luftwaffe beschützen: Die beiden zuerst in die falsche Richtung gestarteten F-16-Jets erhielten erst Sekunden vor dem Crash den Befehl zur Umkehr.

Spätere Rekonstruktionen illustrieren das ganze Ausmaß der Blamage: Wären die Jets von der Langley-Basis direkt nach Washington geflogen, hätten sie den Jumbo eine Minute vor dem Aufprall noch erreicht. Fraglich ist jedoch, wie genau sie den Terrorflieger hätten stoppen sollen. Weder Bush noch sein Vize Dick Cheney hatten zu diesem Zeitpunkt explizite Abschussbefehle für Jets kommerzieller Fluglinien erteilt.

Kurz nach 9:30 Uhr schrillen auch die Alarmglocken im Weißen Haus. Der *Secret Service* erfährt, dass der vierte entführte Jumbo Kurs auf den Amtssitz des Präsidenten nimmt. Die Bodyguards packen Cheney unter den Armen, zerren ihn regelrecht aus seinem Sessel, evakuieren ihn in den Bunker unter dem berühmten Gebäude. Von der Vordertür des Weißen Hauses rennen Mitarbeiter mit Aktenstößen durch den Garten zu den Ausgangstoren. Zeitgleich gibt die Flugbehörde FAA den Befehl: Alle Jets im amerikanischen Luftraum müssen landen, alle sich im Anflug auf den US-Luftraum befindlichen Maschinen umkehren. In den USA allein betrifft die Anweisung 3950 Jumbos, drei Viertel von ihnen landen innerhalb einer Stunde – eine logistische Meisterleistung der Fluglotsen, wie später geurteilt wird.[44]

Ich habe das Gefühl, genügend Zeugen für eine erste Story interviewt zu haben, und ziehe mich einen halben Block zurück, gehe zur Ecke Broadway/Fulton Street. Der Nordturm liegt von hier eineinhalb Blocks östlich geradeaus entfernt, sein südlicher Nachbar steht ein wenig mehr als einen Block nach Osten, einen nach Süden. Der Straßenverkehr, sonst eine donnernde Lawine aus Taxis, SUVs, Bussen und Lkws, ist komplett zum Stillstand gekommen. Nur Feuerwehrwagen sind noch unterwegs. Immer noch. Auf Gehsteigen und Straßen liegen Papierfetzen aus den WTC-Türmen. Hunderte Menschen strömen aus der Gefahrenzone; nun werden auch die Büros umliegender Hochhäuser evakuiert. Doch Tausende stehen weiter wie angewurzelt da, können sich von dem absurden Anblick nicht losreißen. Sie diskutieren gestikulierend – mit Arbeitskollegen, aber auch Fremden.

Ich tippe Estees Nummer ins Handy: Besetzt! Verdammt! Ich bin nur vier bis fünf Gehminuten von zu Hause entfernt, könnte ihr also kurz persönlich Bescheid geben, dass es mir gut geht. Könnte vielleicht ein paar Anrufe vom Festnetz aus machen. Ich versuche es noch einmal. Es läutet, dann hebt Estee ab. Sie ist erleichtert, das höre ich gleich an ihrer Stimme.

Wie aus der Pistole geschossen rattere ich ein paar der entsetzlichsten Eindrücke herunter. »Es ist die Hölle hier, überall Verletzte, Trümmer liegen vor den Türmen«, berichte ich. Und: »Sie springen aus den Fenstern, stürzen sich in den Tod.«

Vieles, von dem ich erzähle, vor allem die Nachrichten über die Todesspringer, hat Estee via CNN in der Wohnung mitbekommen. Sie erzählt mir vom Angriff gegen das Pentagon.

Es stimmt also doch, denke ich mir. Dann frage ich sie nach anderen möglichen Flugzeugentführungen.

Fast im Minutentakt kämen derartige Berichte rein, sagt sie, »aber die meisten sind bisher noch nicht bestätigt«. Es sei das totale Chaos. Dann fragt sie mich: »Was machst du jetzt? Kommst du zurück?«

Ich überlege laut während des Gesprächs, berichte, dass ich bereits einige berührende und fesselnde Augenzeugenberichte aus dem Inneren der Türme notiert habe, wohl bald für einen Zwischenstopp zurückkommen werde. Dann teile ich ihr aber doch mit, dass ich für die weitere Vorortbeobachtung noch eine Weile in der Nähe der Katastrophenzone verweilen wolle, mir vor allem von den Rettungsaktionen noch ein genaueres Bild machen müsse.

Während mir die Sorge vor neuen Angriffswellen weiterer entführter Jumbos durch den Kopf spukt, blende ich – wie eigentlich alle anderen rund um mich auch – die offensichtlichste Gefahr komplett aus: dass die Türme jederzeit einstürzen könnten.

Die Behörden scheinen die Gefahr erkannt zu haben: In einem behelfsmäßig eingerichteten Kommandozentrum in der Lobby des WTC-Gebäudes *Building* 7 diskutieren ein Abteilungsleiter des *Emergency Medical Services* (EMS), der Ambulanznotdienst und einer der höchstrangigen FDNY-Captains über die Lage. Um 9:59 Uhr warnt das EMS die Feuerwehrleute, die Gebäude hätten signifikanten Schaden genommen, die Stabilität der Konstruktionen sei so geschwächt, dass sich die Bauten in großer Einsturzgefahr befänden.

EMS-Topmanager eilen mit der Einschätzung zu einem weiteren Kommandoposten in der Nähe, teilen den dortigen Einsatzleitern mit: »Die Gebäude könnten einstürzen – holt eure Männer raus!« Hunderte Brandbekämpfer steigen zu diesem Zeitpunkt in beiden Türmen die Treppenhäuser hinauf, kämpfen sich zu den Brandherden vor.

Wenige Minuten vor dem Angriff auf das Pentagon ereignete sich die vierte und letzte Entführung an diesem Horrortag. Um 9:28 Uhr stürmten der Terrorist Jarrah und sein Team das Cockpit der Boeing 757-200; eine Minute zuvor hatte der Jet mit insgesamt 37 Passagieren und sieben Crewmitgliedern den letzten Routinefunkspruch an das nun zuständige Cleveland Center abgesetzt. Vor dem Lake Erie fliegt der Jumbo eine Kehrtwende, nimmt wie zuvor Flug 77 Kurs auf Washington, D. C.

Dass es sich nach den zahlreichen falschen Meldungen um einen Ernstfall handelt, erkennt Fluglotse John Werth, der den Flug betreut. Durch ein irrtümlich aufgedrehtes Funkgerät sind wenige Sekunden lang Schreie, Gerangel und Geräusche eines Kampfs zu hören. Passagiere beschreiben in Telefonaten über die Bordtelefone mit Freunden und Angehörigen, dass zwei Leichen vor der Tür zum Cockpit liegen – wahrscheinlich die Piloten.

Doch der gravierende Unterschied zu den früheren Entführungen ist, dass die Passagiere von United 93 ahnen, was die Entführer planen. Denn der Start in Newark hatte sich wegen der im Großraum New York üblichen Überlastung des Luftraums um 42 Minuten verspätet. Die Fluggäste an Bord erfahren so durch Telefonate mit Verwandten, was das tatsächliche Ziel der Entführung ist: die Jumbos zu Waffen umzufunktionieren und in symbolkräftige Gebäude zu steuern.

Die Passagiere schmieden deshalb Pläne, wie sie das Cockpit zurückerobern können. Bei der Ausführung stürzt der Jet schließlich um 10:02 Uhr in der Nähe des Orts Shanksville, 130 Kilometer südöstlich von Pittsburgh, in einen Acker und zerschellt.

Die Passagiere kommen damit einer Entscheidung der Behörden zuvor, die über eine militärische Antwort auf die letzte auf Washington zurasende Maschine diskutieren. Im Kontrollraum der FAA herrscht auch jetzt Chaos; man zögert bei der Beantwortung der Frage, ob Kampfjets den gekidnappten Jumbo vom Himmel holen sollen.

Ähnlich grotesk ist die Verwirrung auf allerhöchster Ebene: Präsident Bush persönlich sagte vor den Ermittlern der 9/11-Kommission aus, dass er den Abschussbefehl für Flug 93 durch US-Kampfflieger an Bord der *Air Force One* telefonisch mit seinem Vize Cheney besprochen und schließlich genehmigt habe. Doch in den Protokollen, die die Militärs später anfertigen, findet sich kein Indiz dafür, dass die Piloten von der Zustimmung Bushs zum Abfeuern von Raketen auf das zivile Flugzeug zeitgerecht erfahren hätten. Das zumindest legt den Verdacht nahe, dass das Telefonat zwischen Cheney und Bush stattfand, als der *United*-Jumbo bereits abgestürzt war.[45]

9

Ich stehe immer noch an der Ecke Broadway/Fulton Street, überlege: Was ist zu tun? Soll ich nicht doch kurz zurück in die Wohnung an meinen Schreibtisch, mir von der Redaktion neue Instruktionen und Updates holen? Die Lage ist produktionstechnisch schwierig: Der Dienstag ist der Tag der letzten Deadlines. Heute spätestens müssen die Texte abgegeben werden, denn das Magazin geht am Mittwoch in den frühen Morgenstunden in Druck, ist bereits am Nachmittag für den Abendverkauf in Wien im Umlauf. Die Story ist aber derart im Fluss, dass die Chefredaktion mit Längen der Reportagen, mit Elementen, Inhalten und Zusatzelementen ringt. Noch dazu ist ihr wichtigster Mann vor Ort wegen der kollabierten Telefonnetze in New York kaum erreichbar.

Ich studiere meinen Schreibblock, lese, was ich mir notiert habe, überlege, was mir für den ersten Entwurf einer Reportage noch fehlt. Den brennenden Türmen habe ich den Rücken zugewandt. Vielleicht ist es Zufall, vielleicht will ich mich aber durch den schaurigen Anblick nicht ablenken lassen.

Dann geht alles blitzschnell: Neben mir rennen Menschen plötzlich panisch los, einige so hastig, dass sie gleich bei den ersten Schritten hinfallen. Ich drehe mich um, sehe hinabstürzende Gittermuster, die durch die silbrige Aluminiumverkleidung so charakteristische, längs gestreifte Außenfassade des World Trade Centers. Bruchstückhaft nimmt mein Gehirn die

Bilder wahr: Die Muster bewegen sich rasend schnell nach unten. Irgendwann komme ich zu dem unfassbaren Schluss: Der Koloss stürzt ein!

War diese Erkenntnis bereits eine schwere Geburt, folgt der schwierigere Teil nun erst: Was soll ich tun? Ich habe mich noch keinen Millimeter bewegt, stehe da, als sei ich mit dem Asphalt verwachsen. Nur langsam löse ich mich aus der Schockstarre, laufe, den Kopf nach hinten gedreht, ein paar Meter nach Osten, nur weg vom WTC-Komplex.

Bis heute kann ich mich an kein Geräusch erinnern: Nicht an das Grollen des Einsturzes, der einen Erdstoß auslöste.[46] Nicht an das Knattern der 110 aufeinanderstürzenden Stockwerke, das wie »Maschinengewehrfeuer« geklungen haben soll. Nicht die Schreie der Menschen, die plötzlich um ihr Leben rannten. Ob ich die Geräusche gar nicht erst registrierte, da ich mich auf anderes konzentrierte, oder sie später »löschte«, wird für immer ein Rätsel sein. Der Fall des Südturms, den ich aus weniger als zwei Blocks Entfernung erlebe, bleibt für mich rückblickend immer ein »Stummfilm«.

Vielleicht fünfzehn Meter weit bin ich gekommen, als ich gleich mit den nächsten Horrorbildern konfrontiert werde: Um die Ecke Church Street/Fulton Street rast plötzlich eine Staub- und Aschewolke. Die Stelle, an der eben noch der Südturm gestanden hat, füllt sich mit zermalmtem Gebäudeschutt. Auf mich wirkt die Szene wie ein Vulkanausbruch; die Wolke erinnert mich an pyroklastische Aschewolken, die bei explosiven Vulkanausbrüchen wie eine Staublawine die Hänge herunterrasen. Bilder von der verheerenden Explosion des philippinischen Vulkans Pinatubo schießen mir durch den Kopf. Damals, 1991, hatte der Druck der Lava 268 Höhenmeter des Gipfels weggesprengt und Millionen Tonnen Gestein und Erze die Hänge heruntergejagt. Warum ich jetzt daran denke, kann ich nicht sagen – offenbar rufen Form, Farbe und Textur der Wolke in meiner Gehirndatenbank gespeicherte Fernsehbilder als Vergleich auf.

Rückblickend muten diese Gedanken vielleicht kurios an, sie nehmen jedoch gravierenden Einfluss auf meine nun folgenden Handlungen. Denn ich weiß nur so viel: Vor pyroklastischen Strömen kann man nicht davonlaufen. Sie sind oft so schnell wie Verkehrsflugzeuge. Dass das durch den Einsturz des Südturms ausgelöste Ascheinferno tatsächlich wenig mit Vulkanwolken zu tun hat und weit weniger rasant unterwegs ist, tut für meine persönliche Interpretation der Vorgänge in diesen Schrecksekunden wenig zur Sache: Ich ziehe endgültig den Schluss, dass ich vor der Wolke nicht schnell genug flüchten kann – und dass ich besser Schutz vor möglicherweise fallendem Gebäudeschutt suchen sollte. Ich bleibe stehen, krieche unter einen Lieferwagen, der auf der nördlichen Straßenseite der Fulton Street, etwa 35 Meter von der Ecke zum Broadway, parkt.

Ich liege auf dem Bauch, den Lederrucksack auf dem Rücken. Warte. Mein ganzer Körper ist angespannt, verkrampft. Ich blicke durch den Spalt unter dem Wagen noch kurz nach draußen, sehe die Beine vorbeihetzender Menschen. Es ist zu spät, an meiner Entscheidung zu zweifeln: Ich habe mich gegen das Fortrennen entschieden! Es ist keine Zeit mehr, die Sache zu überdenken. Die Staubwolke ist fast da.

Binnen Sekunden rast sie über mich hinweg. Es wird dunkel, sehr schnell. Und total. Es ist völlig finster, plötzlich, um 10 Uhr morgens an einem eigentlich strahlenden Sommertag. So schwarz, als würde man seine Hände mit ganzer Kraft auf beide Augen pressen. Die Geräuschkulisse, die ich zuvor langsam wieder wahrgenommen habe, scheint ebenfalls abgestellt, als hätte jemand an der Fernbedienung den Ton weggedrückt. Es ist stockfinster – und totenstill. Leise und entfernt höre ich jemanden husten. Wie weit weg es sich anhört, auch wenn das Geräusch wahrscheinlich aus nächster Nähe kommt!

Bevor die Staubwolke mich erreicht, habe ich unter einem neben mir abgestellten Wagen einen anderen Flüchtling gesehen. Einen kurzen Augenblick lang starren wir uns an. Mein

Gesichtsausdruck ähnelt sicherlich dem des anderen Mannes: Todesangst. Anders ist es nicht zu beschreiben.

Der Staub! Dick, mit metallischem Geschmack legt er sich über mich, nimmt mir die Luft. Ich atme das World Trade Center: Beton- und Gipswände, Treppenaufgänge, Decken, Büromöbel, elektrische Leitungen, Feuerschutzmaterial, Fenster, Computerschirme – alles durch den unglaublichen Druck des Zusammenbruchs zu feinem weißen Pulver zerrieben.

Heute kann ich kaum glauben, dass ich mir während der minutenlangen Odyssee nicht ein einziges Mal zumindest mein T-Shirt als Filter vor den Mund hielt. Warum versagten selbst meine rudimentärsten Überlebensinstinkte in diesen Sekunden?

Ich stelle mir vor, wie sich meine Lunge bei jedem Atemzug von unten her weiter mit Staub füllt. Ein Bild wie in einem Comicstrip: die Lungen als Röntgenbild abgebildet, sich stetig füllend. Dann: *Game over!*

10

Mich erfasst erneut Todesangst. Muss ich hier ersticken? Wird der Asphalt mit dem Unterbau des Lieferwagens dicht über mir mein staubiges Grab? Wie lange bleibt der Staub so dick? Wie lange ist es noch so stockfinster, so totenstill?

Ich bin wütend, dass ich nicht auf Estee gehört habe. *Please don't go! Bitte geh nicht!* – es hallt mir wie in einer Endlosschleife durch den Kopf.

Zornig bin ich. Wieso liege ich an diesem Vormittag, der doch stinknormal angefangen hat, plötzlich mitten in Manhattan im Staub und ersticke?

Hinzu kommt unendliche Trauer. Ich denke an meine Vorfreude, endlich Vater zu werden, ein Kind großzuziehen. Unser Kind! Ich denke daran, dass Estee es nun vielleicht allein aufziehen muss, ihr Leben möglicherweise nie mehr so sein wird wie zuvor.

Und wieder nehme ich einen Atemzug. Er fällt mir bereits spürbar schwer. Wie lange noch? Ein Ruck geht durch meinen Körper – vielleicht das letzte Aufbäumen, reiner Überlebenswille. »Ich will hier nicht sterben!«, hämmert es in meinem Kopf.

Ich löse mich aus der Schockstarre, krieche unter dem Wagen hervor, richte mich auf. Wieder ein Atemzug! Fast randvoll stelle ich mir jetzt meine Lungenflügel vor. Ich taste mich mit kleinen Schritten vorwärts. Immer noch ist es pechschwarz um mich herum, ich sehe gar nichts. Plötzlich spüre ich einen stechenden Schmerz an meinem Kopf. Hat mich doch noch ein Teil des herabstürzenden Schutts getroffen? Nein, es ist banaler, grotesker, fast wie in einem Slapstick: Ich bin gegen ein Verkehrsschild gelaufen!

Unverdrossen taste ich mich vorwärts. Weitere Atemzüge. Die Verzweiflung wächst. Ich fühle mich wie in einer Falle, gefangen, dem Untergang geweiht. Doch plötzlich sehe ich den ersten Lichtschimmer, den Eingang zu einem Chinarestaurant. Durch eine Glastür geht es hier zu einem Treppenabgang, der ins Lokal im Untergeschoss führt. Ich will die Tür öffnen, endlich raus aus der Staubhölle. Sie ist verschlossen. Ich trommle mit der Faust gegen die Glasscheibe, rufe: »*Help!*« Hilfe! Verdammt! Wer sperrt an so einem Tag eine Tür zu?

Jemand kommt die Treppe herauf, schließt auf. Ich torkle durch die Tür. Eine kleine Gruppe drängt sich auf einem Treppenabsatz. Sie starren mich an.

»*Jesus Christ*«, ruft jemand. »Um Gottes willen!«

Ich sehe aus wie ein Geist, bin komplett mit weißem Staub bedeckt. Haare, Gesicht, Kleidung, Rucksack. Langsam steige ich die Treppe hinab, sauge gierig die nun weitgehend staubfreie Luft ein. Ich habe überlebt! Ich werde hier noch nicht sterben. Und doch schießt mir gleich der nächste Gedanke in den Kopf: Estee!

Sie hat das unglaubliche Staubinferno beim Fall des Südturms vom 31. Stock aus gesehen, weiß, dass ich mich nahe vor dem Unglücksgebäude aufgehalten habe. Ihr einziger Schluss kann sein: Er muss tot sein … wie alle.

Ich versuche es noch einmal mit dem Handy. Meine staubverkrusteten Finger drücken die Nummer. Natürlich: nichts. Kein Empfang, kein Durchkommen. Ich muss los, zurück in die Wohnung. Ich habe Angst, dass sie vor Stress das Baby verliert.

Vor der Glastür zeichnen sich die ersten Sonnenstrahlen ab, schemenhaft zuerst, doch dann immer heller. Ich renne die Treppe hinauf, drücke die Tür auf, hetze die Straße in Richtung

Osten entlang. Wenig nehme ich rund um mich wahr: Nicht die vielen anderen staubummantelten »Gespenster«. Nicht das Chaos auf den Straßen, auf denen die Menschen völlig geschockt und verwirrt umherirren. Ich habe nur ein Ziel: so schnell wie möglich zu Apartment 3104 an der 100 John Street zu gelangen. Ich laufe, drücke immer wieder den Wiederwahlknopf auf meinem Handy. Plötzlich läutet es. Estee!, denke ich. Endlich!

Doch dann sehe ich die Nummer und bin enttäuscht. Es ist ein Anruf aus Wien, von meiner Redaktion. »Ja, ich bin okay«, keuche ich, hörbar kurzatmig. »Ich melde mich später«, fahre ich fort, plärre ins Telefon: »Ich muss zu meiner Frau! Sie weiß nicht, dass ich am Leben bin!«

Das Tosen des einstürzenden Südturms hat Estee aufgeschreckt. »Es hörte sich an wie eine gewaltige Detonation«, sagt sie später. »Danach waren immer neue, kleinere zu hören, als offenbar die Geschosse aufeinanderkrachten.«

Ein ohrenbetäubendes Geknatter. Das ganze Gebäude vibriert, erbebt. Eine gewaltige Staubwolke rast wie ein alles verschlingendes Monster durch die Straßen, Gassen und Boulevards des Hochhausmeeres. Dann steigt der Staub auf, klettert rasant an den Hauswänden empor. Bilder wie nach schweren Bombardements im Krieg. Die Staubwolke erreicht unsere Terrasse, größere Körner in der Wolke prasseln gegen die Fenster. Ein durchdringendes Geräusch, als habe ein Sandstrahler das Gebäude ins Visier genommen. Dazu fliegt ein neuer Schwall Papier durch die Luft, darunter, so verrückt das klingt, »Rollen von Klopapier«. Nach der ersten Staubwelle, als die Druckwelle nachlässt, rieselt die Asche wie bei einem Schneesturm vom Himmel. Grauer allerdings. Panisch schießt Estee durch den Kopf: Bin ich hier eigentlich sicher? Wurde auch unser Hochhaus beschädigt?

Im Fernsehen laufen inzwischen in einer Endlosschleife die Bilder des Zusammenbruchs. Es sei unwirklich gewesen, dass sich diese so absurden und fern wirkenden Horrorbilder auf CNN tatsächlich nur wenige Hundert Meter vor dem eigenen Fenster zugetragen hatten, sagt Estee.

Lange nach dem 11. September frage ich sie ganz offen, ob sie geglaubt habe, dass ich tot sei. »Nein«, antwortet sie nach einer kurzen Pause: »Irgendwie wusste ich, dass du doch okay bist.« Doch was sind Glaube und Vermutungen ohne Bestätigung? Ohne ein Lebenszeichen? Zum ersten Mal wählt sie meine Handynummer, als noch der körnige Staub gegen die Fenster prasselt. Besetzt. Natürlich. Verdammt! Sie drückt die Wiederwahltaste. Und wieder und wieder. Zum Verrücktwerden ist das alles.

Der Frust, die Panik, die Angst und Sorge potenzieren sich mit jedem gescheiterten Wählversuch. Zum Wahnsinn treibt sie die erzwungene Untätigkeit – die Hilflosigkeit, die Ohnmacht. Und so nimmt das Schicksal beinahe eine gefährliche Wende: Estee will mich suchen gehen, mich in dem Inferno finden. Sie zieht ihre Turnschuhe an, steckt das Handy in die Handtasche, steht bereits an der Tür, als plötzlich das Bürotelefon klingelt.

»Das muss er sein.« Ihr Herz rast, der ersehnte Anruf. Sie hofft auf die erlösenden Worte: »Ich bin okay, ich komme nach Hause, bin gleich da …«

Als sie die Nummernanzeige am Telefon sieht, entfleucht Estee ein Fluch. Es ist unsere Freundin Nathalie, mit der zusammen wir vor zwei Tagen noch bei einem Spaziergang das traumhafte Sommerwetter genossen haben. Nathalie hat eine zweijährige Tochter und ist schwanger, praktisch genauso weit wie Estee. Sie erkundigt sich, wie es uns gehe.

»Herbie ist unten.« Bei Estee bricht die Verzweiflung nun voll durch. Unter Tränen sagt sie: »Ich muss ihn suchen – bin gerade auf dem Sprung zur Tür. Ich muss schauen, ob ich ihn finde!«

Nathalie ist geschockt. Sie beschwört Estee: »Bitte, um Himmels willen, bitte tu das ja nicht!« Sie argumentiert, dass ich sicher bereits auf dem Weg zu ihr sei, wir in dem Chaos auf den Straßen bloß aneinander vorbeilaufen würden, wir einander am Ende bloß weiter und für ewig suchen würden. Vor allem: Der Nordturm stehe ja noch, der Rauch an der Turmspitze werde immer schwärzer, ein böses Omen, dass auch dieses Riesengebäude bald kollabieren werde.

Estee lässt sich umstimmen. Sie legt die Handtasche auf den Schreibtisch. Versucht weiter, mich auf dem Handy zu erreichen.

Ich bin – nun bereits im veritablen Sprint – in die Gold Street eingebogen. Nur noch ein Block runter zur John Street, dann nach links und gut hundert Meter zum Eingang.

Gleich bin ich da. Mein Herz klopft wild. Mit drastisch reduziertem Lungenvolumen durch die Stadt zu rennen bringt meinen Körper an den Rand seiner Leistungsfähigkeit. Ich erreiche unser Gebäude, drücke die Glastür zur Lobby auf. Unser *Doorman* Vincent, ein rührender Afroamerikaner, die Seele des Gebäudes, sitzt hinter dem Empfangspult. »*Oh my God*«, entfährt es ihm, als ich ins Haus stürme.

Ich werfe ihm bloß ein »*I am okay*« zu, hetze weiter zu den Aufzügen. Die Tür geht gerade zu. Ich rufe: »Haltet den Lift auf, bitte!«

Tatsächlich drückt jemand den Knopf, durch den die Metallschiebetüren wieder auseinandergleiten. »*Sorry*«, entschuldige ich mich, erkläre eilig, dass meine Frau nicht wisse, dass ich den Horror überlebt habe.

Die Fahrgäste in dem mit sieben Personen recht vollgepferchten Lift starren mich fassungslos an. Fast habe ich vergessen, wie ich aussehe. Ach ja: Ich bin weiß von Kopf bis Fuß, meine Haare groteske Staubskulpturen, mein Gesicht verkrustet, durchsetzt von den Schlieren des heruntertropfenden Schweißes.

Auf dem Weg nach oben steigen einige Leute aus; alles geht wie in Zeitlupe. Ich bin ungeduldig, will Estee endlich in die

Arme schließen, die Minuten ihrer Verzweiflung beenden. Dann, etwa in Höhe des 27. Stocks, läutet mein Handy! Es ist Estee!

»Ich bin okay, ich bin okay«, stammle ich. Vor Erleichterung breche ich in Tränen aus, heule hemmungslos los. »Ich bin schon im Lift«, sage ich stockend. Plötzlich fällt mein Blick auf die Frau vor mir: Auch ihr laufen Tränen über die Wangen, wohl aus Rührung darüber, dass sie an diesem Albtraumtag Zeugin zumindest eines kleinen Happy Ends wurde.

Endlich bin ich im 31. Stock. Estee wartet bereits in der geöffneten Tür. Wir umarmen uns so fest, dass es fast wehtut. Der weiße Staub klebt nun auch an ihr. Egal, wir sind wieder zusammen!

Ich betrete die Wohnung, starre gleich auf die nun bereits mehr als zehn Zentimeter hohe Staubschicht auf unserem Balkon. Wie nach einem Blizzard sieht es hier aus.

Vor mir steht der Nordturm, der immer noch weit sichtbar brennt. Doch ich habe das Interesse an dem Drama draußen verloren. Nach der gewaltigen Erleichterung über die Wiedervereinigung mit meiner Frau macht sich plötzlich blanke Verwirrung breit. Ich blicke konfus umher, weiß nicht, was jetzt zu tun ist: Arbeiten? Telefonieren? Erzählen? Flüchten?

»Wasch dich«, hilft mir Estee pragmatisch aus.

Keine schlechte Idee. Ich reibe mir die Staubschicht aus dem Gesicht, blase den Dreck aus den Nasenflügeln. Am Waschbeckenrand liegt nun ein riesiger Pfropfen einer ekligen, dickflüssigen Masse. Das alles kam aus meiner Nase? Ich werfe die staubigen Kleider zu Boden, schlüpfe in die Hose und das T-Shirt, die Estee hervorgekramt hat. Jetzt, wo mein Adrenalinspiegel sinkt, brennen mir auf einmal die Augen. Die scharfkantigen Kristalle des Glasstaubs haben meine Hornhaut malträtiert. Jedes Schließen der Augenlieder schmerzt fürchterlich. Weil wir keine Augentropfen haben, schlägt Estee vor, ich solle doch Gurkenscheiben auflegen.

Eine Minute später ist das Theater des Absurden komplett: Draußen brennt der WTC-Nordturm, auf dem Balkon liegt der Staub des eingestürzten Südturms – und ich renne mit auf die Augen gepressten Gurkenscheiben im Kreis.

Später erinnere ich mich nur an Momentaufnahmen. Ich bin immer noch verwirrt, der weiterhin hohe Adrenalinpegel macht mich fahrig, hektisch, überdreht. Und ich bin völlig ratlos: Was ist nun eigentlich zu tun? Nicht nur für einen Reporter und Ehemann, sondern auch für mich als Einwohner einer schwer getroffenen Stadt. Was bedeutet das alles? Was passiert jetzt?

Die rote Taste des Anrufbeantworters blinkt stetig vor sich hin. In der kurzen Zeit, in der Estee mir mit dem Auflegen der Gurkenscheiben half, landeten gleich mehrere panische Nachrichten auf dem Band, die meisten von meinen Kollegen. »Ist alles klar, bist du in Sicherheit?«, fragt einer.

»Bitte melde dich«, sagt ein anderer mit sichtlich aufgeregter Stimme.

Ich versuche, sie zurückzurufen. Doch offensichtlich ist nach dem Handynetz nun auch das Festnetz zusammengebrochen. Manchmal höre ich nur das Besetztzeichen, manchmal die recht drastische Ansage, dass der Anruf in das »gewählte Land zu diesem Zeitpunkt« nicht möglich sei.

Ich checke meine Mails. Das Internet bildet offenbar eine weit verlässlichere Verbindung zur Außenwelt. »Alles noch okay?!«, schreibt etwa mein Kollege in der Außenpolitik, Thomas Seifert: »Melde dich bitte! Per Mail, SMS oder Telefon oder *whatever* ... Servus, Thomas.« Seine Mail erreichte mein Postfach, während ich im Staub unter dem Lieferwagen nach Luft rang.

»Bitte melden!!!«, lautet eine weitere Betreffzeile in der Liste der ungelesenen E-Mails. Sie kommt von meiner Kollegin aus Los Angeles, Evie Sullivan. »Ihr Liebsten, ich bin besorgt um euch«, schreibt sie: »Ich kann euch nicht am Telefon erreichen. Bitte eine kurze Mail, ich mach mir bereits solche Sorgen.«

Während ich noch meine Mails lese, komme ich plötzlich telefonisch zur Wiener Redaktion durch. Es ist reiner Zufall. Ich erreiche Andrea Bochdansky, die Assistentin der Chefredaktion, eine gute Freundin. Sie war bei meinen früheren Auslandseinsätzen stets meine wichtigste Ansprechpartnerin, hörte sich jeden Frust und jedes gelegentliche Dampfablassen geduldig an und übermittelte die Wünsche der Redaktion in einer gefilterten, pragmatischen und verständlichen Fassung. Ein idealer Draht zur Redaktion, besonders in dramatischen Situationen, in denen das Adrenalin pumpt und Überreaktionen provoziert.

Ich teile ihr kurz mit, dass ich unter einem Wagen überlebt habe, recht konfus und kopflos in der Wohnung herumlaufe – und dass kaum einer in New York gerade wisse, wie es jetzt weitergehen soll. Sie beruhigt mich, dass ich mir über die allgemeine Story, das Protokoll des Terrors, keine Gedanken zu machen brauche, sagt, ich solle mich vor allem auf meine Sicherheit und die meiner Frau konzentrieren. Erst in den nächsten Stunden brauche sie einen Bericht über meine Erfahrungen inmitten des Terrors, per E-Mail oder telefonisch, was immer gehe.

Ich bin erleichtert. Das Telefonat nimmt mir ein wenig den Druck.

11

Ich erzähle Estee in kurzen Brocken von dem unfassbaren Entsetzen in den Straßen unter uns, dem furchtbaren Anblick der Todesspringer, den schockierten Blicken der Zeugen, den bewegenden Storys der Überlebenden – und dann natürlich von meiner Todesangst, als der Südturm einstürzte.

Plötzlich rumpelt es wieder, ich blicke aus dem Fenster, sehe, wie sich die Antenne des brennenden Nordturms auf Talfahrt begibt. Auch der zweite Zwillingsturm fällt in sich zusammen. Aus den vier Seiten der Fassade schießen zunächst Staubexplosionen, Sekunden später bleibt nur eine Rauchsäule stehen – von dem 110 Stockwerke hohen Gebäude ist nur eine bizarre Trümmerlandschaft übrig.

Berechnungen ergeben später, dass der Fall der Kolosse lediglich jeweils zehn Sekunden dauerte,[47] nur ein wenig länger, als es gedauert hätte, einen Gegenstand vom Dach fallen zu lassen. Die WTC-Türme kollabierten also beinahe mit der Fallgeschwindigkeit – die obersten Fassadenteile bohrten sich, auf mehr als 300 Stundenkilometer beschleunigt, in den Vorplatz. 102 Minuten überstand der Nordturm den Jumboeinschlag, der Südturm lediglich 56 Minuten.

Der Einsturz ist in der ganzen Baugeschichte der einzige Fall eines »progressiven Kollapses« einer stahlgerahmten Struktur. Ausgelöst wurde er, weil ein für die Statik kritischer Teil der

Konstruktion versagte, wodurch bei dem kaskadenartigen Fall der Etagen weitere zentrale Verbindungselemente mitgerissen wurden.

Die zahlreichen Zeugen, die von dem Einsturz vorangehenden »Explosionsgeräuschen« berichteten, bilden die Grundlage für die Bewegung der 9/11-Verschwörungstheoretiker. Diese manifestiert sich als globale Massenbewegung. Ihre Bücher werden zu Bestsellern, Dokumentarfilme (wie etwa *Loose Change*) im Internet zum Hit. Vor allem in Europa erfreuen sich die Zweifler an der offiziellen Version der Ereignisse einer wachsenden Anhängerschaft. Die Kernthese der *Conspiracy*, der Verschwörung: Die US-Regierung, so die fanatischsten Anhänger der Szene, hätte den Anschlag als Vorwand für neue Kriege selbst inszeniert.[48] Andere führen die teilweise tatsächlich eigenartigen »Ungereimtheiten« an, darunter eben die Explosionsgeräusche vor dem Sturz der Türme, die breite Streuung der Trümmer des in Pennsylvania zerschellten Flugzeugs, die auf einen »geheimen Abschuss« durch Kampfflieger hindeuten könnten.

»Wir hörten laute Explosionen oder etwas, das sich wie laute Explosionen anhörte«, sagte etwa FDNY-Bezirksleiter John Sudnik: »Und dann sahen wir, wie der Turm einzustürzen begann.«

Sein Kollege, Feuerwehrmann Edward Kennedy, will einen »lauten Knall, eine Explosion« gehört haben. »Dann stürzte der obere Teil des Gebäudes auf uns zu.«[49]

Das *National Institute of Standards and Technology* jedoch erklärt die Geräusche mit dem jähen Nachgeben der Stahlkonstruktion und beteuert, »keinerlei Hinweise auf eine alternative Hypothese als Grund des Einsturzes, etwa eine kontrollierte Demolierung mittels Sprengmaterial« gefunden zu haben.[50]

Ich habe mir die Gurkenscheiben von den Augen gerissen, starre aus dem Fenster, kurz nur. Fast mache ich eine abfällige Handbewegung, denke: *Whatever …* Was auch immer? Dass ich in diesem Moment, in dem die noch über 1300 Menschen im Turm ein grauenhafter, plötzlicher Tod ereilt, so herzlos reagiert habe, schockiert mich bis heute.

Unter den Toten sind Hunderte Feuerwehrleute, die in die Todesfalle liefen, um Menschenleben zu retten. 343 werden insgesamt am 11. September 2001, dem für jede Feuerwehr der Erde schwärzesten Tag aller Zeiten, sterben.

Erklärlich ist meine abfällige Bemerkung nur mit der generellen Absurdität der ganzen Situation, die sich seit dem Morgen in einem Stakkato unvorstellbarer und jäher Eskalationen entfaltet hat. Nach der Todesangst in der pechschwarzen, metallisch schmeckenden dicken Staubwolke nur wenige Minuten zuvor verarbeitet mein Gehirn nun offensichtlich Eindrücke auf pragmatischstem Niveau – es ist offenbar kein Raum mehr für Emotionen, für die Trauer über das enorme menschliche Leid.

Mein eiskalte Logik: Erstens, urteile ich, war nach dem Einsturz des Südturms klar, dass auch der Nachbarturm zusammenfallen würde. Und zweitens weiß ich, dass ich mich diesmal in keinerlei Gefahr befinde. Beim Zusammenbruch des Südturms habe ich gesehen, dass das Hochhaus vertikal in sich zusammenfiel, nicht umkippte und ganze Häuserreihen mitriss. Daher hake ich in diesem Moment den Irrsinn vor meinem Fenster trocken und sehr egoistisch als »logischen, für mich und meine Frau ungefährlichen Vorfall« ab. Ich spüre die Vibrationen des Einsturzes, höre, wie größere Staubpartikel gegen unsere Fenster prasseln – genau wie es Estee zuvor beschrieben hat. Auf unserer Terrasse liegt der Schutt nun gut zwanzig Zentimeter hoch.

Dann schrecke ich hoch. Meine Eltern! Die müssen bereits wahnsinnig vor Sorge sein. Wie oft haben sie mich schon wegen der banalsten Umstände besorgt angerufen: wegen heftigen Schneefalls, Starkregen mit Überschwemmungen, des Versagens der Müllabfuhr oder des Ausbruchs des Westnil-Virus. Besonders auffällig ist, dass sie mich stets erst zwei Tage nach den tatsächlichen *Breaking News* anrufen. Kein Wunder, denn meine Eltern beziehen wegen ihres fortgeschrittenen Alters Nachrichten nicht »live« aus dem Internet, sondern zeitversetzt aus den Tageszeitungen.

Um 10:39 Uhr schicke ich eine E-Mail an meine Kontaktperson in Österreich, Andrea: »Ruf bitte meine Oldies an – *I am okay*«, gefolgt von der Telefonnummer.

Zwölf Minuten später mailt sie zurück: »Ist erledigt. Mutter ist zwar furchtbar aufgeregt, aber so weit beruhigt.« Nachsatz: »Passt gut auf euch auf!«

Ich bin erleichtert, meine Eltern wissen Bescheid. Wenig später meldet sich Estees Vater via E-Mail. Er ist ein nüchterner, pragmatischer Mensch. Das zeigt sich auch in seiner trockenen Korrespondenz: Macht, dass ihr aus der Stadt »so schnell wie möglich verschwindet«, schreibt er, »setzt euer Leben nicht aufs Spiel.« Er will uns sogar ein Flugticket kaufen. *One Way*, raus aus New York.

Estee schreibt kurz zurück, dass es uns gut geht und wir vorerst dringlichere Probleme haben. Die haben wir tatsächlich. Immer noch fragen wir uns: Was ist zu tun? Bleiben wir in der Wohnung? Müssen wir flüchten? Droht gar eine neue Angriffswelle? Sind andere Gebäude beschädigt und einsturzgefährdet?

Aus der Wohnung nebenan dringt das Geschrei des etwa dreijährigen Kinds unserer Nachbarn. Auch Familien wie sie sind völlig ratlos. Was macht man in einer Metropole, in der in Friedenszeiten und ohne jegliche Vorwarnung die beiden höchsten Gebäude nach Terrorattacken eingestürzt sind?

Ich starre auf den Fernseher, es läuft nach wie vor CNN. Vielleicht bietet die Liveberichterstattung irgendwelche Hinweise. Plötzlich wird das Bild von Bürgermeister Rudy Giuliani eingeblendet. Er wendet sich mit einer ersten Audiobotschaft an die Bürger seiner Stadt.

Vor diesem Tag konnte ich Giuliani nicht ausstehen. Zugegeben: Ich kannte das desolate New York nicht, in dem er nach seinem Amtsantritt 1993 »aufräumte«, das er »befriedete«, wie seine Anhänger so gerne ausführten. Bei unserer Ankunft 1999 war die Lebensqualität bereits enorm gestiegen, vor allem auch durch den starken Rückgang der Verbrechensrate. Zugleich war der einstige Mafiajäger, nachdem keine Notwendigkeit für die knallharte Verbrecherjagd oder das Vertreiben nerviger Windschutzscheibenwischer mehr bestand, unausstehlich geworden. Stur hatte er beispielsweise vier Polizisten verteidigt, die im Februar 1999 den unbewaffneten Immigranten aus dem afrikanischen Guinea, Amadou Diallo, mit 44 Schüssen regelrecht massakriert hatten. Giuliani ließ die Jugendstrafakte eines weiteren, unschuldig getöteten Polizeiopfers, Patrick Dorismond, ausheben, verleumdete den Toten, bloß zwei Tage nachdem ihn ein Undercover-Polizist vor dem Manhattaner Nightclub »Distinguished Wakamba Cocktail Lounge« im März 2000 erschoss. In Brooklyn brachen deshalb kurze Zeit später die schwersten Rassenunruhen seit Jahrzehnten aus. Schlussendlich setzte sich Guiliani an die Spitze eines Kreuzzugs der katholischen Kirche gegen die Ausstellung *Sensation* britischer Jungkünstler im Brooklyn Museum of Art, in der im Rahmen einer Kunstinstallation eine schwarze Jungfrau Maria mit einem rosinengroßen Stück Elefantenkot dekoriert ausgestellt war. Giuliani agierte, kurz gesagt, zusehends arrogant, selbstherrlich, duldete keinen Widerspruch, kanzelte selbst moderate Politiker harsch ab. Sein Motto könnte einem Italomafia-Film entsprungen sein: »*My Way, or the Highway!*« Grob übersetzt: »Mach, wie ich es will – oder verpiss dich.«

Vor allem Giulianis Verhältnis zu den vielen Minderheiten in New York erreichte immer neue Tiefstände: Unliebsamen Bezirksführern verweigerte er jegliche Zusammenkünfte, seine Zustimmungsrate unter den Afroamerikanern New Yorks beurteilten Meinungsforscher als »nicht mehr messbar«. Übersetzt: Es gab kaum einen Farbigen in der Stadt, der den Bürgermeister leiden konnte.

Nun aber war Giulianis Moment gekommen. Eine kurze Zeit, in der der Haudegen der richtige Mann zur richtigen Stunde war. Der Republikaner hatte den Einsturz des Südturms mit einer Gruppe seiner engsten Vertrauten in einem nahen Gebäude überlebt, irrte über eine Stunde lang durch Lower Manhattan, um ein neues Kommandozentrum zu suchen – sein genau für einen solchen Moment konzipiertes, 13 Millionen Dollar teures *Office of Emergency Management* (OEM) im 23. Stock des WTC-Gebäudes *Buildung* 7, einem nur 150 Meter vom Nordturm angesiedelten Wolkenkratzer, stand nun in Flammen.[51] Das Rathaus war wegen seiner Nähe zum Anschlagsort bereits evakuiert. Giuliani und sein Team brachen schließlich in ein verlassenes Feuerwehrhaus an der Houston Street ein, gut 15 Blocks nördlich des Infernos, und richteten eine behelfsmäßige Kommandozentrale ein. Bereits auf dem Weg dorthin hatte der sichtbar eingestaubte »Mr. Mayor« eines seiner wichtigsten Zeichen gesetzt: Als ihm ein zorniger Bürger zurief: »*Go, get them Rudy!*« (»Zahl es ihnen heim!«), bedeutete er ihm mit dem Finger am Mund, einen kühlen Kopf zu bewahren.

Giuliani verfeinert diese Botschaft später und intensiviert sie: »Lasst keine Rachegefühle aufkommen!« Er weiß, dass er im Multikulti-New-York mit dem großen muslimischen Bevölkerungsanteil auf einem Pulverfass sitzt. So soll am Ende ausgerechnet im trauernden und entsetzten New York die Zahl gewaltsamer Racheakte weit niedriger ausfallen als in der amerikanischen Provinz.

Als ich jetzt Giulianis Stimme höre, sind all meine Animositäten gegen den Republikaner verflogen. Ich sehne mich fast nach einer Figur, die Anweisungen gibt, Antworten hat.

Er eröffnet seine Rede, indem er auf den Horror der Terrorangriffe und den folgenden Kollaps der Zwillingstürme eingeht. Dann verkündet er eine Anweisung, die Gänsehaut macht und niemand in der Geschichte New Yorks so je gehört hat: Er fordert die Einwohner auf, Lower Manhattan »ruhig und geordnet« auf dem Fußweg zu verlassen. Die Menschen sollten nordwärts ziehen oder die Brücken über den East River nach Osten nach Brooklyn überqueren, bittet er.

Giuliani versucht auch, Gerüchte zu zerstreuen, dass bei den Jumboattacken Giftgas zum Einsatz gekommen sei. Nicht ohne Grund: Tatsächlich hat die Panik in den Straßen rund um den Ort, an dem noch am Tag zuvor das World Trade Center stand, eine derartige Intensität erreicht, dass einige sogar in den Hudson springen. Sie gehen quasi von Bord Manhattans.

»Überall schrien die Menschen, warnten vor neuen Gasexplosionen, zeigten panisch in den Himmel und fürchteten neue, heranrasende Jumbos«, erzählt mir später meine Bekannte Brigitte, die sich beim Kollaps des Südturms fünfzig Meter näher am Gebäude aufhielt als ich und so panisch um ihr Leben rannte, dass ihre blauen Prellungen an den Zehen sogar ein Jahr später noch gut sichtbar waren. Sie fasst zusammen: »Ich dachte, dass Manhattan in diesem Inferno in Kürze im Meer versinken wird.« Es habe sich angefühlt, als wäre für die berühmte Insel der Tag des Armageddons, des Weltuntergangs, gekommen.

Anders als ich hatte Brigitte den beginnenden Einsturz des Südturms gehört: »Es war ein Grollen, ein gewaltiges Getöse, Geräusche des zermalmten Betons waren zu hören«, sagt sie.

Doch auch sie flüchtete nicht sofort, sondern richtete das Teleobjektiv ihrer Kamera noch einmal nach oben auf die einknickende, sich auf Talfahrt begebende Turmspitze. Zwei Mal drückte sie noch ab.

Später zeigt sie mir die Bilder – unvorstellbar, dass sie den Einsturz überlebte.

»Ich bin Fotografin, was soll ich sagen«, entschuldigt sie sich fast. Sie hatte Glück, schaffte es einen Block in Richtung Osten, fand vor der Staubwolke Zuflucht in einer Bankfiliale.

Was wir an jenem Tag nicht sehen konnten: Brigitte und ich waren in diesem Moment nur fünfzehn Meter voneinander entfernt.

12

Ich zögere keine Sekunde, verschwende keine Energie darauf, Guilianis Aufforderung anzuzweifeln. Schon eigenartig für mich, da ich zeit meines Lebens gegen jegliche Obrigkeit rebellierte. Jetzt aber sage ich innerlich »*Yes, Sir!*« und salutiere.

Ich bespreche meine Entscheidung kurz mit Estee. »*Let's go*«, sage ich. »Lass uns von hier verschwinden.«

Sie nickt. Wir rufen unsere Freundin Nathalie an, kommen zum Glück rasch durch. Wir würden bei ihr gerne für eine Weile Zuflucht suchen, sage ich. Ohne nachzudenken, antwortet sie, dass das natürlich in Ordnung gehe, und so kramen wir eine Sporttasche aus einem der Einbauschränke, stopfen ein paar T-Shirts, Unterhosen, das wirklich Nötigste hinein. Wir glauben fest daran, dass wir morgen, spätestens übermorgen in unsere Wohnung zurückkehren können. Ich klappe meinen Laptop zusammen (und vergesse in der Hektik prompt das Ladekabel). Estee holt eine Schere, zerschneidet ein altes T-Shirt, dessen Teile wir uns behelfsmäßig vor den Mund binden. Ich blicke nochmals kurz durch den Spalt der Wohnungstür auf die Unordnung, die unser überstürzter Aufbruch zurücklässt. Dann machen wir uns auf den Weg.

Vor der Tür treffen wir auf unsere Nachbarn, die vor etwa einem halben Jahr eingezogen sind. Bisher sind wir uns nie wirklich begegnet, haben höchstens einmal das Kind gehört. Der Familienvater wirkt verwirrt und verängstigt, fragt in schwerem spanischen Akzent, was wir nun machen wollen. Ich erzähle von unserem Plan, Manhattan über die Brooklyn Bridge zu verlassen. Sage, dass Giuliani die Bewohner Lower Manhattans dazu aufgefordert hat wegzugehen. Richtig beruhigen kann ich ihn damit nicht. Er bedankt sich für die Auskunft, deutet an, über eigene Fluchtpläne nachzudenken.

Präsident Bush setzt seine wenig Vertrauen einflößende, ziellose Tour quer durch Amerika unterdessen fort. Um 9:29 Uhr, knapp dreißig Minuten nach dem Einschlag in den zweiten WTC-Turm, hatte er sich noch im Schulgebäude in Sarasota in einer ersten dürren Stellungnahme an die geschockten US-Bürger gewandt: »Heute mussten wir eine nationale Tragödie miterleben«, sagte er inmitten von Schülern, Lehrern und Eltern, die für den Anlass ein völlig unpassendes Bild ergaben. »Zwei Flugzeuge sind in einer offensichtlich terroristischen Attacke gegen unser Land in das World Trade Center gekracht.« Kurios ist, dass sich Ort und Zeitpunkt dieser ersten Stellungnahme haarscharf mit dem vor der Attacke anvisierten Zeitpunkt einer Pressestellungnahme deckten, was Bush selbst zu einem leichten Terrorziel machte.[52]

Fünf Minuten später verließ Bushs Wagenkonvoi die Volksschule – zunächst jedoch in die falsche Richtung. Um 9:59 Uhr hob die *Air Force One* schließlich ab. Das Ziel: die *Barksdale Air Force Base* im US-Staat Louisiana. Erst um 11:30 Uhr entdecken die Insassen das Flugzeug begleitende Kampfjets der Nationalgarde – eine für diesen Tag sicherlich angebrachte, wenn auch späte Eskorte für den Präsidenten einer so vehement attackierten Nation. Die Verzögerung beim Schutz der Präsidentenmaschine war später Gegenstand lebhafter Debatten.

Der Stab und der Geheimdienst haben wegen der bedrohlichen Lage in Washington entschieden, dass der Präsident vorerst nicht in die Hauptstadt bzw. das evakuierte Weiße Haus, in dessen Bunker Vizepräsident Cheney und Topleute wie die Nationale Sicherheitsberaterin Condoleezza Rice konferierten, zurückkehren soll. Die Entscheidung ist aus Expertensicht sinnvoll. Doch die Meldungen über den in der *Air Force One* offenbar verschreckt wirkenden, durch das Land kreuzenden Bush steigern an diesem Tag die Nervosität der Amerikaner weiter. Sie erwarten von ihrem Präsidenten, dass er im Moment der Gefahr bei ihnen ist – wie etwa New Yorks Bürgermeister Rudy Giuliani oder auch Verteidigungsminister Donald Rumsfeld, der im Trümmerfeld des getroffenen Pentagons bei der Bergung von Verletzten und Todesopfern mithilft.

Nach der knappen Stellungnahme in der Schule soll die amerikanische Bevölkerung ihren Präsidenten jedoch erst spät am Abend in einer – ebenfalls wenig überzeugenden – Fernsehansprache aus dem Oval Office zu Gesicht bekommen.

Wir haben die Lobby mit dem Lift erreicht. Ich trage die Sporttasche, Estee hat nur ihre Handtasche dabei. Die Straßen sind voller verängstigter, ratloser Menschen. Viele sind mit Staub bedeckt, hatten anders als ich offenbar nicht die Möglichkeit, sich zu waschen. Es wird diskutiert, gestikuliert. Viele umarmen sich.

Deutlich erkennbar schiebt der Menschenstrom über den breiten Boulevard der Water Street bereits nach Norden – zur Auffahrt der Brooklyn Bridge, der 1883 eröffneten, fast zwei Kilometer langen weltberühmten Hängebrücke über den East River nach Brooklyn. Es ist genau, wie Giuliani sagte, wundere ich mich über die Folgsamkeit der sonst so aufmüpfigen New Yorker. Und je näher wir der Brücke kommen, desto dichter wird die Karawane. Auf den Zufahrtsrampen drängen sich bereits Tausende.

Es ist ein stummer Abmarsch. Nicht zu übersehen, dass hier eine – zumindest für den Moment – geschlagene, demoralisierte Stadtbevölkerung den Rückzug antritt. Die Metropole, die den Bürgerkrieg, die Große Depression und den Beinahebankrott überstand, liegt am Boden. Der Auszug gleicht einem Trauerzug; die gewohnte Vitalität, die Hemdsärmeligkeit, die Dynamik der Städter ist durch den Schrecken verschwunden. Wenige reden miteinander, viele blicken stoisch nach vorne. Die meisten haben den Kopf gesenkt.

Die Mehrheit der Flüchtenden sind offensichtlich Angestellte. Sie tragen Anzüge, Blusen, Kostüme. Aktentaschen sind zu sehen, Umhängetaschen für Dokumente und Laptops. Einige schleppen ganze Stöße offensichtlich wichtiger Unterlagen aus der Unglückszone.

»Hat jemand Jen gesehen oder von ihr gehört?«, ruft eine Farbige ihren Kolleginnen zu. Die schütteln den Kopf. »Ich kann sie einfach nicht erreichen«, sagt die Frau; sie wirkt extrem besorgt.

Die Szene ist so exemplarisch für das Ohnmachtsgefühl in diesen furchtbaren Minuten, dass Estee das Gesicht der unbekannten Frau bis heute nicht vergessen hat. Millionen Menschen sorgen sich um das Wohlbefinden von Familienangehörigen, Kollegen, Freunden und Nachbarn. Der Zusammenbruch des Handynetzes hält die traumatisierte Stadt im Würgegriff der Ungewissheit.

Nur ab und zu dreht sich jemand um. Der Anblick ist so grotesk und unvorstellbar, dass es niemand richtig wahrhaben möchte: Die Zwillingstürme sind weg, verschwunden; die Skyline von Manhattan ist ohne sie kaum wiederzuerkennen. Statt der Türme steigt hinter den noch stehenden Gebäuden eine schwarze Rauchsäule in den strahlend blauen Himmel.

Auch Estee und ich reden kaum. Wir fügen uns wie selbstverständlich dem Schicksal: die Stadt zu verlassen, die wir so lieben.

Estee deutet an, dass sie Angst vor der Brücke hat: »Was ist, wenn das eine Falle ist, wenn sie Sprengstoff an den Pfeilern montiert haben und uns alle bei der Flucht noch in die Luft jagen?« Sie hatte ähnliche Gerüchte zuvor im Fernsehen, auf CNN, gehört.

Es ist kein Wunder, dass nach dem plötzlichen Angriff aus dem Nichts an diesem Dienstagvormittag auf einmal alles möglich erscheint. Gibt es Sprengfallen? Wird ein Giftgasangriff folgen? Oder war das alles nur das Vorspiel für den ultimativen Vernichtungsschlag durch Nuklearwaffen? So mühelos scheinen Osama bin Ladens Terroristen der größten Militärmacht der Erde den Schneid abgekauft zu haben.[53] Kaum ein Szenario mehr scheint undenkbar.

Bevor wir auf die Auffahrtsrampe an der Water Street und Frankfort Street einbiegen, scheren wir kurz aus der Kolonne aus, um nochmals zu überlegen: Was, wenn wir doch in Manhattan bleiben und zu anderen Freunden, der Familie des österreichischen Investmentberaters Andreas Kailich, nördlich des Union Square ziehen? Wir sind wegen des Marsches über die Brücke unsicher. Es gelingt mir jedoch, meine Frau zu beruhigen, mich mit meiner Argumentation durchzusetzen, dass wir jetzt nicht die Nerven verlieren und dem Verfolgungswahn nachgeben dürfen. Doch als wir schließlich die Stelle erreichen, an der die gemauerte Auffahrt in die hängende Stahlkonstruktion der eigentlichen Brücke übergeht, bringt ein Mann, der im Schock offenbar fast den Verstand verloren hat, alle Urängste wieder hoch.

»Nein! Ich gehe nicht«, schreit er einen Freund oder Arbeitskollegen an, der ihn mit sich ziehen will. Er kniet auf dem Asphalt, gestikuliert dramatisch. Er schreit: »Das ist eine Falle!« Dann: »Ich will nicht sterben!«

Ich lege eine Hand um Estees Schulter, um sie ein wenig zu beruhigen, denke zynisch: *Thanks a lot!* Recht herzlichen Dank.

So gehen wir über die Brücke. Wie oft haben wir sie bereits als Touristen oder mit Freunden oder Verwandten, die uns besuchten, zu Fuß überquert. Damals ging es stets in die Gegenrichtung, auf dem hölzernen Fußgängerpfad über den Fahrbahnen, die New Yorker Skyline mit den gigantischen Zwillingstürmen stets vor uns. Jetzt marschieren wir mitten auf der dreispurigen Straße in die Gegenrichtung.

In Brooklyn dreht sich plötzlich eine Frau um – und bricht unter Tränen zusammen. Andere bewahren sie vor dem Sturz auf den Boden. Sie brüllt mit tränenerstickter Stimme: »O mein Gott, sie sind fort! Was soll jetzt geschehen?« Dann stammelt sie nur noch Unverständliches. Symptome eines Nervenzusammenbruchs.

Estee und ich ziehen weiter. Nach dem, was ich am World Trade Center erlebt habe, reagiere ich auf die laufenden Dramen rund um mich zunehmend stoisch.

Unsere Freunde wohnen in der Nähe der Brooklyn Bridge, wenige Minuten später lassen sie uns in ihr Haus. Sie wohnen in einem für Brooklyn typischen *Brownstone*, einem schmalen, meist drei- bis vierstöckigen Gebäude, wie man sie seit der Kultserie *The Crosby Show* weltweit kennt. Von einem kleinen Grünstreifen neben dem Bürgersteig führt eine Betontreppe mehrere Stufen hinauf zum Eingang, wo uns Nathalie begrüßt. Wir umarmen uns.

Erleichtert bricht es aus ihr heraus: »Gott sei Dank, euch ist nichts passiert …«

Jede Umarmung, jedes Telefonat, jeder Augenkontakt, jede Gewissheit, dass einem Freund, dem Gatten, der Frau, einem Bruder, einer Schwester, einem Arbeitskollegen oder Bekannten nichts passiert ist – all das ist an diesem Tag kostbar. Die Gewissheit, dass sie überlebt haben.

Belastend genug sollen in den nächsten Tagen und Wochen die herzzerreißenden Mitschnitte der Telefonate jener werden, denen anders als uns ein Happy End verwehrt bleibt. Der 46-jährige Kevin Cosgrove etwa, ein Vizepräsident der auf Risikomanagement spezialisierten Firma AON Corporation, wählte nach dem Einschlag des Jumbos aus dem 105. Stock des Südturms die Notrufnummer 911. In der Aufzeichnung erleben wir seine letzten Minuten mit.

»Wir sind zu dritt in diesem Büro«, keucht er, offenbar hat der Rauch des Infernos im 78. Stock die obersten Etagen längst erreicht. »Wir sind nicht bereit zu sterben«, fährt er fort, »aber es wird hier immer unerträglicher.«

Die Frau in der Notrufzentrale versucht ihn zu beruhigen, schaltet einen Leutnant der Feuerwehr dazu.

»Der Rauch wird immer schlimmer«, sagt Cosgrove.

»Wir sind auf dem Weg, wir sind auf dem Weg«, antwortet der zugeschaltete Mann vom FDNY.

Inzwischen haben Cosgrove und seine Kollegen offenbar die Fenster eingeschlagen, das Rauschen des Windes in fast 400 Meter Höhe ist deutlich zu hören. Cosgrove atmet schwer.

Die Frau in der Zentrale rät: »Bleiben Sie so ruhig wie möglich. Nur so können Sie die Reste Sauerstoff bewahren.«

Cosgrove bittet: »Bitte sagen Sie dem lieben Gott, er soll den Wind aus dem Westen blasen lassen.« Und: »Wir sind alles junge Männer, wir sind nicht bereit zu sterben!«

Jetzt ist sogar das Knattern der Helikopter zu hören, die zu diesem Zeitpunkt reichlich hilflos die brennenden Türme umkreisen. Cosgrove fügt an: »Meine Frau glaubt, dass mit mir alles in Ordnung ist, ich rief sie an und sagte ihr, dass ich das Gebäude verlasse – und dann BANG!« Er erklärt der Feuerwehr exakt, in welchem Büro sie sich verschanzt haben. Dann plötzlich schreit er auf: »O Gott! Aaah, oh …«

Der Turm stürzt ein, die Verbindung ist gekappt.[54]

Immobilienmakler Jim Gartenberg, der im 86. Stock des Südturms in der Falle saß, hinterließ eine panische Nachricht auf dem Anrufbeantworter seiner Frau Jill und seiner Tochter Nicole. Jill war schwanger, sie erwarteten ihr zweites Kind.

»Da ist ein Feuer«, beginnt die Nachricht: »Ich liebe dich, sag auch Nicole, dass ich sie so lieb habe. Ich weiß nicht, ob das hier gut ausgehen wird. Ich liebe dich so sehr …«

Danach rief er den Fernsehsender ABC an, der mit dem Gespräch live auf Sendung ging. »Ich sitze fest«, sagt er.

Der ABC-Reporter fragt: »Sind sie ober- oder unterhalb des Feuers?«

»Ich habe keine Ahnung, wo das Flugzeug den Turm getroffen hat«, antwortet Gartenberg. Er berichtet, dass rund um sie herum Trümmer herunterfallen und der Kern des Gebäudes schwer beschädigt sein müsse. Zugleich versucht er, den Liveauftritt im Fernsehen dafür zu nutzen, um andere Angehörige der Eingeschlossenen zu beruhigen: »Ich will, dass alle, die Angehörige in dem Gebäude vermuten, wissen, dass die Lage unter Kontrolle ist. Bitte, alle Angehörigen, beruhigt euch.«

Er scheidet mit Optimismus aus dem Leben.[55]

13

Wir steigen mit unseren wenigen Habseligkeiten die Treppen in die oberste Etage hinauf, wo die Küche und der Wohnraum untergebracht sind. Vom Fenster aus ist die schwarze Rauchfahne der weiterhin lodernden Brände jenseits des East River gut auszumachen. Doch sonst ist in der ruhigen Wohngegend alles fast gespenstisch friedlich: Durch das leicht geöffnete Fenster weht die wohltemperierte Brise des perfekten Sommerwetters, die Vögel zwitschern. Nach dem stundenlangen Geheul der Sirenen muten diese Geräusche fast absurd an.

Als wir unsere Sachen auspacken, merke ich sofort, dass ich das Ladekabel für meinen Laptop vergessen habe. Das mag angesichts des Geschehnisse dieses Albtraumtags banal sein, mir aber treibt die Entdeckung den Schweiß auf die Stirn: Die schwache Batterie lässt mir höchstens eineinhalb Stunden Zeit, um meine Reportage zu schreiben und nach Wien zu mailen.

Ich reibe mir kurz die nach wie vor brennenden Augen. Dann setze ich mich an den Küchentisch, klappe den Computer auf, beginne rasch zu tippen. Es wird der aberwitzigste Artikel, den ich in meiner Reporterlaufbahn bisher geschrieben habe – und wahrscheinlich je schreiben werde. Ich beginne:

»Es scheint ein ganz normaler Tag in Downtown Manhattan zu werden. Fast eine Million Officearbeiter haben ihre Pendelfahrten mit Zügen, Autos und der Metro abgeschlossen – die Großraumbüros in den Türmen des Finanzdistrikts beginnen sich zu füllen. Das Wetter ist perfekt, tiefblauer Spätsommerhimmel, 20 Grad ...«

Ich beschreibe die Jumboeinschläge, den Ort des Grauens danach, die Verletzten, die Storys der Überlebenden, den Einsturz des Südturmes, den Asche-»Blackout« unter dem Lieferwagen, die Todesangst, meinen Sprint nach Hause zu Estee. Und unser Wiedersehen. Ich erzähle es trocken, sachlich. Irgendwie schreibt sich die Geschichte von selbst.

Beim letzten Absatz bricht mir der Angstschweiß aus. Das ist keinesfalls ein Symptom für posttraumatischen Stress – sondern folgt der Erkenntnis, dass mein Akku nicht halten wird. Und fährt der Computer mangels Strom herunter, ist der Text weg, eingeschlossen in einem nutz- und stromlosen elektronischen Gerät. Notgedrungen bitte ich den bei meinen Freunden zur Untermiete lebenden österreichischen Fotografen Rainer Fehringer, den Text auf seinen Laptop zu überspielen. Nach für meinen Nervenzustand viel zu langem Herumfummeln gelingt uns das auch – gerade einmal noch sechs Prozent zeigt das Display als Batteriestand an. Mit Rainers Computer stelle ich den Rest fertig, schicke den Bericht rasch ab.

Beim Schreiben habe ich vor lauter Konzentration fast vergessen, welch turbulenten Verlauf dieser Tag bisher nahm. Erst jetzt wird mir klar: Ich sitze im Wohnzimmer einer Bekannten, bin vorher mit einem zerschnipselten T-Shirt um den Mund mit meiner schwangeren Frau über die Brooklyn Bridge geflüchtet, wäre unter dem rostigen Unterbau eines Lieferwagens am Broadway in einer zum Schneiden dicken Staubwolke fast erstickt. Und dabei ist es gerade erst Mittag.

Mein Telefon ist für so einen Tag reichlich stumm. Offensichtlich kommt auch zu mir niemand durch. Ich rufe vom Festnetz aus in Wien an, schaffe es nach ein paar Versuchen. Sie haben die Story, wird bestätigt, ich solle mich melden, wenn ich etwas Neues habe. Und wieder die Mahnung: »Bitte pass gut auf dich auf.« Berauscht von einem weiterhin dramatisch erhöhten

Adrenalinspiegel finde ich die ständigen Sorgen meiner Kollegen jetzt fast schon ein wenig nervend.

Unser neues Zuhause hat kein Kabelfernsehen. Eigentlich ist das für einen Korrespondenten ein massiver Nachteil, doch die terrestrischen Sender haben längst Shows und Serien aus dem Programm gekippt und senden nonstop über und von der Tragödie. Sehen können die meisten New Yorker jedoch nur einen Kanal: Programmplatz 2, den Fernsehsender CBS. Die anderen Sender hatten ihre Sendemasten an der 111,3 Meter hohen Antenne angebracht, die nun im Schutt der Trümmerhalde begraben liegt.

Ich starre wie hypnotisiert in die Röhre. In einer entsetzlichen Endlosschleife laufen Videoaufzeichnungen vom Einschlag des zweiten Fliegers in den Südturm (der Einschlag des ersten sollte erst Tage später gezeigt werden), dann wieder die Bilder des rauchenden Pentagons mit der Schneise in der Fassade, Aufnahmen, die ich bisher noch nicht gesehen habe. In einem selbst in meinem Zustand reichlicher Abgebrühtheit wirr und irreal klingenden Stakkato geht es weiter, immer wieder die gleichen absurden Schlagworte dringen aus dem Fernseher: »Bush auf dem Weg zu geheimen Militärstützpunkten«, »das Weiße Haus evakuiert«, »der Flugverkehr« – ja, der *gesamte* Flugverkehr! – »eingestellt«, »Millionen in New York auf der Flucht«, »die Nation im Schockzustand«, »Tausende Büros und Ämter in Dutzenden amerikanischen Metropolen aus Panik vor weiteren Anschlägen evakuiert«. Was für ein Albtraum!

Ich muss wieder los, bin rastlos. Ich habe einen Job, die Aufgabe, weiter zu berichten. Doch ich habe Angst, Estee damit erneut in Panik zu versetzen. Sanft und so diplomatisch, wie es geht, eröffne ich ihr, dass ich wieder zurück nach Manhattan will.

Sie ist nicht glücklich darüber, keine Frage, doch sie fühlt sich in der Gesellschaft unserer Freunde wohler, sicherer. Es gibt offenbar nichts Beruhigenderes für sie, als eine ebenfalls schwangere Frau an ihrer Seite zu haben.

Ich stecke den Schreibblock in die Hosentasche (der Lederrucksack liegt völlig staubverkrustet im Apartment), schnappe mir das Handy, egal wie nutzlos es auch sein mag. Dann versichere ich Estee nochmals, dass ich aufpassen und vor allem versuchen werde, mich zwischendurch ab und zu zu melden. Indem ich ihr verspreche, einige vergessene Utensilien aus unserer Wohnung mitzubringen, mache ich ihr meinen geplanten »Ausflug« schließlich doch auch ein wenig schmackhaft. Mir selbst fehlt nur das Laptopkabel, Estee aber gibt mir eine ganze Liste mit. Darauf: wichtige Kleidung, Ladekabel fürs Handy, Medikamente.

14

Ich möchte zu Fuß zurück über die Brooklyn Bridge. Diesmal nehme ich den Holzsteig für Fußgänger. Über den Ruinen des Areals steigen nach wie vor Rauchsäulen auf. Es brennen nicht nur die Reste der eingestürzten Zwillingstürme, auch *Building* 7 steht in Flammen, ebenso der 1907 erbaute, 23 Stockwerke hohe Wohnbau 90 *West Street*, gleich gegenüber der Stelle, an der zuvor der Südturm gestanden hat. Anders als das später zusammengebrochene *Building* 7 überstand das 1998 unter Denkmalschutz gestellte Prachthaus das Feuerinferno – und ragt heute frisch renoviert als Luxusapartmentgebäude vor der *Ground-Zero*-Baugrube auf.

Immer noch strömen Menschen über den East River, sie haben den gleichen stoischen Gesichtsausdruck wie die Flüchtlinge, die wir bei unserem Rückzug sahen. Doch jetzt, um fast 14 Uhr, ist der Strom bereits sichtlich ausgedünnt. Es sind wohl nur noch jene Arbeiter, Angestellte und Anrainer, die länger abwarteten oder vielleicht auch gar nicht wussten, wohin sie sollen. Ich habe also kaum mehr Gegenverkehr, bin praktisch der Einzige, der in Richtung Lower Manhattan geht.

Ein Polizist stoppt mich. »*Sorry*«, sagt er, ein wenig verwundert über mein plötzliches Auftauchen. Kein Weitermarsch möglich, signalisiert er mir, die Zugänge in das Katastrophengebiet seien allesamt gesperrt. Ich zeige ihm meinen Presseausweis, doch er bleibt unbeeindruckt. Keine Ausnahmen.

Ich bin ungehalten, poche auf meine Rechte als Reporter, ja gleich auf die Pressefreiheit als Ganzes. Am Ende frage ich ihn sogar, warum er es mir so schwermacht. Kein zündendes Argument, wie ich Sekunden später verstehe.

»Warum soll ich dir das Leben schwermachen?«, sagt er. Er ist nicht gereizt, sondern eher traurig: »An so einem Tag …« Sein Zeigefinger wandert in Richtung der Rauchsäule.

Ich murmle peinlich berührt ein leises *»Sorry«*, wende mich wieder nach Brooklyn. Frustriert von meinem plötzlich so eingeschränkten Aktionsradius fällt mir ein: Habe ich nicht im Fernsehen irgendwas über »die wieder in Betrieb genommenen U-Bahnen« aufgeschnappt? Und tatsächlich: Die Station in Brooklyn Heights, High Street – Brooklyn Bridge, ist geöffnet. Die Fahrten sind an diesem Tag noch dazu gratis. Mit wenigen anderen warte ich auf dem Bahnsteig auf einen Zug der A- oder C-Linie nach Manhattan. Wir schauen einander an, flüchtige Blicke, jeder scheint verunsichert.

Als ich bereits daran zweifle, dass New Yorks fast 340 Kilometer langes U-Bahn-Netz wirklich wieder in Betrieb ist, rauschen die silbrig glänzenden Waggons in den Bahnhof ein. Die Fahrgäste im Innern tauschen die gleichen nervösen Blicke. Niemand weiß, welche Emotionen jetzt angebracht sind. Panik? Trauer? Ungewissheit? Angst? Misstrauen gegen alles und jeden? Oder alles zusammen?

Plötzlich knackt der Lautsprecher. Wir sind bereits in den Tunnel unter dem East River eingefahren. *»Ladys and Gentlemen«*, beginnt die Ansage, ausnahmsweise sogar deutlich und verständlich: »Wegen des Problems mit dem World Trade Center hält dieser Zug nicht in den Stationen Nassau Street und Chambers Street.« Dann, ganz lapidar: *»Next stop is Canal Street.«*

Ich muss fast schmunzeln. Anderen entfleucht ebenfalls ein Lächeln. »Das Problem mit dem World Trade Center« – die Untertreibung des Tages!

Erstaunlicherweise ruckelt unsere Bahn jetzt, wenig mehr als fünf Stunden nach dem ersten Explosionsknall, mehr oder weniger unter dem Katastrophenort durch. Die Trasse der A- und C-Line verläuft nur wenige Hundert Meter nördlich des Schuttberges. Die ausgelassenen Stationen ziehen langsam an uns vorbei, der Zug passiert sie im Schritttempo. Die Bahnhöfe sind menschenleer, einige Gegenstände liegen auf dem staubbedeckten Boden, Überbleibsel einer panischen Flucht.

An der Canal Street, in der Nähe von Chinatown, 14 Häuserblocks nördlich des Infernos, hält die Bahn an. Hier wimmelt es plötzlich wieder vor Menschen. Sie stehen in Gruppen zusammen, gestikulieren, deuten hektisch auf den Rauch.

Mein Reporterinstinkt sagt mir, dass ich wieder so nahe wie möglich ranmuss. Ich habe Glück, komme problemlos mit der Pressekarte durch die ersten Polizeisperren. Schnell verstehe ich: Weist mich ein Polizist zurück, versuche ich es einfach in einer Nebenstraße, wo oft keine Polizisten postieren – oder freundlichere mich durchlassen. Klar ist nur: Es gibt in diesen Stunden nur wenige Regeln.

Durch das menschenleere Straßenraster gelange ich im Zickzackkurs zum »Medienstandort«, der dem Geschehen nächsten Stelle, zu der Reporter noch vorgelassen werden. Von hier aus sind es noch vier Blocks bis zum *Building 7*, aus dem nun immer schwärzerer Rauch quillt. Das 47 Stockwerke hohe, schlanke Hochhaus ist unübersehbar akut einsturzbedroht – es wäre der dritte Wolkenkratzer an diesem Tag.

Ich schaue mich um. Auf der Straße liegt eine mehrere Zentimeter hohe Staubschicht, dazwischen größere Brocken und zerfledderte Aktenstöße aus den Büros. Die Luft ist voll Staub, Asche, Rauch. Als würde sich an einem Herbstmorgen gerade der Bodennebel auflösen, schimmert blass die Sonne. Etwa 20 Reporter stehen hier, außerdem zwei Übertragungswagen lokaler Fernsehsender. Ein Leutnant der Feuerwehr gibt ein kurzes Update, vor allem über die Lage in *Building 7*. Die Löschversuche laufen, informiert er uns, doch die Feuerwehrleute halten Abstand. Es liegen schon genug Männer des FDNY tot in den Trümmern. Es sollen nicht noch mehr werden. Die Sicherheit ist daher wichtiger als die Rettung des Gebäudes. Außerdem sei der Komplex schon vor dem Einsturz der nahen WTC-Türme vollständig evakuiert worden. Die Ruinen der eingestürzten Hochhäuser seien »mehrere Stockwerke hoch«, sagt er, die Löscharbeiten konzentrierten sich daher vorerst auf Brände in den umliegenden Gebäuden.

»Wurden Überlebende gefunden?«, will jemand wissen.

Beinahe erschrocken über die nach dem Inferno absurd anmutende Frage gibt der Feuerwehrmann, abgekämpft, staubverkrustet, verschwitzt, nur so viel bekannt: »Unsere Leute dringen gerade auf die Halde vor.«

Der apokalyptische Anblick der Ruinenlandschaft bleibt uns Reportern in diesen Nachmittagsstunden noch verborgen. Bis zu 50 Meter hoch türmen sich die Trümmerberge aus den teilweise leicht wiederzuerkennenden Verschalungen der Außenfassade und wuchtigen, wie Spaghetti verdrehten Stahlträgern auf. Dazwischen liegen zusammengepresst das Wellblech der Stockwerksdecken, Kabel, Leitungen, Treppengeländer, die Feuertüren aus Stahl, die Innenverkleidung des Gebäudes. Es sind fast ausschließlich Stahl- und Metallteile übrig – alles andere hat der gewaltige Druck des Einsturzes pulverisiert und über die Staubwolke im ganzen unteren Ende der Halbinsel verteilt. Inmitten der bizarren Metallwüste ragen Fassendenteile auf. Das für die Zwillingstürme so einzigartige Rastermuster ist leicht zu erkennen, einige der Zacken sehen aus wie die Kalkzinnen in den Dolomiten. Der feine weiße Staub lässt die Halde wie frisch verschneit aussehen.

Die ersten vorrückenden Trupps aus Feuerwehrleuten ziehen los. Sie sind angeseilt, als wollten sie einen Gletscher überqueren. Aus den Spalten zwischen den Trümmern lodern vielerorts Feuer, bei einigen sind die züngelnden Flammen sichtbar, andere Brandherde lassen sich nur anhand der Rauchfahnen erahnen.

Mitten im Inferno stehen Feuerwehrwagen, Rettungsautos, Taxis, normale Personenwagen. Einige sind unversehrt, die meisten zerquetscht. Sieben Stockwerke tief war allein die Garage des Komplexes, errichtet in einer riesigen, mit dicken Betonwänden ummantelten »Badewanne«, die das Gebäude vor dem Sickerwasser des nahen Hudson schützte. Jetzt liegen in ihr die hundertzehn Stockwerke der beiden Türme. Vier Monate lang werden die Feuer, zuletzt als Schwelbrand, weiterwüten und den Bezirk in ätzenden Gestank hüllen.

Erst nennen Feuerwehrleute den Ort des Entsetzens *The Pile* (»Der Haufen«), doch rasch setzt sich der Begriff *Ground Zero* durch. Er bezeichnete bislang den Ort einer Atombombendetonation, die Stelle des größten Schadens. Fortan steht *Ground Zero* für das Epizentrum der spektakulärsten Terrorattacke der Menschheitsgeschichte. Bis heute wird das 65 000 Quadratmeter große Areal zwischen Vesey Street im Norden und Liberty Street im Süden so genannt. Was später an Zahlenmaterial zusammengetragen wird, ist tatsächlich überwältigend: Die Menge des im Schuttberg enthaltenen Betons würde reichen, einen 1,5 Meter breiten Gehweg von New York nach Washington, D. C., zu verlegen, errechnete beispielsweise die *New York Times*. Aus dem Stahl könnten zwanzig Eiffeltürme errichtet werden, das Glas der 43 600 Fenster würde unzerborsten eine Fläche von 5,5 Hektar abdecken, immerhin 4,2 Fußballfelder.[56]

Einer der Helfer teilt Staubmasken aus, blaue Papierfilter, die wir uns mit elastischen Bändern um Mund und Nase binden sollen. Ich nehme zwei, binde mir eine davon rasch um, stecke die andere für später ein. Ich habe heute bereits genug World Trade Center geatmet. Nach mehreren Versuchen komme ich zu meiner Redaktion durch, ich gebe ein paar Updates, merke aber rasch, dass meine Kollegen durch die bei CNN laufenden Infos und über das Internet besser informiert sind als ich selbst. Vielleicht ist das eine gute Gelegenheit, im Apartment die vergessenen Sachen zu holen.

In den staubigen Gassen sind immer weniger Menschen unterwegs. Ein paar Passanten und Schaulustige irren noch umher, doch die meisten sind Polizisten, Feuerwehrleute und Helfer anderer Stadtbehörden. Ich marschiere an der Notaufnahme des *Downtown Hospital* vorbei, einem zweistöckigen Pavillon neben dem Hauptgebäude mit den Bettenstationen. Ein Leben lang werde ich diesen herzzerreißenden Anblick nicht vergessen: Ärzte und Schwestern stehen auf dem Bürgersteig im Staub, halten die ausklappbaren Tragen für Verletzte bereit. Sie warten auf Verletzte. Doch es gibt weniger, als angesichts des Ausmaßes der Katastrophe zu erwarten gewesen wäre, kaum jemand hat den Zusammenbruch der Türme überlebt. Es ist ein wenig makaber: Wer es schaffte, rechtzeitig aus der Todeszone herauszukommen, kam meist mit dem Schrecken davon. Die anderen sind tot. So sind die Ärzte und Schwestern zu hilflosen Helfern degradiert.

Ein ähnliches Bild hat der »Magnum«-Fotograf Gilles Peress auf einem der bewegendsten Fotos des 11. September festgehalten. Auf ihm steht ein Notarzt des FDNY an der Straßenbiegung zur Brooklyn Bridge, gleich beim Rathaus. Er trägt eine Staubmaske vor dem Mund, auf dem Kopf den roten Feuerwehrhelm; seine Arme sind angespannt, bereit zuzupacken. Mit der rechten Hand umklammert er eine Taschenlampe. Hinter ihm schiebt ein Kollege eine Trage herbei; Notarzneien und Instrumente sind auf eine rote Tasche geschnallt. Doch wo sind die Menschen, denen sie helfen könnten? Die Sicht beträgt vielleicht zehn Meter. Gerade noch auszumachen ist ein grüner Wegweiser mit der Aufschrift »*Brooklyn Br[idge]*«. Die Männer sind die Einzigen in der Aschewüste, wirken völlig verloren.

Ich bin wieder an der 100 John Street. Ein Arbeiter spritzt mit einem Gartenschlauch den weißen Staub von der Straße. Irgendwie wirkt alles so, als würden die Bürotürme in der Nähe der brennenden WTC-Ruine morgen wieder öffnen. New York, die schnellste Stadt der Erde, die Stadt, die niemals schläft, eine Stadt voller Menschen, die von ihrem Leitspruch überzeugt sind: »Wenn du es hier schaffst, schaffst du's überall.« Dieses New York kann selbst in diesen Stunden schwer aus seiner Haut. Die Frage schwebt in der rauchschwangeren Luft von Manhattan: Was heißt das jetzt alles? Sind wir am Boden – oder schon morgen wieder *back in business*, zurück im Geschäft? Die Häuser haben immerhin alle noch Strom, sind zum größten Teil weiter bewohnt.

Ich drücke die Glasdrehtür auf. Doorman Vincent sitzt immer noch hinter seinem Pult. Er wirkt nach wie vor ruhig, fast als bereite er sich nach einer normalen Tagesschicht auf den Dienstschluss vor. Drei Jahre hat er im mörderischen Dschungel Vietnams gekämpft, erzählte er mir einmal. Vielleicht bleibt er deshalb so gelassen. Er grüßt mich überschwänglich, freut sich sichtlich, mich zu sehen.

Ich erzähle ihm kurz, dass wir nach Brooklyn geflüchtet sind, dass es Estee gut geht. Dann fahre ich mit dem Lift in den 31. Stock, schließe die Tür zum Apartment auf. Es riecht nicht wirklich angenehm. Die Luft ist stickig, wir haben die Fenster geschlossen, die Klimaanlage ist abgestellt. Ich starre aus dem Fenster, habe ein paar ruhige Minuten, um den grotesken Anblick in mich aufzunehmen. Die Staubschicht auf dem Balkon ist inzwischen bis zu zwanzig Zentimeter hoch, durchsetzt mit Papierstücken. Der Wind hat am Rand kleine Wehen geformt, als handle es sich um Pulverschnee. Rußpartikel sorgen jedoch dafür, dass die Masse weit grauer aussieht. Unsere Balkonpflanzen, darunter ein stattlicher Rhododendron, sind ebenfalls staubbedeckt. Ich zucke zusammen. Der Anblick der radikal veränderten Skyline ist verstörend. Richtig! Die Türme existieren nicht mehr.

Ich lasse den Blick durch den Wohnraum schweifen. Szenen einer Flucht: Kleidung liegt verstreut auf dem Boden, mein erster Morgenkaffee steht noch auf dem Schreibtisch. Kalt, natürlich. Doch den absurdesten Fund mache ich im Badezimmer: Die Masse, die ich am Vormittag aus der Nase schnäuzte, ist nun erhärtet. Der bizarr verformte Gipsklumpen löst bange Gedanken aus: Was steckt noch alles in meinem Körper?

Ich irre durch das Apartment, halte die Liste in meinen Händen, suche die Sachen zusammen, die ich mitbringen wollte: T-Shirts, Hosen, Unterwäsche. Ich packe nur wenige Stücke ein, da ich noch glaube, dass wir schon am nächsten Tag, spätestens am übernächsten, wieder nach Hause können. Das Ladekabel für meinen Laptop finde ich unter dem Tisch. Dann höre ich den Anrufbeantworter ab, der mir blinkend zu verstehen gibt, dass neue Nachrichten eingegangen sind. Es sind Anrufe von Freunden, Verwandten, immer der gleiche panische Tenor. Sie äußern die Hoffnung, dass uns nichts passiert ist, bitten uns, uns so rasch wie möglich zu melden.

Als ich gerade die Wohnungstür schließen und das Apartment wieder verlassen will, klingelt das Bürotelefon. Ich gehe zurück zum Schreibtisch, hebe ab. Ein Kollege aus der Redaktion in Wien fragt, ob ich die Startzeiten und Flugnummern der vier involvierten Jumbos zufällig wisse. Ich versuche so freundlich wie möglich zu sein, erwähne jene Infos, die ich auswendig weiß, verweise für den Rest auf das Internet und die Nachrichtenagenturen, die verlässlichere Quellen sind als ein mit der eigenen Existenzsicherung beschäftigter, leicht traumatisierter und noch immer konfuser Korrespondent.

Plötzlich wieder dieses Donnergrollen, ein langsam lauter werdendes Geräusch wie bei einem Felssturz. Das Telefonat wird unterbrochen. Stromausfall. Ich starre aus dem Fenster, sehe eine neue Staub- und Aschewolke durch den Bezirk rasen. Was war das? Ich rufe Estee an, komme sogar wider Erwarten durch.

»*Building* 7 ist eingestürzt«, sagt sie und erklärt, es liefen gerade die Wiederholungen des Zusammenbruchs im Fernsehen. Es klingt beiläufig, als teile sie mir die Öffnungszeiten eines Museums mit.

Später am Abend sehe ich es im TV mit eigenen Augen: Der Einsturz wirkt tatsächlich so kontrolliert wie die Sprengung eines ausgedienten Großkasinos in Las Vegas. Zuerst wellt sich die Außenfassade des Hochhauses nach außen, einige Fenster bersten. Dann begibt sich das Dach des Gebäudes auf Talfahrt. Gleichmäßig, stetig, ja gespenstisch. Auf einigen der Amateurvideos ist wieder das entsetzte Aufschreien der Menschen zu hören. »*Oh no!*«, ruft eine Frau.

Die Anhänger von Verschwörungstheorien feuert vor allem der Zusammenbruch dieses verglichen mit den Türmen des World Trade Center eher kleinen Gebäudes bis heute an. Der Begriff *Building 7* ist in dieser Szene symbolisch so aufgeladen wie der »Landeplatz« Roosevelt, New Mexiko, für UFO-Gläubige oder der Militärgeheimstützpunkt *Area 51* bzw. die *Grassy Knoll* für andere Fans von Verschwörungen.[57]

Die Verschwörungstheoretiker scheinen zu ignorieren, dass die Analyse der Gebäudereste eine durchaus plausible Einsturzursache ergab: Fallende Trümmer des Nordturms hatten in den unteren Stockwerken von *Building* 7 ein Feuer entfacht, das durch die Lagerung einer Notreserve von mehr als 45 000 Liter Dieseltreibstoff genährt wurde. (Die Investmentbank Salomon Brothers hortete, offenbar um bei Stromausfällen Notstromaggregate für den Betrieb ihrer Computersysteme versorgen zu können, knapp 23 000 Liter, ebenso Giulianis Krisenzentrum.[58]) Bauvorschriften, die einen solchen Leichtsinn verbieten, sollten in New York erst in der Post-9/11-Ära erlassen werden. Dazu versagte die hausinterne Sprinkleranlage wegen mangelnden Wasserdrucks. Aufgrund der Hitze gab um 17:21 Uhr ein für die Statik wichtiger Stahlträger im 13. Stock nach. Er löste einen kaskadenartigen Einsturz aus – ähnlich wie bei den beiden Nachbargebäuden zuvor. Der Zusammenbruch von *Building 7* zeichnete sich jedoch bereits vierzig Sekunden vorher ab, als die Wand eines Penthouse am östlichen Obergeschoss einknickte.

Der Kollaps ist für den Bezirk und die langfristige Wiederbelebung des Finanzdistrikts folgenschwer, denn in den untersten Stockwerken hatte der New Yorker Energieversorger Consolidated Edison (Con Ed) einen seiner wichtigsten Stromverteilerpunkte in Lower Manhattan untergebracht. Als die Tonnen Stahl und Beton auf ihn krachten, wurde er zerstört – mit ihm die Möglichkeit, dass das New Yorker Geschäftsleben seine Arbeit rasch wieder aufnehmen könnte.

War ich von dem Anruf meines Wiener Kollegen zuerst ein wenig genervt, bin ich ihm nun aber geradezu dankbar. Hätte er mich nicht ein paar Minuten aufgehalten, steckte ich nun wahrscheinlich im Lift fest. So bleibt mir das Treppenhaus. Bereits auf dem Gang ist es stockfinster. Dort treffe ich auch meine Nachbarn wieder. Kaum zu glauben, dass sie immer noch hier sind!

Keiner von uns hat eine Taschenlampe. Peinlich berührt kommt mir in den Sinn, wie gerne ich mich über Personen lustig gemacht habe, die stets für alle Unglücksfälle gerüstet scheinen und dafür alles Erdenkliche horten. Vielleicht hilft eine Kerze. Ich gehe zurück in die Wohnung, krame in einer Küchenschublade herum, werde schließlich fündig. Dann mache ich mich zusammen mit den Nachbarn auf den Weg. Ich gehe voran, muss die Kerze mit einem Feuerzeug immer wieder neu entzünden, weil ein Luftzug sie ständig ausbläst.

Bald trifft unsere kleine Gruppe auf andere Nachbarn, die mit Taschenlampen ausgerüstet sind. Erleichtert lösche ich meine lächerliche Kerze. Der Weg hinab ist endlos, die schwüle Hitze unerträglich. Ich atme kurz und schwer. Und dann leide ich plötzlich an etwas völlig Ungewohntem: Im engen Treppenhaus ergreift mich Klaustrophobie. Es könnten erste Symptome von posttraumatischem Stress sein. Doch sicher weiß ich nur: Das ist nun schon ein verdammt langer Tag! Für die restlichen Stunden wünsche ich mir keinen Stress mehr.

Ich rufe Estee von der Straße aus an, bringe sie auf den neusten Stand. Erstaunlicherweise funktioniert das Handynetz nun weit besser – der Stromausfall hat den letzten Verbliebenen wohl klargemacht, dass es sinnlos ist, weiter auszuharren. Das Gebiet ist weitgehend evakuiert, kaum einer greift noch zum Handy und damit auf die mit Notstromgeneratoren versorgten Funkmasten zu.

Ich ziehe mir die Maske vors Gesicht und mache mich einmal mehr auf den Weg durch die Geisterstadt. Normalerweise stauen sich jetzt, um kurz vor 18 Uhr, die Menschenmassen auf den Gehsteigen, vor den Eingängen zur U-Bahn, an allen erdenklichen Engstellen. Heute aber befinde ich mich in einer menschenleeren Staubwüste, Rauchschwaden färben große Teile des Himmels pechschwarz.

Bevor ich zu Estee in die Wohnung unserer Freunde zurückkehre, will ich nochmals so nahe an *Ground Zero* ran wie möglich. Trotz meiner Müdigkeit lassen meine journalistischen Instinkte nicht locker. An der Ecke West Street/Franklin Street, wenige Blocks vom Unglücksort entfernt, machen Hunderte Feuerwehrleute Pause. Es sind Szenen wie auf einem Schlachtfeld: Die Männer liegen erschöpft auf der Straße, ihr Köpfe ruhen auf den Sauerstofftanks. Ihre Gesichter sind rußgeschwärzt, die Augen leer. Helfer tröpfeln Wasser in die von Staub und Schweiß verklebten Augen. Paletten mit Trinkwasserflaschen werden angekarrt. Der Grünstreifen am Rand des Boulevards hat sich in ein Feldlazarett verwandelt. Noch können die Feuerwehrleute das Ausmaß der Tragödie nicht wirklich abschätzen, doch es gibt kaum einen Standort, an dem nicht komplette Löschtrupps als vermisst gelten.

Ich bin inzwischen zu erschöpft, um den Feuerwehrleuten noch Fragen zu stellen. So breche ich meine Recherchen dann doch ab. Zeit für den Heimweg. Es dämmert bereits, als ich durch das New Yorker Regierungs- und Justizviertel in Richtung Norden gehe. Ich telefoniere mit einem Freund aus meiner

Heimatstadt: Er erhält, da ich nun auf einmal viel Zeit habe, die bisher ausführlichste Version meiner Erlebnisse an diesem Albtraumtag.

Vor einem Justizpalast steht ein bulliger Bundesbeamter der U. S. Marshalls. Martialisch hält er eine Pumpgun vor sich. Deutlich gibt er mir zu verstehen: Es herrscht Kriegszustand. Die Staatsmacht igelt sich ein, beschützt ihre Gebäude, ihre Symbole. Sie konnte den Terrorangriff nicht verhindern, nun aber soll niemand das Chaos ausnutzen.

Mit der A-Linie fahre ich zurück nach Brooklyn. Als ich den Bahnhof verlasse, sehe ich einen Maler, der bereits die neue Skyline auf seine Leinwand gebannt hat – ohne die Zwillingstürme. So schnell geht das in New York. Die Bevölkerung passt sich an.

Estee ist sichtlich erleichtert, als ich am Abend zur Tür reinkomme. Obwohl das Schlimmste ausgestanden scheint, verbleibt ein hoher Grad an Nervosität. Ich erzähle ihr gestenreich von unserer mit weißem Pulver bedeckten Nachbarschaft, davon, dass Doorman Vincent immer noch hinter seinem Pult in der Lobby saß, und von meinem abenteuerlichen Abstieg durch das Treppenhaus nach dem Stromausfall. Später telefoniere ich noch mit einem Kollegen aus der Redaktion. Er sagt, dass dieses Datum das historischste seit Ewigkeiten werden wird, dieser »11. September«, wie er betont, die Welt verändern wird. Dass eine neue Zeitrechnung angebrochen sei, eine neue Epoche. Ich bin zu erschöpft und wahrscheinlich noch viel zu nahe an der Tragödie dran, um die Tragweite seiner Prognose wirklich verstehen zu können. Unwohl ist mir bei seinen Worten dennoch. Wir lieben unser Leben. Wenn sich jetzt alles ändern sollte, dürfte es nicht zum Besseren sein.

Unsere Gastgeber haben Estee und mir ein Zimmer eingerichtet, wir stellen unsere Taschen neben das Bett. Glücklicherweise haben sie auch Augentropfen für die Behandlung meiner geröteten Augen.

Um kurz vor Mitternacht ziehen Estee und ich uns zurück. Wir reden über Schreckensmomente des Tages. Ich erzähle von den schlimmsten, aber auch kuriosesten Augenblicken und Anblicken. Estee berichtet von ihrer Panik, als der Südturm einstürzte und sie nicht mehr wusste, ob ich jemals zurückkehren würde.

Zum ersten Mal an diesem Tag schließe ich die Augen. Was folgt, ist keine Überraschung, ich habe es erwartet. Wie in einem Filmtrailer spult mein Gehirn die dramatischsten Momente ab: die brennenden Türme, die springenden Menschen, die fallenden Gittermuster der Fassade, die rasende Aschewolke. Irgendwann beendet die Erschöpfung die Endlosschleife. Ich schlafe ein, Stunden, nachdem der 11. September zu Ende gegangen ist. Eine neue Epoche ist angebrochen, eine ungewisse Ära. Doch immerhin: Wir sind unversehrt.

Anders als ich bekommt Estee kaum ein Auge zu. Die ganze Nacht über hört sie dem aus der Ferne dringenden monotonen Sirenengeheul zu, das nicht einmal für Minuten abebben will. Wie in Endlosschleifen spuken die furchtbaren Bilder des Wahnsinnstages durch ihren Kopf, erst jetzt wächst alles zu einem entsetzlichen Gesamtbild zusammen. Sie denkt, wie sie mir später erzählt, aber auch an all die Menschen draußen, die vergeblich auf die erlösenden Anrufe von Angehörigen warten, an die Feuerwehrleute und Helfer, die in der Müllhalde nach Überlebenden suchen. Und immer wieder bohrende Fragen über das Unvorstellbare: Was ist dieser Stadt so plötzlich und unerwartet zugestoßen?

15

Ich habe überraschend gut geschlafen. Als ich die Augen öffne, ist es kurz nach 7 Uhr. Estee ist bereits aufgestanden, sie muss es wohl früher aus dem Schlaf gerissen haben. Vielleicht war es auch der schwangerschaftsbedingte Heißhunger. Ich blicke durch das Zimmer, rekapituliere unsere neue Situation, suche mit den Händen am Boden nach der Fernbedienung des Fernsehers. Es dauert ein bisschen, bis ich mich in der neuen Örtlichkeit unseres Fluchtquartiers zurechtfinde. Ich schalte den einzigen verfügbaren Fernsehsender ein, CBS. Seit den *Breaking News* am Vortag flimmert die 9/11-Berichterstattung nonstop über den Äther. Erstaunlicherweise ohne Werbeunterbrechungen. Fünf Tage soll das so bleiben – für die Sender ein Verlust von täglich hundert Millionen Dollar Werbeeinnahmen. Doch die Verantwortlichen haben wohl verstanden, dass keiner inmitten der Berichterstattung über die aus dem Word Trade Center springenden Menschen die Vorzüge von Potenzmitteln angepriesen bekommen möchte. Nach der Ermordung John F. Kennedys im Jahr 1963 war zuletzt so lange ohne Werbeunterbrechung berichtet worden – damals allerdings noch mit einer Pause in den Nachtstunden.

Wie ich können Millionen andere Amerikaner die Augen nicht von den Fernsehbildern abwenden. Der Marketingexperte Nielsen ermittelt später, dass am Abend des 11. September fast achtzig Millionen Menschen die Schreckensbilder gebannt verfolgten.

»Das ist die wichtigste Story in unserem Leben«, erklärte NBC-Nachrichtenchef Neal Shapiro in den Tagen nach der Katastrophe: »Es ist unsere Pflicht, einfach weiterzusenden.« Nach mehreren Tagen wirken die wichtigsten Nachrichtensprecher wie Dan Rather von CBS sehr erschöpft – bis zu fünfzehn Stunden pro Tag ist er auf Sendung.

Eine Livereportage lässt mich hochfahren. Mit einem Schlag ist die ganze Morgenmüdigkeit verflogen. Boote seien die ganze Nacht über zwischen dem Katastrophenort und dem jenseits des Hudson gelegenen New Jersey hin- und hergefahren, heißt es. Unbestätigten Berichten zufolge seien hauptsächlich Leichen an Bord gewesen.

Ohne jegliche Vorwarnung bricht es aus mir heraus. Während des ganzen gestrigen Tages waren meine Gefühle, vor allem das Entsetzen über das unvorstellbare menschliche Leid und die Trauer über den hohen Blutzoll, wie abgeschaltet. Vielleicht zu meinem eigenen Schutz: Was hätte es auch gebracht, statt mit geschärften Überlebensinstinkten heulend durch die Straßen zu irren? Jetzt jedoch weine ich plötzlich unkontrolliert los, vergrabe das Gesicht in den Händen. Mein ganzer Körper bebt.

Estee kommt ins Zimmer, fragt, was los ist. Ich stammle nur: »Tote, mein Gott, es gibt so viele Tote ... Sie sind die ganze Nacht mit den Booten gefahren.« Ich lasse jetzt alles raus, minutenlang. Emotionen, Mitgefühl, Trauer, auch Wut, Verzweiflung. Es hat sich viel aufgestaut.

Erst im Laufe des Tages stellt sich heraus, dass dieser Bericht völlig aus der Luft gegriffen war. Die Fähren pendelten zwar tatsächlich, transportierten aber nicht Leichen, sondern Flüchtlinge. Für Estee war die grauenhafte Fehlmeldung ein weiteres Argument dafür, fortan jegliche Berichterstattung zu verweigern: Sie blieb dem Fernsehgerät fern, las im Internet nur die Mails, legte auch die Zeitungen zur Seite. Sie igelte sich ein, schützte sich und das Baby vor weiterem emotionalen Stress.

Die Mehrzahl der Todesopfer sollte erst in den Tagen, Wochen, Monaten, ja Jahren nach den Anschlägen aus der Trümmergrube geborgen werden. Wenn überhaupt: Von den 2752 Opfern in New York waren bis Ende 2010 erst 1625 durch DNA-Proben identifiziert. Die Förderbänder, mit deren Hilfe auf der Müllkippe *Fresh Kills* auf Staten Island vor Manhattan der Schutt aus der Grube gesiebt wurde, liefen selbst 2010 noch. Insgesamt wurden fast 22 000 Leichenteile gefunden.

Weniger als 24 Stunden nach dem Angriff aber wird noch mit »Zehntausenden Toten«, so eine Schätzung von Bürgermeister Giuliani, gerechnet. Kommentatoren haben den ganzen Vortag immer wieder über den *Loss of Life*, den Verlust an Menschenleben, spekuliert. Verglichen mit der tatsächlichen Opferbilanz fielen erste Schätzungen fünf- bis zehnmal so hoch aus.

Ich hole mir in der Küche eine Tasse Kaffee, unsere Freunde sind versammelt. Auf dem Tisch liegen die Zeitungen. Plötzlich steigt ein weiteres, bisher unterdrücktes Gefühl in mir hoch: unverhohlene Wut! Zum ersten Mal sehe ich die Fotos der sich aus den Türmen stürzenden Todesspringer, teilweise mit Teleobjektiven herangezoomt. Der Schrecken in ihren Gesichtern ist fast auszumachen. Diese Fotos, zürne ich, sollten für diese Fanatiker genauso stumme, ewige Anklagen sein wie die Bilder der Nazigräuel! Was wir hier sehen, ist ein Massenmord an Unschuldigen! Ein Massenmord, dessen ganze Scheußlichkeit sich in den Hunderte Meter über den Straßenschluchten New Yorks fallenden Körpern manifestiert.[59]

An diesem 12. September scheint niemand in Eile zu sein. Die Arbeitswelt von New York steht still. Unser Gastgeber Benoît arbeitet normalerweise in einem Büro in Midtown für einen französischen Hedgefonds. Doch auch die meisten der völlig unversehrten, kilometerweit entfernten Büros bleiben an diesem Tag geschlossen. Der *New York Stock Exchange*, die Börse an der nur vier Blocks von *Ground Zero* entfernten Wall Street, ist hermetisch abgeriegelt, der gesamte Finanzbezirk evakuiert. In der Herzkammer der Weltfinanz gibt es keinen Strom, auf den staubigen Straßen laufen nur wenige Generatoren. Der Rest der Stadt versinkt im Chaos. Die eine Hälfte der Bevölkerung ist nach wie vor völlig traumatisiert, die andere vermutet an allen möglichen Orten neue Sprengfallen. An einem solchen Tag besonders perfide Spaßvögel melden sich mit insgesamt 92 falschen Bombendrohungen bei der Polizei, so das US-Magazin *Time*.

Ich gehöre natürlich keiner Branche an, die zwangsfrei hat. Im Gegenteil: Die Mailbox quillt vor Anfragen über. Eines unserer Schwestermagazine, für das ich ebenfalls arbeite, hat den wöchentlichen Erscheinungstermin auf den morgigen Tag vorverlegt und bestellt eine Reportage zum Thema »New York am *Day After*«. Ich packe also meine Sachen, ziehe los, um wieder mit der A-Linie an *Ground Zero* vorbei zur Canal Street zu fahren. Das Abteil ist halb leer. Die Menschen schweigen, starren ins Leere. Ob sie traumatisiert sind, traurig, schockiert oder deprimiert, ist schwer zu sagen. Ich selbst fühle mich elend. Niemals in meinem so privilegierten, behüteten Leben, das wird mir jetzt klar, habe ich so viel Zukunftsangst gespürt. »Der Tag, der alles änderte«, diese Schlagzeile, die durch die Medien spukt, hallt in meinem Kopf wider.

»Der Tag, der alles änderte« – was bedeutet das? Klar scheint, dass bin Ladens Kriegserklärung – schon an diesem 12. September scheint sicher zu sein, dass er und seine Al-Qaida-Terroristen für die Anschläge verantwortlich sind – nicht unbeantwortet bleiben wird. Amerika wird militärisch zurückschlagen, keine Frage. Unklar ist nur noch, wann und wo genau.

»*America at War*« (»Amerika im Krieg«), lautet rasch die Kennung von CNN. Doch was heißt das? Waren die Anschläge nur ein Vorspiel, und Al-Quaida wird uns aus Rache für einen Gegenschlag mit einer Atombombe auslöschen? Werden New York und andere amerikanische Metropolen künftig dem israelischen Tel Aviv oder Jerusalem gleichen, wir mit ständigen kleineren Terroranschlägen auf die U-Bahn, Busse, Brücken, was auch immer, rechnen müssen? Natürlich sind diese Überlegungen absurd. Doch einen Tag nach dem 11. September scheint einfach alles möglich zu sein. Ich sehe mich im Zug um, vermute, dass wahrscheinlich auch anderen solche Gedanken durch den Kopf spuken.

Die U-Bahn hält diesmal auch an der Station Canal Street nicht an, rattert stattdessen weiter bis zur Houston Street. Dort ist plötzlich Endstation für meine geplante Vorort-Reportage. Die Staatsmacht hat sich nach den Stunden des totalen Chaos offenbar wieder gefangen – Lower Manhattan ist von der Houston Street südwärts hermetisch abgeriegelt, fast das gesamte untere Drittel der 21,5 Kilometer langen Halbinsel darf nicht betreten werden. Das Areal ist der Wohnort von Hunderttausenden, Arbeitsplatz von mehr als einer Million New Yorkern. Nun ist es *off limits*: Zutritt verboten!

Jeeps mit Soldaten der Nationalgarde rollen über den Broadway, vor dem *Jones Beach* auf Long Island, normalerweise ein beliebtes Badeparadies, ankern die Flugzeugträger *USS John F. Kennedy* und *USS George Washington*. Immer wieder donnern Kampfjets über die Stadt. Zu jedem anderen Zeitpunkt hätte ich dieses plötzliche, martialische Inpositurwerfen der Supermacht mit großer Sorge und Skepsis wahrgenommen – doch in diesen Stunden wirkt die wachsende Militärpräsenz fast beruhigend. Es ist allerdings nur ein Vorgeschmack: Während der nächsten Monate werden wir praktisch in einer Militärzone leben.

Ich versuche es mit dem Presseausweis. Keine Chance. Reporter werden auf einen nahen Pier verwiesen, von wo aus Busse sie näher zu *Ground Zero* bringen sollen. Es ist der Beginn der »neuen Ära«, spüre ich: Sie bringt rigorose Einschränkungen im individuellen Bewegungsspielraum mit sich. Zudem scheinen einige Polizisten offenbar ihre Wut über ihre Hilflosigkeit angesichts der Terrorattacke und ihre Trauer um die 60 am Vortag getöteten Kollegen an uns Reportern auszulassen: Presseausweise werden ignoriert, Anordnungen in harschen Tönen erteilt, Verweigerungen des Zutritts zu selbst unverdächtigen Orten sind meist glatte Willkür. Was im Moment nur ein Verdacht ist, wird in den nächsten Tagen offensichtlicher – und in ein feindseliges Katz-und-Maus-Spiel ausarten. Dabei nützt kaum einer das Machtvakuum aus: In den Stunden, als Lower Manhattan in der weißen Asche versank, kam es zu praktisch keinen Plünderungen.

Am Pier warte ich eineinhalb Stunden auf den versprochenen Bus, unterhalte mich währenddessen mit einem Fotografen, der noch um einiges näher am Geschehen dran war, im Trümmerhagel um sein Leben rennen musste. Er überlebte nur um Haaresbreite.

Ich muss weiter, beschließe ich schließlich. Hier zu warten hat keinen Sinn, und der Austausch von Horrorgeschichten mit Kollegen, so therapeutisch wertvoll es auch sein mag, bringt mich mit meiner Reportage nicht weiter. Ich habe verstanden, dass ein Lokalaugenschein des Katastrophenorts aussichtslos ist, es heute keine Möglichkeit gibt, auch nur in die nähere Umgebung von *Ground Zero* zu kommen.

Etwas ziellos gehe ich in Richtung Norden. Auch hier ist die immer dröhnende, pulsierende Stadt plötzlich zum Stillstand gekommen. New York ist an diesem Tag eine Metropole ohne Autoverkehr. Die meisten Straßen sind für den Verkehr abgeriegelt. Die Bewohner nehmen sie sofort in Besitz; in Gruppen stehen sie auf dem Mittelstreifen zusammen, diskutieren über den Albtraum, versuchen ein Verzeichnis ihrer Bekannten und Freunde zu erstellen: Wer war in der Todeszone? Wer hat sich bereits gemeldet? Wer wird noch vermisst?

Auf der Avenue of the Americas (»Sixth Avenue«), durch die sich sonst meist eine stinkende, hupende Blechlawine windet, fahren Kinder mit dem Fahrrad umher. Sie spielen Fußball, werfen Frisbees. Andere haben ihre Tennisschläger mitgebracht und bestreiten ein improvisiertes Match.

Ich gelange zu den Chelsea Piers, dem Freizeitzentrum am Hudson. Dort gibt es Sporthallen, einen Eislaufplatz, eine Kegelbahn, sogar einen Golfabschlagplatz, der mit einem riesigen Netz eingezäunt ist. Die Eisfläche sei in eine Aufbahrungshalle für die geborgenen Leichen umfunktioniert worden, erzählen Passanten aufgeregt vor dem Gebäude. Der Gedanke daran, dass auf der Eisfläche, auf der noch vor zwei Tagen Kinder ihre fröhlichen Runden drehten, nun Leichen liegen, reißt mich aus der stumpfen, fast unmenschlichen Abgebrühtheit, die mich schon wieder erfasst hat.

Plötzlich sehe ich einen Menschenauflauf, eine lange Schlange, die sich über die West Street, dem großen Uferboulevard entlang des Hudson an der Westseite Manhattans, erstreckt. Bald erkenne ich, dass es sich bei ihnen um Bürger Manhattans handelt, die helfen wollen. Egal wie. Angesichts des Schocks und der Trauer über das Ausmaß der Tragödie untätig herumzusitzen und abzuwarten hat sie offensichtlich fast um den Verstand gebracht. So rollt eine noch nie da gewesene Welle der Hilfsbereitschaft an. Später höre ich, dass sich Tausende prompt und ohne jeglichen Aufruf bei den Krankenhäusern anstellten, um Blut zu spenden. Nachdem nun Fernsehen und Radio verkündet haben, dass sich Freiwillige an den Chelsea Piers melden können, haben sich auch hier binnen Minuten die Ersten zusammengefunden.

Sie bringen, was sie haben: alte Schuhe für die Arbeiter auf *Ground Zero*, Lebensmittel, Getränke, Hosen, T-Shirts, Medikamente. Besonders gefragt sind Ladegeräte für Handys, denn für die meisten Arbeiter stellt das Mobiltelefon derzeit die einzige Verbindung zur Außenwelt dar. Ist der Akku leer, bricht sie ab. Mitarbeiter von Zoohandlungen spenden sogar spezielle Schuhe für die Suchhunde, damit diese sich an den Glasscherben und messerscharfen Metallteilen nicht die Pfoten zerschneiden. Alles wird blitzschnell sortiert.

Unter den Freiwilligen in der Schlange ist auch ein Chinese.

Er hält ein Bastkörbchen mit Dim Sum, gedämpften Häppchen aus der traditionellen chinesischen Küche, in den Händen. Ich starre ihn an, wische mir eine Träne weg. Ich spüre es: Irgendetwas ist in diesen Stunden passiert. New York lässt sich nicht unterkriegen. Es wehrt sich, es trotzt. Seine Einwohner lehnen sich gemeinsam gegen diese unvorstellbare Menschenverachtung auf.

Es sind historische Stunden. Stunden, in denen die von den Terrorattacken getroffenen Städte New York und Washington zusammenrücken – und mit ihnen die USA, ja, die ganze Welt. Es liegt in der Luft, ist spürbar, nicht nur an der Sammelstelle am Pier, sondern auch an der West Street. Dort stehen plötzlich Hunderte mit Tafeln und Schildern, feuern jedes Einsatzfahrzeug an, jeden Feuerwehrwagen, jeden Laster, jeden Bagger, der über den gesperrten sechsspurigen Highway in Richtung Katastrophenort rollt.

»*Good Bless America*« (»Gott schütze Amerika«) steht auf den Schildern, oder: »*Heros*« (»Helden«). Sie rufen »USA, USA«, applaudieren frenetisch, pfeifen, johlen.

Vorbeirasende Feuerwehrwagen lassen ihre Hörner tönen. In den vor Schmerz über den Verlust der vielen Kameraden zerfurchten Gesichtern der Feuerwehrleute sind erstmals Spuren eines Lächelns zu erahnen.

Normalerweise hätte ich – als Europäer ohnehin – bei der plumpen Zurschaustellung eines solchen Hurra-Patriotismus die Nase gerümpft. In den Jahren zuvor musste ich jedes Mal schmunzeln, wenn selbst im kleinsten Nest an der Tankstelle auf einem fünf Stockwerke hohen Fahnenmast ein riesiges Sternenbanner flatterte. Doch jetzt löst der Anblick Gänsehaut aus. Die Botschaft ist unmissverständlich: Wir lassen uns nicht bezwingen! Wir rappeln uns auf! Das ist New York! Kein Massaker kann unseren Willen brechen!

Ich reihe mich ein, applaudiere ebenfalls. Ich fühle mich selbst längst als New Yorker, als Amerikaner.

Als mitten auf der Trümmerhalde drei Feuerwehrleute auf einem abgebrochenen Flaggenmast eine teilweise zerrissene Fahne aufziehen, entsteht ein symbolträchtiges Foto. Es ziert am Folgetag die Titelseite der meisten amerikanischen Zeitungen. Auch der Rest der Nation flüchtet an diesen schlimmen Tagen im September in eine selbst für die USA bislang ungekannte Patriotismuswelle. Allein am 11. September verkauft die Kaufhauskette Wal-Mart 116000 amerikanische Flaggen.[60]

16

Kaum einer ahnt, dass die Stadt das größte Trauma noch vor sich hat: die Suche der Angehörigen nach den Vermissten, Tausenden Vermissten.

Ich fahre zurück nach Brooklyn, der Irrsinn der letzten 36 Stunden hat mich erschöpft. In der U-Bahn wieder das gleiche Bild: fahle Gesichter, leere Blicke, kaum Gespräche. Ich steige die steilen Treppen zum Haus unser Gastgeber hinauf, komme ins Keuchen. Meine Lungenbläschen sind noch verklebt mit Staub; selbst die geringste Anstrengung bringt mich außer Atem.

Die heimelige Atmosphäre drinnen ist wie eine Oase. Estee und Nathalie sitzen am Esstisch und schaufeln fröhlich Pasta in sich rein. Sie sprechen über verschiedene Geschmacksrichtungen, Rezepte, lassen die Realität draußen nicht an sich und ihre ungeborenen Kinder heran.

Ich erzähle kurz von meinem Tag, besonders von der bewegenden spontanen Hilfsbereitschaft und den Bürgern, die an der West Street die Hilfskräfte anfeuerten.

Im Fernsehen laufen unterdessen die ersten Bilder des nächsten sich abzeichnenden Dramas: Angehörige haben begonnen, die Vermissten in Eigenregie zu suchen. Viele von ihnen haben von ihren Männern, Söhnen, Schwestern, Onkeln, Tanten, Eltern oder auch einfach besten Freunden noch eine letzte Nachricht erhalten. Auf dem Weg zum World Trade Center, aus dem

Büro. Viele meldeten sich auch noch nach dem Aufprall der Jumbos. Dann begann das Warten. Auf den Anruf, die erlösenden Worte aus dem Mund der vermissten Person: »Ich bin okay, es geht mir gut. Ich bin noch rausgekommen.« Oder auf die freundliche Stimme einer Mitarbeiterin eines Krankenhauses: »Mr. oder Mrs. Soundso ist verletzt, aber am Leben.«

Den Wartenden fällt die Decke auf den Kopf, sie ziehen von einem Krankenhaus zum nächsten. Viele haben den Namen der Vermissten auf ein Blatt Papier geschrieben, um dieses im Gedränge vor den Eingängen herzeigen zu können. Andere haben ein Foto dazugeklebt. Es sind die Vorläufer der legendären Vermisstenposter, die bald als ein spontanes Mahnmal für die Opfer an allen erdenklichen Ecken kleben werden.

Auch Rachel Uchitel hat sich mit solch einem Poster auf die Suche gemacht. Ein Foto zeigt sie vor dem Saint-Vincent-Krankenhaus, 25 Stadtblocks nördlich der Trümmerhalde. Ihr Gesicht ist schmerzverzerrt, das selbst gefertigte Infoblatt in ihren Händen enthält alle wichtigen Hinweise auf den Verschollenen, ihren Verlobten Andy O'Grady. Ihre Verzweiflung angesichts des jähen Verschwindens der Liebe ihres Lebens machte das Bild – und Uchitel als »Tränenmädchen« – weltberühmt.[61] New York und der Rest der Welt weinen mit der jungen Fernsehreporterin. Gerade hatte ihr Freund um ihre Hand angehalten, erst am Montag waren sie von einem Traumurlaub auf einer der Kykladeninseln zurückgekehrt. Sie sind verliebt bis über beide Ohren, schmieden Heiratspläne. Am Morgen des 11. September hat Andy sich frühmorgens aus dem Bett gerollt, sie haben schnell zusammen gefrühstückt. Ein Abschiedskuss, bevor er in sein Büro im Südturm des World Trade Center fuhr.

Ich treffe Rachel Uchitel im Mai 2009. Sie ist inzwischen ein glamouröses Szenegirl, betreut als VIP-Direktorin eines Manhattaner Szenetreffs die A-Liste Hollywoods, von Uma Thurman, Kate Hudson bis Mickey Rourke. Sie ist etwas fahrig, steckt sich beim Gespräch eine Zigarette nach der anderen an. »Plötzlich traf mich die volle Wucht der Verzweiflung«, beschreibt sie den Moment, als dieses Bild entstand: »Mein Andy! Um Gottes willen, bitte helft mir doch, ihn zu finden!« Ein Stoßseufzer, eine Hilferuf, ein Verzweiflungsschrei.

Wie ihr geht es Tausenden: Zunächst suchen sie wirklich, denn selbst 24, 48 oder gar 72 Stunden nach dem Inferno besteht noch die Möglichkeit, dass der Name eines Überlebenden entweder durch die Krankenhausbürokratie rutschte oder das – vielleicht bewusstlose – Opfer noch keine Angaben zu seiner Identität machen konnte. Schnell hängen vor den Krankenhäusern offizielle Listen der aufgenommenen Verletzten. Doch die könnten, so die Hoffnung der Suchenden, im Chaos ja doch unvollständig sein. So suchen die Verzweifelten weiter – weil es ja nichts anderes zu tun gibt und das Warten immer unerträglicher wird.

Nachdem den Angehörigen die tragische Realität bewusst wird, wandelt sich das Suchritual in Trauerarbeit: Das Anbringen der Vermisstenanzeigen ist nun Teil spontaner Gedenkstätten, ein Nachruf auf all jene, die an diesem 11. September 2001 zu Opfern wurden. Binnen Tagen ist die ganze Stadt übersät mit den Zetteln – die *New York Times* sammelt diese später in der täglichen Beilage *Porträts der Trauer*.

Nichts dokumentiert den Wahnsinn des 11. September so brutal wie die Wände der *Missing*-Poster: die Gesichter der Opfer, viele von ihnen weiß, viele Männer. Kein Wunder: Die im World Trade Center konzentrierte Finanzbranche wird von ihnen dominiert, ihre Mitarbeiter stellen die größte Gruppe der Opfer dar.[62] Doch dann spannt sich der Bogen über alle Ethnien, über alle Schichten: Es kamen 372 Ausländer aus 55 Nationen um, darunter elf Deutsche, 41 Inder, 16 Jamaikaner, drei Malaysier, zwei Neuseeländer, 28 Südkoreaner. Beim Zusammenbruch der Türme starben die Küchenangestellten des Restaurants Windows of the World (110. Etage des Nordturms), die gerade das Frühstück zubereiteten, als sich unter ihnen der Jumbo in die Fassade bohrte, ebenso wie Putzkräfte, Aufzugsmechaniker, Fensterputzer, private Sicherheitsleute.

Da steht auf einem zerknitterten Papier: »Manuel (›Manny‹) Lopez, geboren 19. Februar 1948, STILL MISSING!!!« Dann die Telefonnummer und die Information: »Mein Vater arbeitete im 98. Stock in Bldg. 1, für die Firma Marsh & McClennan in der Steuerabteilung.«

Auf dem nächsten Blatt ein Foto von Jill Metzler, einer Frau mit langem braunen Haar und freundlichem Lächeln. Sie arbeitete für die AON Corporation, Turm 2, 92. Stock. Der Aufruf über der Telefonnummer: »Wenn Sie sie gesehen haben, rufen Sie bitte an.«

Rosmarie Carlson, eine junge blonde Frau, »Mutter von sechsen«, hat jemand handschriftlich hinzugefügt.

Marc S. Zeplin. Er arbeitete für Cantor Fitzgerald, war 33 Jahre alt. Das Foto zeigt ihn zusammen mit seinem Sohn, der gerade lernte zu stehen.

Und immer wieder der Aufruf: »*Please Call!!*«, »Bitte rufen Sie uns an.« Ein Hilferuf. Doch die Telefone der meisten Suchenden bleiben stumm.

Jeden Tag hängen mehr dieser Flugzettel in der Stadt. Sie kleben an Verkehrsschildern, Bäumen, Brückengeländern. Wer in diesen bitteren Tagen die steilen Treppen aus der U-Bahn-Station hinaufkommt, starrt in die Gesichter der Vermissten. Besonders beliebt sind Zäune. Hunderte der Zettel flattern dort im Wind. Insgesamt, so wird später geschätzt, sollen 90000 von ihnen verteilt worden sein. So absurd die 102 Minuten des Horrors vom ersten Jumboeinschlag bis zum Einsturz des Nordturms erschienen, so reell hält nun die Trauer die Stadt im Würgegriff.

Ich selbst kann mich oft kaum von den Plakaten losreißen, starre minutenlang in das Kaleidoskop der Gesichter, lese die Zettel, studiere die Herkunft der Vermissten, ihren Arbeitsplatz, die Stelle, an der sie zuletzt gesehen wurden. New York ist mit acht Millionen Einwohnern eine riesige Metropole. Doch der plötzliche Tod von 3000 Einwohnern reißt selbst hier eine tiefe, paralysierende Wunde.

Es ist spät. Es war wieder ein langer Tag, und mir wird immer bewusster, was für ein Glück ich habe: Nach den Stunden in diesem Meer von Trauer und Zerstörung, den Interviews mit den herumirrenden Angehörigen, dem bestialischen Gestank, der sich je nach Windrichtung in wechselnder Intensität über die Stadt legt, dem ständigen Chaos durch herumbrüllende Cops, die entlang der leeren Boulevards rasenden Einsatzfahrzeuge, den ständigen falschen Alarmen mit Dutzenden Evakuierungen an allen erdenklichen Örtlichkeiten, nach all diesen Stunden kann ich die Tür zu meinem Ausweichquartier aufschließen und finde meine Frau gut aufgehoben vor. Sie schaufelt weiter selbst gekochte Köstlichkeiten in sich hinein, genießt die gute Gesellschaft. Wir sind dem Terror entronnen, knapp, aber dennoch. Dazu wird niemand aus unserem Bekanntenkreis vermisst, keiner ist gestorben, selbst den Freunden unseres Gastgebers, des Hedgefonds-Managers Benoît, geht es gut.

Estee und ich reden bis spät in die Nacht. Es sind immer die gleichen Geschichten, die gleichen Eindrücke, die endlosen Minuten, in denen wir getrennt waren, jedes kleinste Detail. Zu reden hilft. Zumindest mir. Estee verarbeitet den Schock stiller.

Ich versuche mein Blickfeld zu weiten: Was wird jetzt aus uns? Aus New York? Den Amerikanern? Der westlichen Welt?

»Der Tag, der alles verändert«, schießt mir durch den Kopf. Die Nachrichtenmoderatoren mit ihren sonoren, dröhnenden Bassstimmen wiederholen es im Fernsehen bei jeder Gelegenheit. Jedes Mal, wenn ich daran denke, überkommt mich ein Gefühl der Angst, der Niedergeschlagenheit. Wir liebten unser Leben! Und jetzt soll plötzlich alles anders sein, aus heiterem Himmel?

Einige Vorstellungen von möglichen Folgen des 11. September habe ich mir zwischendurch ja schon gemacht: Das Fliegen, praktisch unerschwinglich könnte es wieder werden, ein Luxus für Reiche, wie zu Beginn der kommerziellen Luftfahrt. Den ganzen Tag über ist kein einziger Jumbo über den Großraum New York geflogen. Startet der Flugverkehr irgendwann wieder, denke ich, werden die Jumbos in fliegende Festungen verwandelt, werden die Sicherheitskosten horrend steigen. Tickets wären fortan unerschwinglich.

Auch das Leben in der Stadt könnte sich ändern: Jedes Auto, jeder Lkw könnte eine Bombe sein, jede U-Bahn, jeder Bus eine mögliche Todesfalle. Dazu das neue Misstrauen, das unfreiwillige Profiling, ängstliche Blicke auf jeden, der irgendwie muslimisch aussieht. Ist er vielleicht nervös? Ist seine Jacke ausgebeult? Hält er etwas in den Händen? Was, wenn ein Selbstmordattentäter ganz anders aussieht? Dazu ein Spießrutenlauf von einer Straßensperre zur nächsten, Bürogebäude, die so gesichert sind wie das Golddepot Fort Knox, nervöse Polizisten und private Security-Leute mit dem Finger am Abzug … Wie sollen wir jemals wieder normal leben können?

Ein anderer quälender Gedanke kreist um den amerikanischen Präsidenten George W. Bush. Er ist mir bisher wegen seiner fragwürdigen Taktiken im Nachzählkrimi in Florida aufgefallen oder durch seine Stümperei im Umgang mit der Krise wegen eines in China notgelandeten US-Aufklärungsfliegers.[63] Seine Darbietung in den ersten Stunden des 9/11-Horrors wirkte ebenfalls alles andere als beruhigend – zumal er in seiner Fernsehansprache aus dem Oval Office ängstlicher wirkte als wir alle zusammen.

»Ich habe meine Geheimdienste angewiesen, bei der Suche nach den Verantwortlichen alle Ressourcen auszuschöpfen«, sagte Bush und kündigte an: »Wir werden sie zur Verantwortung ziehen.«

Tatsächlich laufen die Kriegsvorbereitungen hinter den Kulissen sehr schnell an – insgesamt professionell, doch mitunter wirken sie durch die regelmäßigen Wutausbrüche des Präsidenten auch von rohen Emotionen getrieben.[64] Osama bin Laden ist rasch als Verantwortlicher identifiziert, auf dieser Grundlage wird die sogenannte Bush-Doktrin als Grundkonzept des folgenden »Krieges gegen den Terror« definiert. Danach geraten auch jene ins Visier der US-Truppen, die Terroristen Unterschlupf gewähren – gemeint sind konkret die Afghanistan regierenden Taliban.

Noch am Abend des 11. September beginnt sich eine Kriegskoalition zu bilden. Pakistans Präsident Pervez Musharraf sichert nach einem Telefonat mit Bush seine volle Unterstützung als Verbündeter zu. Doch die PR des Weißen Hauses versagt: So resolut Bush im Bunker unter dem Oval Office, im *Emergency Operation Center* (PEOC) agiert, so fahrig wirkt er in seinen öffentlichen Auftritten.

Am *Day After* verlautet ebenfalls wenig Schlüssiges aus dem Oval Office. Wir sehen Bush, der eingeklemmt zwischen seinem Vize Dick Cheney und Außenminister Colin Powell sitzt, hören, dass er von einer »Kriegserklärung der Terroristen« spricht, seine Körpersprache aber bleibt weiter alles andere als energisch. Seine Stimme stockt, fast scheint er Tränen zu unterdrücken. Er vermeldet fast wie ein Vereinskassierer, dass er am Morgen einen Gesetzesentwurf für die Notfinanzierung der Rettungsmaßnahmen in New York und Washington an den Kongress geschickt habe. Schließlich nennt er den kommenden Krieg vereinfachend einen »monumentalen Kampf zwischen Gut und Böse«. Mit zufriedenem Gesichtsausdruck fügt er an: »Das Gute wird siegen!«

Bushs Worte sind starke Worte, nur überzeugend klingen sie nicht. Dabei ist mir bewusst, dass jetzt nicht der richtige Moment ist, ihm, der mir persönlich zuwider ist und dessen Politik ich weitgehend missbillige, mit Häme zu begegnen. Jetzt ist er unser Präsident, eine Führungsfigur, nach dessen Kraft wir alle uns in dieser Krise sehnen: Orientierung, Zuversicht, Hoffnung, Schutz. Irgendwas. Doch leider liefert der Gedanke an Bush bisher eher Gegenteiliges: Angst und Panik. Vor allem frage ich mich: Wird er die Nerven verlieren und übereilt zurückschlagen? Gegen die Falschen? Vielleicht sogar mit Nuklearwaffen?

Estee versucht mich zu beruhigen, meint, dass wir abwarten sollten, bevor wir in Panik geraten. Sie sagt es zwar nicht offen, aber die Zukunftsangst hat auch sie erwischt.

17

Dass meine Lungen immer noch schmerzen, ich beim Treppensteigen kaum Luft bekomme und mein Atem asthmatisch rasselt, lässt mir keine Ruhe. Es ist Donnerstag, meine nächsten Abgabetermine sind erst am Montag und Dienstag. Und obwohl die mir zur Hilfe nachgesandten Kollegen aus Wien nach wie vor auf diversen Flughäfen festsitzen, bleibt Zeit, mir die Lungen untersuchen zu lassen.

Natürlich ist die Praxis meines Hausarztes am unteren Ende des Broadways geschlossen. So bleibt als Ausweg die Notaufnahme des nächstgelegenen Krankenhauses, des *Long Island College Hospital*, ein schlichter Zweckbau fünf bis sechs Blocks die Straße hinunter. Eine verheerende Fehlentscheidung: Sechs Stunden lang muss ich warten, während »dringendere Fälle« – etwa solche mit Schusswunden – in die OP-Säle gerollt werden. Irgendwann ordnet ein sichtlich desinteressierter Arzt an, ein Röntgenbild zu erstellen, das er sich schließlich aber doch nicht anschaut. Nur so viel nehme ich mit: Dramatisch dürfte es um meine Lungen nicht bestellt sein. Monate später wird eine Rechnung des Krankenhauses eintreffen, das für die Untersuchung mehr als 3000 Dollar verlangt – nachdem der Notarzt höchstens fünf Minuten mit mir verbrachte, starrte ich eine Weile recht fassungslos auf das Blatt Papier.[65]

Immerhin kann ich die nicht enden wollende Wartezeit nutzen, um erstmals ausgiebig die Fernsehnachrichten zu verfolgen. Und die sind gerade besonders alarmierend. Plötzlich sehe ich Expräsident George Bush, den Vater des amtierenden Präsidenten. Da der Ton leise gestellt ist, kann ich den Kommentar nicht hören. Wie erstarrt schaue ich auf den Bildschirm, wilde Gedanken schießen mir durch den Kopf: Hat Bush Jr. in dieser schweren Stunde gar seinen Vater gebeten, die Krise mit ihm gemeinsam zu meistern? Ist der Senior nun plötzlich oberster Berater im Oval Office? Hat George W. gar Teile seiner Macht abgetreten? Kurz: Wer regiert das Land eigentlich im Moment?

Auch die nächste Szene ist nicht geeignet, mich zu beruhigen. Sie zeigt Bush Jr. im Oval Office. Zusammengekrümmt beugt er sich über seinen Schreibtisch, bricht offen in Tränen aus. So gerne man sehen mag, dass selbst mächtige Politiker Gefühle haben – jetzt ist sicherlich kein guter Zeitpunkt dafür, dass der Oberkommandierende der US-Streitkräfte in seiner Kommandozentrale unter dem Druck und der Trauer zusammenbricht!

Ich bin an einem persönlichen Tiefpunkt, bin deprimiert. Vielleicht liegt es daran, dass ich einen »freien Tag« habe, im Krankenhaus herumsitze, weitere Zeit damit verbringe, allgemeine Besorgungen zu erledigen. Ich bin rausgerissen aus dem Arbeitsstress, dem Recherchieren und Schreiben meiner Berichte, der bisher kaum einen freien Gedanken zuließ.

Estee und ich betreten ein Geschäft auf der Atlantik Avenue. Ich suche vor allem nach T-Shirts und Unterwäsche. Fast ist es unheimlich: Im Laden deutet absolut nichts darauf hin, dass diese Stadt gerade erst durch seine finstersten Stunden ging: die immergleiche Rieselmusik aus der Stereoanlage, die desinteressierten Verkäuferinnen – alles wie gehabt. Nach einiger Zeit verlassen wir die Oase permanenter Gleichgültigkeit, stolpern gleich wieder in *The New Normal*, die neue Wirklichkeit, wie Medien unsere Post-9/11-Welt bereits getauft haben. Über die Atlantik Avenue patrouillieren Nationalgardisten und Elitepolizeieinheiten mit Maschinenpistolen. Sie schützen den New Yorker

Bezirk mit dem höchsten Anteil arabischer Einwohner. Man sieht es am Straßenbild, an den vielen Läden mit »Halal«-Kost, an den muslimischen Buchhandlungen und Läden mit Räucherstäbchen.

Obwohl sich in New York selbst die Racheakte in Grenzen halten, schwappt über den Rest der USA eine Welle der Gewalt gegen Muslime – und auch gegen Sikhs, die wegen ihrer Turbane fälschlicherweise für Araber gehalten werden.

Die Gruppe SAALT, die Einwanderer aus südasiatischen Ländern wie Pakistan, Indien oder Bangladesch vertritt, dokumentiert in einer Studie 645 Übergriffe in den ersten fünf Tagen nach dem 11. September, darunter Vandalismus, Brandstiftung, Attacken, Schießereien und telefonische Drohungen. In Mesa (Arizona), Tausende Kilometer von den Anschlagsorten entfernt, wird am 15. September der indische Tankstellenbesitzer Babir Singh Sodhi, ein gläubiger Sikh, von einem Mechaniker als »Vergeltung« erschossen. Der Mörder jagt Sodhi mit seiner Pistole fünf Kugeln in den Körper, als dieser gerade einem Arbeiter hilft, Blumen anzupflanzen.

In New York wissen die Stadtverantwortlichen, dass sie auf einem Pulverfass sitzen: Etwa 600000 Muslime leben in der Stadt, eine Revolte gegen Racheakte könnte die Metropole in bürgerkriegsähnlichen Zuständen versinken lassen. Die Befürchtungen sind groß, denn die Wut schwelt: Bereits am Tag der Anschläge haben viele Hassparolen in die Asche der gefallenen Gebäude geschrieben. Auf einer völlig staubverkrusteten Auslagenscheibe etwa ist zu lesen: »*Nuke them All!*« (»Attackiert sie alle mit Atombomben!«), daneben steht in großen Buchstaben: »USA«. Doch zumindest in New York kommt es rasch ganz anders: Die Menschen rücken zusammen. Allen scheint klar zu sein, dass es hier keine Täter, sondern nur Opfer gibt.

Ein Ruck geht durch die Bevölkerung. Es liegt an uns, der Welt zu zeigen, dass wir uns von diesen feigen Massenmördern nicht in die Barbarei treiben lassen – so die allgemeine Überzeugung. Dass New York ohne Wut, Gewalt und Rachgelüste irgendwann wieder zum Alltag zurückkehrt, gilt als wichtigstes Signal. Die Tage des Aufrappelns haben begonnen, auch wenn die Stadt durch die unbändige Trauer weiter wie gelähmt ist. Dennoch glauben wir fest daran, dass die Wiedergeburt New Yorks auch die ganze Nation, ja die Welt wieder aufrichtet.[66]

Doch dass es dorthin ein weiter Weg ist, wird mir bei meiner Rückkehr nach Manhattan wieder richtig bewusst: Langsam beginnen wir alle das komplette Ausmaß der Zerstörung zu begreifen. Die West Street ist nun bereits über Kilometer hinweg mit Einsatzfahrzeugen und Übertragungswagen der in immer größeren Kontingenten eintreffenden internationalen Presse zugeparkt. Ich sehe Rettungswagen aus Massachusetts, Löschfahrzeuge aus Ohio, Suchhundestaffeln aus Kalifornien. Es scheint, als wollte ganz Amerika hier zupacken. Später kommt es wegen des Zustroms an Helfern sogar zu Handgemengen, da die Behörden für viele keine sinnvolle Aufgabe finden können – und sie abweisen.

Über dem unteren Ende des Boulevards steht weiter die Rauchfahne. Es irritiert mich, dass sich in den letzten Tagen weder die Farbe aufhellte noch die Intensität reduzierte. Wieso löscht denn niemand die Brände?, stelle ich mir selbst die naive Frage. Allzu leicht verliere auch ich die Dimensionen aus den Augen: 1,36 Millionen Tonnen Schutt und Stahl liegen an der Einsturzstelle, türmen sich mehrere Stockwerke hoch auf. Die Brandherde tief unten sind für die Feuerwehr unerreichbar. Der gewaltige Druck hat Schwelbrände ausgelöst, wie sie sonst nur in Bergwerken vorkommen.

Auf einer Seite der Straße parken Kühlwagen, einer hinter dem anderen. Ich zähle gut zwanzig. Die Motoren laufen, die Kühlaggregate brummen lautstark. Als ein anderer Journalist mir erzählt, dass sie darin Körperteile aufbewahren, stelle ich mir vor, welch apokalyptische Szenen sich den Tausenden Helfern auf *Ground Zero* bieten müssen: Der Schutt ist durchsetzt mit menschlichen Fragmenten.

Tatsächlich beschreibt mir einige Tage später der Bautischler Juan Sierra die grauenhaften Szenen. Als er am 11. September den ersten Todesflieger über sich dröhnen hörte, war er gerade damit beschäftigt, auf einer Baustelle für Luxuswohnungen an der 14. Straße Holzverschalungen für den Betonguss zu zimmern. Nach dem Kollaps der Türme marschierte er los, seinen Werkzeuggürtel umgehängt. Er wollte helfen. Umgedreht hat er sich nie.

»Mein Job, mein Boss, das war alles ziemlich unwichtig in diesem Moment«, sagt er.

Sierra gelangte durch die Absperrungen, wurde bald dazu eingeteilt, den Schutt zu durchsuchen. Insgesamt verbrachte er sechs Tage auf *Ground Zero*, arbeitete fast nonstop, gönnte sich nur hin und wieder ein paar Stunden Schlaf. »Wir suchten natürlich nach Überlebenden«, erzählt Sierra, der heute wegen der eingeatmeten Gifte an schwerem Asthma leidet, »doch wir fanden nichts als Leichenteile.« Hände, Füße, bisweilen vollständig erhalten, manchmal aber auch nur kleinere Teile, von denen er annehmen konnte, dass sie von einem Menschen stammten. Die Fragmente wurden abgeliefert, in Eis gepackt, dann in die Kühlwagen gebracht.

18

Ein wenig Hoffnung bieten gelegentliche *Breaking News* über die Entdeckung von Überlebenden. Wie sehr sehnt sich die Stadt in diesen düsteren Stunden nach jedem Wunder! Doch es sind Einzelfälle: Nur 20 Menschen überlebten den Einsturz der Türme, angesichts der 110 über ihnen eingestürzten Etagen eine dennoch erstaunlich hohe Zahl. Die Überlebensgeschichten sind nahezu unbegreiflich. Jedes dieser Wunder ist in New York Tagesgespräch – auch wenn viele der fesselnden Details erst in den folgenden Monaten, manchmal gar Jahren bekannt werden. Die Berichte der Überlebenden wirkten wie eine Aufputschdroge: Wenigstens für einige Familien gibt es ein Happy End – ein kleines bisschen Hoffnung in der Tragödie.

Da gibt es die Geschichte von Pasquale Buzzelli, einem Ingenieur der Hafenbehörde *Port Authority*. Sein Büro lag im Nordturm, 64. Stock. Gegen 10 Uhr, so ist im *New York Magazine* zu lesen,[67] ruft er noch seine Frau an. Sie ist im siebten Monat schwanger. »Mach dir keine Sorgen«, sagt er und versichert ihr, dass er gerade mit ein paar Kollegen das Treppenhaus B hinabsteige. Zusammen mit der Sekretärin Genelle Guzman setzt sich Buzzelli von der Gruppe ab. Sie kommen jedoch nur bis zur 22. Etage.

»Das Gebäude wankte«, erinnert sich Buzzelli später: »Dann befand ich mich plötzlich im freien Fall, und die Wände rund um mich herum verschwanden.«

Nach drei Stunden kommt er mitten im Trümmerhaufen zu sich – und starrt in den rauchverhangenen Himmel. Es ist erstaunlich: Er hat sich nur den Fuß gebrochen, erlitt Schnittwunden und eine Gehirnerschütterung.

Während Retter Buzzelli mit einer Trage abtransportieren, liegt Guzman noch unten im Trümmerberg. Sie ist eingeklemmt, wird erst 27 Stunden nach dem Einsturz geborgen.

Zu den Überlebenden gehört auch der Feuerwehrmann Jay Jonas. Ich treffe ihn kurz vor dem fünften Jahrestag auf seiner Wache im West Village. »Spring in den Wagen, wir müssen los«, sagt er gleich nach der Begrüßung. Gerade ist ein Alarmruf eingegangen, wenige Blocks entfernt ging ein Brandmelder los.

Jonas ist inzwischen *Battalion Chief*, einer der je neun Divisionschefs pro Stadtbezirk. Er fährt in einem knallroten FDNY-Jeep voll elektronischer Kommunikationsgeräte. Am 11. September führt er seine Truppe von *Ladder Company 6* in das Inferno des Nordturms. Als der Südturm kollabiert, steigen sie gerade die Treppen hinauf, erzählt der bullige Mann mit sanften, freundlichen Gesichtszügen. Es habe sich angehört wie Donnergrollen, ein ohrenbetäubendes Gerumpel, »ein Geräusch, das ich noch nie gehört hatte«.

Zeitgleich zum Grollen vibriert der Nordturm heftig. Neben Jonas steht ein weiterer Captain, den er verdutzt fragt: »War das das, was ich glaube?«

Der Kollege antwortet: »Yeah, der andere Turm ist gerade eingestürzt.«

Jonas sieht seine Männer an, blickt in ihre angsterfüllten Gesichter: »Es ist Zeit zur Umkehr!«

Kurz darauf kommt auch der offizielle Rückzugsbefehl aus dem Funkgerät: »*Get out! Get out now!*« (»Haut ab, haut so schnell wie möglich ab!«)

Die sechs Feuerwehrleute eilen das Treppenhaus hinab, treffen unterwegs auf eine verletzte Frau, Josephine Harris. Sie hat es vom 73. Stock bis hierher geschafft, nun aber ist sie mit ihren

Kräften am Ende. Der kräftigste von Jonas' Männern stützt sie, doch sie kommen nur unendlich langsam voran. Es ist ein Wettlauf gegen die Zeit. Sie alle ahnen, dass auch der Nordturm einstürzen wird. Die Frage ist nur mehr, wann. Sie sind fast am Ziel, bereits im vierten Stock, als die Verletzte plötzlich sagt: »Ich kann nicht mehr weiter …«

In diesem Moment bricht die Hölle los, erzählt Jonas: Zuerst das Grollen; es ähnelt dem Geräusch des kollabierenden Südturms, ist näher, lauter. Dann vibriert das Gebäude. Ein plötzlicher Windstoß weht durch das Treppenhaus – ein Vorbote der folgenden Druckwelle durch den beginnenden, kaskadenartigen Einsturz. Und dann: »Bum … Bum … Bum«, das Geräusch der ersten aufeinanderstürzenden Stahl- und Betondecken. Immer rascher folgen die Knallgeräusche aufeinander: »Bum, bum, bum, bum.« Immer näher, immer lauter.

Jonas und seine Männer stehen wie angewurzelt da. Sie alle wissen: »Wir sind tot, das sind die letzten Sekunden unseres Lebens.« Sie vergehen extrem langsam. Jonas hat sogar noch Zeit für ein paar letzte Gedanken, Momente voller Schuldgefühle: »Ich fühlte mich schrecklich, dachte, ich hätte meine Männer im Stich gelassen, sie in den Tod geführt.«

Dann ist plötzlich alles still. Jonas weiß für einen kurzen Moment nicht, ob er bereits tot ist oder noch lebt. Rasch einsetzende Schmerzen räumen den Zweifel Sekundenbruchteile später aus. Jonas ist von einer fast zehn Zentimeter hohen Asche- und Staubschicht bedeckt. Der Feuerwehrmann muss erst einmal Nase und Mund mit den Händen, die er nur mühsam freibekommt, von Staub befreien. »Wir mussten unsere Fingernägel verwenden, um den Staub aus den Öffnungen zu kratzen.«

Er ruft: »*Hello!*«

Nach und nach melden sich seine Kollegen. Auch Josephine Harris hat überlebt: Sie liegt unter einer Gipsplatte, stöhnt.

Jonas schaut sich um. Wie durch ein Wunder ist ein Teil des Treppenhauses intakt geblieben. Mitten im Zusammensturz hat sich ein Hohlraum gebildet, in dem die ganze Gruppe überlebte. »Das Treppenhaus war für uns wie ein Rettungsboot«, erinnert Jonas sich während unserer Fahrt durch das sonnige West Village.

Sie rufen in ihre Funkgeräte: »*Mayday, Mayday, Mayday!*«

Keine Antwort.

Und wieder: »*Mayday, Mayday!*«

Im Chaos nach dem Zusammenbruch des Nordturms bekommen sie erst nach 45 Minuten eine erste Antwort. »Schießt los mit eurem *Mayday*«, sagt jemand. Endlich.

Jonas erkennt die Stimmen am anderen Ende: »Einer der Kommandanten war mein Hochzeitsgast, ein anderer mein bester Freund«, erzählte er *60-Minutes*-Korrespondent Stone Phillips.[68]

»*Rescue 3* an *Ladder 6*, Captain Jay Jonas, hier ist Cliff. Wir holen euch raus«, verspricht der ehemalige Hochzeitsgast. Er hatte bereits verzweifelt nach seinem Freund gesucht. Jonas beschreibt den Helfern den Aufenthaltsort der Gruppe, gibt Instruktionen, wie der Treppenaufgang B von der Lobby aus zu finden sei. Er beschreibt den Rettungsweg, als stünde der Nordturm noch.

»Wo ist eigentlich der Nordturm?«, fragt irgendwann der Mann am anderen Ende.

»Da wusste ich, dass unsere Rettung nicht so einfach werden würde«, erinnert sich Jonas. Tatsächlich beginnt nun eine lange Wartezeit. Jonas: »Es war stockfinster, wir waren umhüllt von dem beißenden Rauch, rund um uns Tonnen an verbogenen Stahlträgern.«

Erst nach drei Stunden ist die Luft klar genug für die Männer, um sich den Rest der Treppe nach oben zu wagen. Einer der Feuerwehrleute durchschlägt eine der Gipsplatten – und blickt nach draußen. »Ich starrte in dieses Niemandsland, diese bizarre Mondlandschaft, ein Gebirge aus Stahlträgern und Schutt«, erzählt Jonas mir.

Sie befinden sich beinahe auf dem Gipfel des Trümmergebirges. Sie entscheiden sich, den Abstieg zu wagen. Wie bei einer Himalajaexpedition machen sich die Männer auf den Marsch durch das Trümmerfeld, die verletzte Frau schleppen sie mit. Der beißende Rauch vernebelt ihnen die Sicht, mehrfach müssen sie über schmale Eisenträger über bis zu vierzig Meter tiefe Abgründe balancieren. Immer wieder hören sie das Geräusch explodierender Munition. Sie stammt aus dem unterirdischen Bunker der Präsidentengarde *Secret Service*.

Um 14:30 Uhr, vier Stunden nach dem Einsturz, treffen Jonas und seine Männer auf das erste Rettungsteam. »Seid ihr die Überlebenden?«, fragt einer von ihnen völlig verdutzt.

Jonas antwortet: »So ist es, wir gehen nach Hause.«

Oft hat er seine Geschichte schon erzählt, das hört man. Wer kann es ihm verdenken? Das Wunder von *Ladder 6* wird für immer eine der unglaublichsten Überlebensgeschichten bleiben.

Inzwischen sind wir an unserem Einsatzort angekommen. Der Chief überprüft den Feueralarm. Nach wenigen Minuten steht fest: eine Fehlfunktion eines Brandmelders. Wie die Erfahrung sein Leben verändert hat, will ich wissen.

Er lacht: »Was soll mich nach diesem Erlebnis heute noch aufregen?«

19

Es ist Freitag, der dritte Tag nach dem Inferno. Wieder strahlt die Sonne vom makellosen, azurblauen Himmel. Für heute hat sich George W. Bush angesagt, er will *Ground Zero* besuchen, den New Yorkern Mut zusprechen. Die Stimmung ist gereizt. In der liberalen Ostküstenmetropole haben nur wenige den Texaner gewählt. Außerdem waren Bushs Auftritte bislang wenig vertrauenerweckend: Bis jetzt schwankte er zwischen wüsten Kriegsdrohungen und Heulkrämpfen. Anders als sonst schwelgt nun jedoch deshalb niemand in Schadenfreude. George W. Bush, Sohn aus reicher Familie, feuchtfröhlicher Yale-Student, trotz seiner Pleiten ständig die Karriereleiter hinauffallender Geschäftsmann, »wiedergeborener Christ« und strammer Republikaner, der gleich nach dem Amtsantritt die hübsche Wahlkampfrhetorik vom *Compassionate Conservatism* (Konservatismus mit Mitgefühl) aufgab und stattdessen das Land auf Rechtskurs bugsierte: Ausgerechnet er ist in diesen bitteren Stunden Präsident der USA. Selbst seine leidenschaftlichsten Gegner können ihm nun nur alles Gute für den Versuch wünschen, Amerika nach dem Schock wieder in Fahrt zu bringen.

Bush weiß die Chance zu nutzen – auch wenn der Besuch auf *Ground Zero* jetzt aus der Distanz und mit dem Wissen um die späteren Fehlentscheidungen (der Irakkrieg dabei sicher die folgenreichste) kindisch, rachsüchtig und kriegsschreierisch wirkt: Bush, leger gekleidet in hellgrauer Jacke, trifft in den frühen

Nachmittagsstunden des 14. September unter extremen Sicherheitsmaßnahmen an der rauchenden Ruine des WTC-Areals ein. Er erklettert spontan einen Schutthügel, schnappt sich ein Megafon und den damals 69-jährigen Feuerwehrmann Bob Beckwith, auf dessen Schulter er seinen Arm freundschaftlich ruhen lässt. Rund um ihn stehen Arbeiter, Helfer, Feuerwehrleute, alle mit Bauhelmen auf dem Kopf. Ihre Gesichter wirken abgekämpft, doch entschlossen.

Bush wird sie nicht enttäuschen. Der Präsident versichert, dass ganz Amerika für die Opfer bete. Schließlich verkündet er: »Ich höre euch – und diejenigen, die diese Gebäude zum Einsturz brachten, werden auch bald von uns allen hören.«[69]

Jubel bricht aus. Sofort skandiert die Menge: »U-S-A! U-S-A! U-S-A!«

Der Moment geht als Bushs »Bullhorn-Moment« in die Annalen ein, seine Anhänger sehen in diesen Sekunden die Verwandlung eines unsteten Anfängers in einen resoluten Krieger.

Mitgerissen hat es damals fast alle – auch mich. Wie hätte man nach diesem Horrorerlebnis, nach all den schrecklichen Bildern keine Emotionen wie den Drang nach Vergeltung spüren können?

Heute wissen wir natürlich vieles besser: Dass Vizepräsident Cheney, Verteidigungsminister Donald Rumsfeld und andere Neokonservative schon in den ersten Stunden die Chance sahen, auch den an 9/11 gänzlich unbeteiligten Saddam Hussein im Irak zu stürzen und mit dort stationierten US-Truppen den gesamten Nahen Osten neu zu ordnen, wurde erst später offensichtlich. Bush selbst scheint für ihre Pläne das geeignete Vehikel gewesen zu sein: Als gottesfürchtigem Menschen gefiel ihm offenbar das Missionarische des Plans, den »Unterjochten« im Zweistromland Freiheit und Demokratie zu schenken – eine Mission mit Strahlkraft auf die ganze Region, ein Siegeszug westlicher Werte durch den Nahen Osten. Und seinem Vater, der – so zumindest behaupten es viele Biografien – stets seinen Bruder Jeb (damals Gouverneur von Florida) bevorzugte, wollte George W. es sowieso zeigen. Indem er vollendete, was Bush Senior im ersten Golfkrieg 1991 nicht wagte – den Marsch auf Bagdad und Sturz des Erzfeindes Saddam Hussein.

Mit Details wie der ethnischen Zusammensetzung des explosiven Völkergemischs aus Schiiten und Sunniten wollte sich Bush offensichtlich nicht aufhalten. Dies zumindest legt eine Anekdote nahe, die der ehemalige US-Diplomat Peter Galbraith am 21. November 2005 im britischen Fernsehsender *Channel 4* zum Besten gab. Als George W. Bush im Januar 2003, drei Monate vor dem ersten Bombenangriff auf Bagdad, oppositionelle Exil-Iraker zum Superball-Finale in seine Loge einlud, hätten diese bald gemerkt, dass er keine Ahnung über die Unterschiede zwischen den beiden Islamströmungen hatte, erzählte Galbraith. Bush habe sie nur verdutzt angesehen und gemurmelt: »Sie sagen, dass es da diese Unterschiede gibt … Was hat denn das wieder zu bedeuten?«[70]

Fünf Jahre nachdem er berühmt wurde, weil er im bedeutungsschwersten Moment der Bush-Ära neben dem Präsidenten stehen durfte, treffe ich auch den Feuerwehrmann Bob Beckwith. Er lebt mit seiner Frau, mit der er seit mehr als fünfzig Jahren verheiratet ist, in einem der schmucken Vororte von Long Island. Nach Manhattan braucht er mit dem Auto je nach Verkehrslage etwas mehr als eine Stunde. Baldwin heißt der Ort, knapp 23000 Einwohner, gehobene Mittelschicht, ein durchschnittliches Jahreshaushaltseinkommen von etwa 71500 Dollar. Im Garten jedes dritten Hauses weht die amerikanische Flagge.

In den Stunden nach den Ereignissen des 11. September hielt Beckwith es nicht mehr aus, untätig zu Hause herumzusitzen. Obwohl seine fünf Söhne, die Tochter und seine Frau auf ihn einredeten, sagten: »Du bist zu alt, tu dir das nicht an, den Rauch, den Stress«, fuhr er los. Am Freitagmorgen setzte er sich in seinen klapprigen Saab, steuerte den Wagen in Richtung der Rauchsäule. Als er spätabends nach Baldwin zurückkehrte, war Beckwith ein Volksheld. Er, der Mann neben Bush, sein wuchtiger Feuerwehrhelm, sein entschlossener, unverwüstlicher Gesichtsausdruck, war nun ebenfalls ein Symbol. Ein Symbol für die Zähigkeit New Yorks – und die Unverdrossenheit Amerikas.

»Wie kam es dazu?«, frage ich ihn.

»Da tauchte ein Mann auf, der einen geeigneten Ort für eine Ansprache des Präsidenten suchte«, sagt Beckwith. Die gerahmte Titelseite des Magazins *Times* hängt hinter ihm an der Holzwand. Das Foto dokumentiert den Augenblick, während dem Beckwith neben Bush stand.

Der Mann, der den geeigneten Rahmen für Bushs Rede zu schaffen sucht, ist Karl Rove, Chefstratege des Oval Office, Bushs »Gehirn«, so sein Spitzname. Rove kennt die Macht der Bilder, weiß wie kaum ein anderer, wie er seinen Chef mediengerecht positionieren kann. Er ist ein meisterhafter Politregisseur.

Beckwith führt Bush schließlich auf einen Erdhügel, und trotz aller Vorplanung ist dann alles doch noch ein wenig improvisiert, als der Präsident ihn bittet, zu bleiben. »Mich hat er damals überzeugt«, sagt Beckwith fünf Jahre später, »obwohl ich ihn gar nicht gewählt habe.«

Ich selbst war an diesem Freitagabend nicht vor Ort, schaute mir die Bilder im Fernsehen an, verfolgte die Reaktionen. Sie sind einhellig: Bush habe mit dem Auftritt endlich – 72 Stunden nach dem ersten Terrorschlag – seine Stimme wiedergefunden, Tritt gefasst.

Mir reicht das für den Moment, ich habe zumindest eine Sorge weniger. Endlich zeigt unser Staatsoberhaupt, dass doch Führungsqualitäten in ihm stecken.

Ich bin an diesem Abend froh, wieder in meinem Ausweichzuhause zu sein, denn die Stimmung an diesem Tag war extrem angespannt. Bei meiner Recherchetour durch die Stadt zeigt sich die Polizei zusehends von einer schikanösen Seite, vielleicht auch aus Nervosität über den Besuch des Präsidenten. Das bekommen auch mein Fotograf Rainer und ich schmerzlich zu spüren, als wir am städtischen Büro des *Chief Medical Examiner*, des Gerichtsmediziners, an der Ecke First Avenue/30. Straße vorbeikommen. Völlig unerwartet geraten wir ins Visier der Polizisten.

Eigentlich möchte Rainer nur einige Fotos vom Leichenschauhaus machen. Es ist normalerweise in einem Flügel des Krankenhauses untergebracht, wurde wegen der Anlieferung immer neuer Leichenteile jedoch längst durch ein provisorisches Zelt erweitert. Hier haben die Mediziner mit der Identifizierung begonnen. Hinterbliebene der Vermissten bringen bereits DNA-Proben zu den Sammelstellen, von denen eine auch im Neubau der einstigen *Armory*, einer historischen Waffenkammer, an der nahen 26. Straße, Ecke Lexington eingerichtet wurde. Sie bringen Kämme mit Haaren, Zahnbürsten, Kleidungsstücke. Geduldig stehen sie an, oft stundenlang.

Rainer schießt ein paar Fotos quer über die Straße, nichts Sensibles eigentlich. Zu sehen sind lediglich der Hinterhof mit den Zelten und ein paar herumhuschende Mediziner mit Mundschutz.

Sekundenbruchteile später stehen zwei Cops mit Maschinenpistolen vor uns, herrschen uns an: »Was habt ihr hier zu suchen?«

Ich zeige meinen Presseausweis, der sie wenig beeindruckt. Sie verlangen die Chipkarte aus dem Gehäuse der Kamera, fordern, dass alle Bilder gelöscht werden. Zum Glück gelingt es meinem Fotografen mit einem Trick, den Löschvorgang vorzutäuschen. So kann er den größten Teil der Bilder retten. Aber das Erlebnis zeigt uns deutlich, wie ruppig die Stimmung inzwischen ist. Die von den Terroristen übertölpelte Staatsmacht lässt ihre Wut an allem und jedem aus.

Immerhin wird an diesem Tag verkündet, dass die erweiterte Sperrzone, in der auch unser Apartmentgebäude liegt, am morgigen Samstag für wenige Stunden geöffnet wird. Anrainer dürfen in dieser Zeit dringend benötigte Gegenstände aus ihren Wohnungen holen.

Diese Chance lasse ich mir nicht entgehen. Mit Rainer, meinem Fotografen, Freund und Gastgeber in Brooklyn, steige ich am frühen Nachmittag in die U-Bahn nach Lower Manhattan. An den Checkpoints überprüfen Polizisten, ob ich wirklich hier wohne. Dazu wollen sie Dokumente sehen, aus denen die Adresse ersichtlich ist. Im Radio haben sie verkündet, dass auch Stromrechnungen, Mietverträge, Bankauszüge akzeptiert würden. Über die Überlebensfähigkeit bürokratischen Unsinns muss ich schmunzeln: Wer soll im totalen Chaos des Fluchttages gerade solche Dokumente mitgenommen haben?

Ich zeige meinen Personalausweis her, auf dem die Adresse angeführt ist, und werde durchgelassen.

Der Finanzbezirk gleicht einem Kriegsgebiet: Durch die engen Straßen rollen Militärjeeps mit Nationalgardisten, an fast jedem zweiten Häuserblock ist eine Straßensperre eingerichtet, und die Eingänge der meisten Bürogebäude werden von Elitepolizisten der SWAT-Einheiten bewacht. Der Wind hat den weißen Staub in den Straßen weitgehend verweht, doch immer noch liegen überall Papiere aus den vernichteten Büros.

Im ganzen Bezirk dröhnen hastig aufgestellte Notstromgeneratoren. An jeder zweiten Ecke steht einer der Kolosse, dicke schwarze Stromkabel führen in die umstehenden Gebäude. Bautrupps verlegen bereits neue Leitungen, vor allem Datenkabel, aber auch Strom- und Gasleitungen. Die Zerstörung des World Trade Center hat auch das Datennetz der New Yorker Finanzindustrie schwer in Mitleidenschaft gezogen. Zahlreiche Server waren dort untergebracht, auf ihnen Backups und wichtige Bestandteile elektronischer Handelssysteme.

Wie anfällig die Wall Street damals war, zeigen die massiven Investitionen danach: Der NYSE, die New Yorker Börsengesellschaft, gab 100 Millionen Dollar für mehr Datensicherheit aus, unter anderem für ein separates Rechenzentrum außerhalb der Stadt. Dort sind seither sogar einige der wichtigsten Mitarbeiter »stationiert«. Als Backup für einen neuen Fall der Fälle sind redundante Datenbanken eingerichtet. Die Anlagen werden rund um die Uhr bewacht, sogar Busrouten wurden aus Angst vor neuen Terroranschlägen umgeleitet.

Welche Geldbeträge noch am 10. September über die nun zerrütteten Datenleitungen gelenkt wurden, lässt bereits das Volumen einer einzigen der in Manhattan ansässigen Firmen ahnen. Allein die *Clearing House Association* (TCH) wickelte Geldgeschäfte im Gesamtwert von 1500 Billionen Dollar ab – jeden Tag![71]

Entsprechend laut tickt jetzt die Uhr: Schon übermorgen soll der NYSE an der Wall Street wiedereröffnet werden. Vier Tage lang war das Handelsparkett geschlossen, so lange wie seit der Weltwirtschaftskrise 1929 nicht mehr. Die wichtigste Börse der größten Wirtschaftsmacht der Erde – fast eine ganze Woche offline. Zwar ist das historische Säulengebäude selbst unbeschädigt, doch die Telefonzentrale ist schwer beschädigt, ohne sie die Kommunikation mit den Handelsabteilungen der Großbanken oder Fonds nicht möglich. Jetzt müssen inmitten des ätzenden Gestanks die wichtigsten Leitungen neu verlegt werden. Es bleibt keine Zeit, Straßen und Gehsteige dafür aufzureißen. Daher werden die Leitungen einfach auf den Gehsteig gelegt und mit Asphalt übergossen. Das Straßenmuster des Katastrophenbezirks verwandelt sich dadurch in eine merkwürdige Hügellandschaft.

Mir kommen bei diesem Anblick so meine Zweifel: Wie soll in einem derartigen Durcheinander am Montag der Börsenstart gelingen?

Wir erreichen 100 John Street, das Apartmenthaus, in dem Estee und ich normalerweise zu Hause sind. Vincent, der Doorman, sitzt wie immer an seinem Platz hinter dem Empfangstresen. Wir umarmen uns. Vincent hat es sich offenbar zur freiwilligen und selbstlosen Aufgabe gemacht, das Gebäude zu bewachen. Selbst als am frühen Abend des 11. September infolge des Einsturzes von *Building* 7 im ganzen Bezirk die Lichter ausgingen, blieb er. Die ganze Nacht über.

»Es war gespenstisch«, sagt er, als wir uns vor dem Aufstieg ins Apartment kurz unterhalten. Schreie hallten durch die Nacht, über dem Bezirk knatterten Helikopter. Er gibt zu, dass ihn prompt Flashbacks aus dem Vietnamkrieg plagten. Ich versichere ihm nochmals meinen Respekt – für den Mut, die Ausdauer, überhaupt seine Stärke, die gerade in diesen Stunden inspiriert.

Es hilft nichts, wir müssen los: Viele Stockwerke warten. Wir müssen zu Fuß gehen, denn der Lift ist natürlich weiterhin außer Betrieb. Vincent hat uns Taschenlampen gegeben, das Treppenhaus ist dennoch düster, stickig, schwül. Nebenbei entdecke ich, dass wir eigentlich gar nicht im 31. Stock wohnen. Unser Lift fuhr stets ohne Halt bis zum 15. Stock durch, die unteren Etagen waren durch einen anderen Eingang zu erreichen. Auf einmal merke ich, dass einige Stockwerke fehlen, weit mehr als der sonst aus Aberglaube in den meisten New Yorkern Hochhäusern übersprungene 13. Stock. Hier nun folgt auf Etage zwei nach zwei Treppenabsätzen gleich Nummer sechs. Um insgesamt drei Stockwerke ist das Gebäude also niedriger als beworben. Den Grund kann ich mir gleich denken: Je höher die Anzahl der Etagen, desto deftiger ist die Miete. Die clevere Immobilienbranche hat dafür, wie ich einmal las, sogar eine mathematische Miet- oder Verkaufspreisformel zur Hand – und unser Vermieter uns alle offenbar seit Jahren übervorteilt!

Der Weg hinauf ist lang und mühsam. In Höhe der 15. Etage entschuldige ich mich bereits zum zweiten Mal bei Rainer, deute an, dass er nicht bis ganz nach oben mitkommen muss. Er schüttelt den Kopf, keucht: »Kein Problem …« Ich bin ebenfalls der Erschöpfung nahe: Die Luft ist abgestanden, es riecht übel, die Hitze treibt den Schweiß aus den Poren.

Entsprechend abgekämpft und schweißdurchnässt erreichen wir irgendwann endlich die 31. – oder eigentlich 27. – Etage. Ich schließe die Tür auf – und schrecke augenblicklich zurück. Was ist das für ein Gestank? Es riecht nach Verwesung, als wäre jemand in unserer Wohnung gestorben.

Zuerst ist mir der Geruch ein Rätsel. Doch dann nähern wir uns dem Kühlschrank. Ich zögere eine Sekunde, öffne die Tür. Sekundenbruchteile später habe ich sie panisch zugeknallt. Der Kühlschrank war am 11. September prall gefüllt. Erst am Vortag hatten Estee und ich Leckereien in die Regale geschichtet. Jetzt ist alles verfault, der Gestank einfach bestialisch. Ich öffne das Gefrierfach, aus dem ein noch üblerer Geruch entweicht. Was noch schlimmer ist: Im faulen Fleisch wimmelt es vor Maden. Es ist eine Szene, wie man sie aus Horrorfilmen kennt. Die Fliegenlarven fressen sich durch das Hackfleisch, die Steaks, die Hühnerbrüste.

»Hey, Rainer, das ist sicher dein schrägster Fotoauftrag bisher«, scherze ich mit einer ordentlichen Portion Galgenhumor.

Dann werde ich wieder ernst. Was soll ich tun? Im Kühlschrank können die verdorbenen Lebensmittel nicht bleiben, so viel ist klar. Normalerweise werfen wir den Müll in den *Shoot*, einen vertikalen Müllschacht innerhalb des Gebäudes. Doch im Moment entleert niemand den Sammelcontainer im Keller. Da ich in den letzten Tagen schon einige Berichte über eine eskalierende Rattenplage aufgeschnappt habe, beschließe ich, den stinkenden Kühlschrankinhalt in Säcke zu packen und einstweilen auf der Terrasse zu lagern. Ratten sind so hoch oben über der Erde schließlich keine Gefahr, und ich hoffe, dass die Vögel die fest verzurrten Säcke nicht aufbekommen. So binden wir uns unsere Staubmasken um und füllen das verrottete Essen in die Müllsäcke, stellen sie auf den Balkon.

Draußen liegt immer noch die Asche, dazwischen Papierstücke. Ich nehme einige von ihnen in die Hand, beginne sie zu studieren. »Fiduciary Trust Company of New York« steht auf einem der Zettel, »gegründet 1967«. Eine Investmentgesellschaft. Das Papier ist in der Hälfte durchtrennt, offensichtlich ein Dokument, in dem Angestellte ihre Pensionszahlungen möglichst steuersparend regeln. Auch für den Todesfall ist Vorsorge getroffen. Auf der Rückseite steht etwas handschriftlich Gekritzeltes, unleserlich.

Das zweite Papier, diesmal der Länge nach durchgerissen, beschreibt die chemische Zusammensetzung, Toxizitätsgrade und mögliche Gefahren von Medikamenten, darunter ein Antibiotikum gegen Pilzbefall. Mir ist völlig unklar, aus welchem Büro dieses Papier stammen könnte.

Am persönlichsten ist der Ausdruck einer E-Mail vom 3. Oktober 2000, offenbar war der Ausdruck in einem Ordner archiviert. »Shannon«, beginnt die E-Mail, »danke für deine schnelle Antwort. Ich habe die gleiche Fehlermeldung ...« Adressat ist Shannon Fava. Dann ist das Papier abgerissen. Ein *Screen Shot* einer Eingabemaske für ein Computerprogramm ist auf dem Blattfragment zu sehen. Insgesamt geht es um Anleihen (US Treasures, Futures, japanische Schuldenzertifikate). Bei meinen Recherchen mache ich im Internet die tragische Entdeckung: Fava hat den Einsturz des Nordturms nicht überlebt. Die 30-Jährige arbeitete im Büro des Anleihenhändlers Cantor Fitzgerald als Handelsassistentin, wollte – so der Nachruf auf der Website InMemoriamOnline.net – im Oktober mit ihrem Mann ihren siebten Hochzeitstag feiern. Neben dem Witwer blieb der damals drei Jahre alte Sohn zurück.

In seinem Eintrag auf der Website beschreibt der gebrochene Mann, wie er und seine Frau sich in einem Bagel-Laden in Bensonhurst, Brooklyn, zum ersten Mal trafen. »Sie war 18, und ich war schüchtern«, schreibt er, nennt sie die »erste und einzige Liebe meines Lebens«, erzählt, wie sie gemeinsam mit ihrem

Sohn über Videos lachten und sie zu lauter Musik fröhlich durchs Haus tanzte. Als sich der *American Airlines*-Flug unter ihrem Büro in den Turm bohrte, habe sie noch einmal angerufen und gesagt: »Sag meinem Baby, dass ich immer bei ihm sein werde – und bei dir.«[72]

Das zu lesen macht mich betroffen, löst wieder ein Wechselbad der Gefühle aus: Ich schwanke zwischen unbändiger Trauer bei den Gedanken an die Hinterbliebenen, den Ehemann, das gemeinsame Kind, die Familie, all die Stunden, als sie noch auf ein Wunder hofften – gefolgt von Resignation, Schmerz. Und ich verspüre Zorn darauf, dass eine lebenslustige, glückliche Frau und Mutter, die ihr ganzes Leben noch vor sich hatte, zwischen den Stockwerken eines kollabierenden Hochhauses zermalmt wurde, nur weil sie an jenem Dienstagmorgen pflichtbewusst bereits um Viertel vor neun an ihrem Schreibtisch saß.

20

Ich packe die Zettel in eine Klarsichtfolie, lege sie auf meinen Schreibtisch. Wir schießen noch einige Bilder von der Terrasse, der Wind weht den bestialischen Gestank gerade auf direktestem Wege zu uns. Dann verlassen wir mit einer Reisetasche voller dringend benötigter Utensilien das Gebäude – die absolute Ausgangssperre für den Bezirk soll in wenigen Stunden bereits wieder in Kraft gesetzt werden, hieß es im Fernsehen.

Während der Rückfahrt mit der U-Bahn beobachte ich, dass Tausende andere Evakuierte ihre Taschen über die Drehkreuze der U-Bahn-Stationen hieven. Zwar wirkt jeder konzentriert, nicht wirklich heiter, doch der Schleier der Traurigkeit und des ersten Schocks scheint sich langsam zu verflüchtigen. Trotz aller Strapazen atme ich auf: Wenigstens ist uns und den Menschen, die uns am nächsten stehen, nichts passiert. Die Dynamik des alten New York kehrt stetig zurück. Die Stadt hat sich binnen Stunden neu erfunden – in teilweise atemberaubendem Tempo. Da hängen etwa in der U-Bahn innerhalb von Tagen frische Karten, auf denen zerstörte Stationen fehlen, vorübergehend gesperrte markiert sind. Auch Linien, die für längere Zeit ausfallen werden, wie die Linie 1, die direkt in der Passage unter dem WTC-Komplex hielt, sind nicht mehr eingezeichnet. Um dies auszugleichen, werden andere Linien auf neuen Routen eingesetzt. So krempelt der U-Bahn-Betreiber MTA das gesamte Streckennetz in kürzester Zeit um.

Die Lokalnachrichten haben sich ebenfalls den neuen Gegebenheiten angepasst: Der Wetterbericht wartet plötzlich mit speziellen Karten auf, die die Verbreitung der Schadstofffahne von *Ground Zero* illustrieren und für jeden Bezirk die Schadstoffbelastung schätzen – wenn auch anfangs mit viel zu niedrigen Werten, da die Behörden das wahre Ausmaß der durch die Rauchwolke verbreiteten Gifte entweder absichtlich herunterspielen oder sich auf wenig exakte Messungen verlassen. Die Verkehrsberichte informieren über den exakten Verlauf der Sperrzonen, darüber, auf welchen Brücken und Tunneln es Einschränkungen gibt. Hinzu kommen ständig Updates über Sperren und Evakuierungen aufgrund immer neuer Terroralarme – weiterhin werden täglich Dutzende Büro- und Wohnhäuser wegen falscher Bombendrohungen geräumt; jede vergessene Tasche führt zu neuen großflächigen Evakuierungen. Die Medien informieren Betroffene von *Nine-Eleven* – dieser Begriff etabliert sich gerade – über Sammelstellen für die DNA-Proben und erste Anlaufstellen für Soforthilfe inklusive psychologischer Betreuung.

Ground Zero ist längst eine Art neuer Stadtteil. Auf der Halde rund um die bisweilen wie zerbombt aussehenden Hochhäuser schuften Zehntausende. Sie suchen weiter nach Verschütteten, beginnen bereits, die Stahlträger zu zerteilen und für den Abtransport vorzubereiten. Das Gelände ist hinter strengsten, nun für keinen Reporter mehr überwindbaren Sicherheitsbarrieren verborgen. Es gibt eine Kantine, Zelte für Ruhepausen, Sammelstellen für verseuchte Kleider, einen Container als Kommandozentrum für die Bergungs- und Aufräumarbeiten.

Niemand weiß wirklich oder will wissen, wie gefährlich der Ort für die Arbeiter, die meisten von ihnen Feuerwehrleute und freiwillige Helfer, ist. Ist das Gelände für die Stadt eine tickende Zeitbombe? Was für Umweltgifte verbergen sich hier?

»Verlasse dich immer auf deine Instinkte« – diese Lehre aus den Ereignissen beherzige ich bis heute: Wenn etwas reichlich unglaubwürdig klingt, ist es das meistens auch. In diesem Fall ist es die wiederholte Beteuerung der Stadtverwaltung und der Bundesbehörden, allen voran der *Environmental Protection Agency* (EPA), die Luftbelastung rund um *Ground Zero* liege innerhalb der zulässigen Werte. Danach riecht es jedoch überhaupt nicht! Je nach Windrichtung legt sich ein ätzender, fauler Gestank über den Bezirk, frisst sich in die Kleidung, hinterlässt auf den Atemmasken sichtbare Spuren. Oft riecht es metallisch, wie in einem Stahlwerk, nach Regengüssen mitunter aber auch süßlich. Die Rauchfahne ist sogar aus dem All zu sehen, wie eine Aufnahme vom 12. September 2001 zeigt.[73] Auf einem Dopplerwetterradar, das sonst Niederschläge anzeigt, erscheint der wegwehende Rauch wie eine längliche Gewitterzelle.[74]

Jetzt, zehn Jahre nach den Anschlägen, kennen wir natürlich die Details: Die Wolke war »extrem toxisch«, wie Tomas Cahill von der University of California, ein Experte für Umweltverschmutzung, durch die Messung von 2500 verschiedenen Giften nachwies. Am gefährlichsten ist die hohe Menge an Asbest; 0,8 Prozent der gesamten Schadstoffmenge bestand aus dem hochgradig krebserregenden Feuerschutzmittel. Daneben wurden hohe Konzentrationen von Blei, Kadmium, kristallenem Silikon, Dioxinen und PAH, umweltschädlichen polyzyklischen aromatischen Wasserstoffen, gemessen.

Die beschwichtigenden Politiker waren keinesfalls völlig ahnungslos, denn es gab rasche und sehr deutliche Warnungen. Der Wissenschaftler Edwin M. Kilbourne beispielsweise schickte bereits am Tag nach dem Desaster ein Memo an die US-Seuchenbehörde CDC, in dem er wegen der »Gefahr der Verbreitung toxischer Materialien« vor einer verfrühten Rückkehr der Bürger in Wohnungen und Büros warnte. Doch Alarmrufe wie seiner wurden vertuscht und ignoriert – der Bezirk rund um die Wall Street sollte schnellstmöglich wieder besiedelt werden, die Stadt zeigen, dass sie sich nicht unterkriegen lassen würde. Das befürworteten zweifelsohne auch die meisten New Yorker. Dennoch bin ich überzeugt, dass die patriotischen Gefühle durch die Sorge um die eigene Gesundheit verdrängt worden wären, hätten wir vom wahren Ausmaß der Gefahr erfahren.

Natürlich stelle auch ich mir Fragen. Als mir etwa der auf *Ground Zero* arbeitende Bautischler Juan Sierra erzählt, dass er und seine Kollegen nach jeder Schicht sofort alle Kleidungsstücke einsammeln und in Sondermüllsäcken entsorgen. Oder als Experten im Fernsehen vor der Wiederbesiedlung des Bezirks genauere Tests fordern. Doch am 18. September wendet sich EPA-Chefin Christine Todd Whitman erneut an die New Yorker: »Nach Langzeittests der Luft- und Wasserqualität in New York und nahe des Pentagons ist ersichtlich, dass die Bevölkerung keiner großen Belastung durch Asbest oder andere schädliche Substanzen ausgesetzt ist.« Vollmundig fügt Whitman, die sich Jahre später dafür entschuldigen wird, noch hinzu: »Ich bin froh, den Bürgern New Yorks versichern zu können, dass sie ihre Luft unbedenklich einatmen und ihr Wasser trinken können.«

Zwei Jahre nach dieser Rede weist ein Bericht nach, dass Bushs engstes Beraterteam Druck auf die Behörden ausübte. Zu sehen ist dies an den signifikanten Unterschieden zwischen den Entwürfen der EPA-Berichte und den erfolgten Stellungnahmen zur Luftqualität bzw. den letztlich publizierten Schriftstücken. Kurz: Das Weiße Haus redigierte, verharmloste und verschwieg alarmierende Daten.[75] Auch Bürgermeister Giuliani spielte bei der Vertuschung der hohen Schadstoffbelastung durch den Rauch, den Staub und die Asche eine nicht unbedeutende Rolle.[76]

Bis heute packt mich die Wut – auf die Lügen der Regierung natürlich, aber auch auf mich selbst: Schon zehn Tage nach dem 11. September sollte Estee, schwanger noch dazu, wieder in unser Apartment einziehen. Die Hausverwaltung ließ die Wohnung zwar reinigen, doch die Putztruppe hielt sich gerade einmal zehn Minuten hier auf, arbeitete erschreckend schlampig und bediente sich darüber hinaus auch noch eines antiquierten

Staubsaugers, der den eingesaugten Dreck oben einfach wieder rausblies. Ich putzte mehrere Stunden nach.

Estee verließ die Wohnung in der Folgezeit zwar nur selten und trug stets die Staubmaske, die damals zum Inhalt einer New Yorker Frauenhandtasche gehörte wie Lippenstift und Make-up. Dennoch: Wie viele Schadstoffe letztlich bis zu unserem heranwachsenden ersten Kind gelangten, werden wir genau nie erfahren. Studien schließen jedoch nicht aus, dass er Schaden genommen hat.[77]

In Panik sind Estee und ich wegen der damals so ungesunden Lebensumstände nie verfallen. Doch ich werde künftig eher Estees Instinkten vertrauen als Presseerklärungen der US-Bundesbehörden. Immer wieder sagte sie: »Die Luft riecht giftig.« Und auch hier: Wenn sie giftig riecht, ist sie es meist auch.

Sogar die Ärzte wiegeln ab. Bei praktisch allen Terminen mit Estees Frauenarzt stellen wir beunruhigt die gleiche Frage: Ist die Luft für eine schwangere Frau sicher? Die Antwort ist immer dieselbe: Sollten wirklich Schadstoffe in der Luft sein, würden sie nicht in den Blut- und Nahrungskreislauf des Fötus gelangen. Eine erstaunlich gewagte Aussage.

Mein eigener Hausarzt winkt ebenfalls beruhigend ab, obwohl ein erster Atemtest ein reduziertes Lungenvolumen zeigt. Einem Bekannten von uns lässt die Sache ebenfalls keine Ruhe: Nachdem er hier niemanden gefunden hat, der die Probe des Staubs von seinem Fenstersims analysieren will, schickt er sie kurzerhand an ein Labor nach Deutschland. Das Resultat ist alles andere als beruhigend: Verschiedene Schadstoffkonzentrationen liegen weit über den Grenzwerten.

Besonders schockiert bin ich, als ein halbes Jahr später auf einem der gegenüberliegenden Flachdächer plötzlich Arbeiter in Seuchenschutzanzügen auftauchen und verbliebenen WTC-Schutt in Plastiksäcke schaufeln. Sie sehen aus wie die Epidemiologen in dem Thriller *Outbreak*. In den Wochen nach dem Desaster haben das noch Arbeiter in ganz normaler Kleidung gemacht, und ich selbst habe unseren Balkon ohne besonderen Schutz von Asche und Staub befreit. Ich zoome mit der Kameralinse an die Arbeiter heran, schüttle den Kopf: Hätte auch ich so einen Schutzanzug tragen sollen?

In weit dramatischerem Ausmaß opferten jedoch die knapp 14000 Arbeiter auf der toxischen Halde ihre Gesundheit. Kaum einer trug ein Atemschutzgerät, denn die Geräte waren knapp und viele Arbeiter fühlten sich durch sie in der Hitze der lodernden Feuer bei der harten körperlichen Arbeit massiv eingeschränkt. Das auch durch den wachsenden Heldenkult um die Retter ausgelöste Bravado führte offensichtlich zur Vernachlässigung selbst geringster Schutzmaßnahmen.

Am 28. November 2006 berichtete das Wochenblatt *Village Voice* über den ersten Krebsfall eines Arbeiters. Bis 2010 waren insgesamt 75 Fälle dokumentiert, die namhafte Krebsexperten mit dem Einatmen der giftigen Luft auf der Trümmerhalde eindeutig in Zusammenhang bringen konnten. Eine im April 2010 veröffentlichte Studie an Tausenden damals eingesetzten Feuerwehrleuten zeigte dazu bei praktisch allen eine Beeinträchtigung der Lungenfunktion; im Schnitt ging das Lungenvolumen eines jeden um zehn Prozent zurück. 30 bis 40 Prozent der Arbeiter klagen über andauernde Symptome, bei tausend von ihnen wurde eine »permanente Behinderung der Atemwege« diagnostiziert.[78] Dazu blieben die Kosten für die Behandlungen eine lange Zeit bei vielen Opfern ungedeckt. Erst im Herbst 2010 stimmten über 10000 Betroffene über einen Vergleich in Höhe von 715 Millionen Dollar mit der Regierung ab.

21

Der 17. September 2001, der Montag nach den Anschlägen, soll nach fast einer Woche Stillstand der erste halbwegs reguläre Arbeitstag in New York werden. Vor allem soll das vertraute Glockengebimmel pünktlich um 9:30 Uhr den ersten Handelstag nach 9/11 am NYSE an der Wall Street einleiten. Auch ich habe beschlossen, an meinen Schreibtisch in der John Street zurückzukehren. Zugegeben: Mit meinem Laptop hätte ich leicht weiter von Brooklyn aus arbeiten können. Doch für mich ist diese Rückkehr auch ein symbolischer Akt.

Ich stehe am Bahnsteig, warte auf die A-Line. Als der Zug einfährt, sehe ich, dass an der Außenseite der Waggons kleine US-Flaggen angebracht wurden. Ich starre sie an, bekomme eine Gänsehaut, Patriotismus durchdringt mich. Dass ich in Österreich geboren bin, tut in diesem Moment nichts zur Sache. Immerhin titelten sogar Zeitungen in Frankreich und Italien mit der Erklärung: »Wir sind alle Amerikaner.«[79]

Das Abteil ist diesmal prallvoll, die Stimmung wirkt erstmals etwas optimistischer. Viele meiner Mitfahrer wirken stolz: Indem sie zur Arbeit pendeln, können sie der Welt ihre Standhaftigkeit beweisen. Jeder redet mit jedem. Wir sind alle Fremde und doch Freunde, eine eingeschworene Schicksalsgemeinde. Einige tragen Bauhelme, Werkzeugtaschen, sie sind offensichtlich auf dem Weg zur Ruine. Juan Sierra ist einer von ihnen. Er ist Bautischler, erzählt er mir, habe sechs Tage lang freiwillig in der Schutthalde nach Überlebenden gesucht, aber nur Leichenteile gefunden. Nun ist er auf dem Weg zu seinem Arbeitsplatz, einer Baustelle an der 14. Straße, die er vor sechs Tagen spontan verlassen hat. Er hat keine Ahnung, was sein Chef zu dem ungenehmigten »Urlaub« sagen wird, das sei ihm im Moment aber »auch egal«, stellt er gelassen fest.

Als wir uns 2003 wiedertreffen, erzählt er mir, dass sein Chef ihn umarmte und sich für seine Zivilcourage bedankte. Dann schickte er ihn ohne Gehaltsabzüge zurück an die Arbeit. Er arbeitete damals auf der Baustelle von *Building* 7. Es ist der erste Büroturm, den der Pächter des WTC-Komplexes, Larry Silverstein, wiederaufbauen lässt. Fünfzehn Stockwerke des Fundaments am Nordrand der *Ground Zero*-Baugrube sind damals betoniert.

Juan lädt mich auf die Baustelle ein. Er keucht beim Treppensteigen, auf jeder Etage muss er kurz pausieren, Luft holen. Oben nimmt er einen tiefen Zug seines Asthmasprays. »Es begann ein paar Wochen nach meinem Einsatz in der Grube«, erklärt er. Es sei seitdem nicht mehr besser geworden, fügt er resigniert an: »Ich gehe zu immer neuen Ärzten. Sie haben ein reduziertes Lungenvolumen und chronisches Asthma festgestellt – wirklich helfen konnte mir bisher aber keiner.«

Als ich Jahre später mit ihm telefoniere, ist er bereits so verzweifelt, dass er eine von Scientology organisierte »Entgiftungskur« absolviert. Die Lügen der Regierung und der Stadtverwaltung machen ihn wütend: »Ich wollte helfen – und habe dafür für immer meine Gesundheit geopfert.«

Während ich mit Juan in der U-Bahn rede, mustere ich das bunte Menschengewühl um mich herum. Neben mir steht ein Wall-Street-Broker im teuren Maßanzug, auf der Bank sitzt ein Arbeiter mit einem Bauhelm auf dem Kopf. Ein anderer, offensichtlich ein Künstler, hat eine große Fotomappe dabei. Er zeigt mir seine Fotos, unglaubliche Momentaufnahmen aus den Tagen nach dem Inferno. Was er damit macht, frage ich ihn, ob er sie verkaufen will oder gar eine Ausstellung plant?

Er winkt ab, sagt, dass er die Fotos »einfach so« machte. Um den Moment festzuhalten, zu dokumentieren, das Grauen zu verarbeiten.

Ich spüre es: New York hat seinen Elan zurück, seine Zupackermentalität, seine Professionalität, seinen Humor, seine Kreativität.

Der Zug hält erstmals wieder in der Station Fulton/Nassau, wo ich aussteige. Die Haltestelle ist ein Labyrinth aus Bahnsteigen, Rampen, Treppen und Aufzügen, die die vier U-Bahn-Linien verbinden. Es ist der wichtigste Verkehrsknoten im Finanzbezirk. Tausende drängen sich in den Gängen. Obwohl der U-Bahnhof notdürftig geputzt ist, ist der neu eindringende Staub im Licht der grellen Lampen gut auszumachen. Auch hier riecht es nach *Ground Zero*: ätzend, metallisch, ein wenig süßlich, faul, schlimmer noch als am Samstag. Der Geruch wird verstärkt durch die ersten starken Regengüsse, die am Wochenende Teile der Schutthalde fluteten. Die Fotografin Brigitte Stelzer erzählt mir bei einem Telefonat erschüttert, dass ihr Kollegen von der *New York Post* über den plötzlich dramatisch zunehmenden Verwesungsgestank berichteten und davon, dass Schwärme von Vögeln, die meisten Seemöwen, begonnen haben, »in der Halde nach Leichenresten zu suchen«.

Mit geschwellter Brust steige ich jetzt die Treppen zum Ausgang hoch. Dann stehe ich auf der Straße. »Willkommen zurück«, gratuliere ich mir selbst. Von der John Street aus kann ich auf einmal westwärts bis nach New Jersey sehen. Ich tue mich immer noch schwer, mich an die neue Skyline ohne den Nordturm zu gewöhnen.

Doorman Vincent sitzt wieder hinter seinem Pult, erneut umarmen wir uns. Wir sind jetzt so was wie 9/11-Brüder – der afroamerikanische Vietnamveteran und der Reporter aus einer Kleinstadt in Niederösterreich.

Im Apartment riecht es nach abgestandener Luft. Obwohl der Kühlschrank nun ja ausgeräumt ist, muss ich den Brechreiz unterdrücken. Die Müllsäcke auf dem Balkon sind zum Glück weitgehend intakt, auch wenn Vögel versucht haben, sie aufzupicken. Ich trage sie zum Müllschacht. Die Müllabfuhr, so wurde es im Fernsehen verkündet, hat ihre Fahrten inzwischen wieder aufgenommen. Auch die Stromversorgung war am Wochenende wiederhergestellt worden.

Ich stecke den Laptop ein, höre auf dem Anrufbeantworter die letzten Nachrichten vom Wochenende ab. Dann melde ich mich stolz in der Wiener Redaktion: »Das New Yorker Büro ist wieder eröffnet«, sage ich mit ein wenig Pathos.

Kurz darauf packe ich wieder meinen Rucksack, um mich mit Brigitte zu einer Fotoreportage über den Beginn der ersten Arbeitswoche nach der Stunde null zu treffen.

Der Bezirk gleicht einem »Theater des Absurden«, anders ist es nicht auszudrücken: Die Straßen erinnern wegen der provisorisch verlegten Leitungen an eine Mondlandschaft, der blaue Dunst in der Luft taucht die Straßen in ein kaltes, fast gespenstisches Licht. Er wirkt wie ein Filter für filmische Spezialeffekte. Inmitten des auf einmal fremd wirkenden Menschengewühls marschieren Nationalgardisten in Formation durch die Straßensperren, vor dem Eingang zu einem Bürogebäude stehen Polizisten des NYPD; sie alle tragen Gasmasken. Dazwischen hetzen Börsianer in Richtung Wall Street, die feinen Stoffe ihrer Sakkos sind durch die verrauchte Luft bereits leicht verdreckt. Dessen ungeachtet plärren sie durch die Mundmasken hindurch in ihre Handys. Und, kaum zu fassen: Von einem Lautsprecher auf dem Dach des wuchtigen Gebäudes der amerikanischen Nationalbank an der Ecke Maiden Lane/William Street dröhnt die Titelmusik von Monty Pythons *Fliegendem Zirkus* in voller Lautstärke. Ob die Massen an diesem so tristen Tag damit tatsächlich aufgeheitert werden sollten, frage ich mich bis heute.

Die Absperrung zu *Ground Zero* verläuft in diesen Stunden

entlang der Nassau Street, einen Block östlich des Broadways. Durch die Querstraßen kann ich die aufragenden Fassadenelemente der WTC-Ruine sehen. Wie jedem anderen brennt sich auch mir ein besonderer Anblick ins Gedächtnis: ein gut zehn Stockwerke hohes Element der Außenhaut, das mit so großer Wucht hinabstürzte, dass es sich tief in den Asphalt der Church Street bohrte – und einfach stecken blieb. Es ragt auf wie ein spontanes, beeindruckendes Mahnmal.

Immer wieder knattern tief fliegende Militärhelikopter über unsere Köpfe. Der Antrieb der Rotorblätter klingt tiefer, dröhnender, satter als bei zivilen Hubschraubern. Das Sirenengeheul der Polizei und das Donnern der Militärlaster und der mit Stahl und Schutt beladenen Lkws komplettieren die Geräuschkulisse der Unglückszone. Mich lässt jedes plötzliche Fluggeräusch zusammenzucken, panisch blicke ich dann nach oben, denke an Explosionen und Zerstörung, spüre Todesangst.

Um genau 9:30 Uhr blickt die Welt wieder gebannt auf New York. NYSE-Chef Dick Grasso, der wegen der enormen Kraftanstrengung zur Eröffnung der Börse damals als Held gefeiert wurde, läutet unter lautem Gegröle der Broker mit der Glocke die Eröffnung des Aktienhandels ein. Viele Händler tippen ihre Kauf- und Verkaufsanweisungen mit umgehängten US-Flaggen in die Computer. Die Kurve des Dow Jones stürzt von der ersten Sekunde an ab; zum Börsenschluss um 16 Uhr steht ein Minus von 680 Punkten auf der elektronischen Tafel. Sieben Prozent hat der Markt nachgegeben, 14 Prozent sollen es am Ende der Woche sein. Damit verschwinden allein in dieser Woche 1,2 Billionen Dollar aus den Portfolios der Anleger.

Am Ende des ersten Handelstags nach 9/11 brechen die Händler dennoch in frenetischen Jubel aus. Die Elektronik der Börse hat durchgehalten, die Kommunikationskanäle ebenso, alle Handelstransaktionen wurden korrekt aufgezeichnet und abgewickelt. Die New Yorker Börse ist wieder funktionstüchtig –

Al-Qaida ist es nicht gelungen, die Weltfinanz in die Knie zu zwingen.

Wie gewaltig der wirtschaftliche Schaden für die USA insgesamt ist, deutet sich in den nächsten Tagen an: Bald pumpt die amerikanische Notenbank 100 Milliarden Dollar pro Tag in den Finanzkreislauf, um die Liquidität der Banken zu garantieren. Allein der Schaden für die Versicherungen belief sich auf 40 Milliarden Dollar, wodurch 9/11 zu einem der größten Versicherungsfälle aller Zeiten wurde. Schwer getroffen ist auch die Luftfahrtindustrie: Tausende Mitarbeiter werden in der Zeit nach dem 11. September entlassen, obwohl die US-Regierung mit Notkrediten in Höhe von 10 Milliarden Dollar eine noch größere Pleitewelle verhinderte.

Der Tourismus in New York, der jährlich 25 Milliarden Dollar umsetzt, kommt kurzfristig fast vollständig zum Erliegen. Die Auslastungsrate der Hotels sinkt um 40 Prozent; 3000 Angestellte der Branche werden entlassen. Insgesamt verliert die Stadt infolge der Anschläge 430000 Jobs. Bis Ende 2002 sollte sich der wirtschaftliche Gesamtschaden hier durch die folgende Rezession auf 27,3 Milliarden belaufen.

Ich verlasse die Wall Street und mache mich auf den Weg zu weiteren Interviews und Recherchen. Immer wieder fällt mir auf, wie eifrig die New Yorker um die Rückkehr zur Normalität ringen: Sie putzen Fenster, ersetzen zerborstenes Glas. Andere ziehen Rollkoffer durch die staubigen Straßen, sind auf dem Weg in ihre Apartments. In jedem Geschäft, jedem *Deli*, jedem Lokal und jeder Bar hängen jetzt US-Fahnen. Und überall heißt es: »*Open for Business*«, geöffnet. Zuerst kommen nur wenige Kunden, doch rasch sind die Läden wieder gefüllt.

Bürgermeister Giuliani appelliert dazu an die Einwohner: Geht aus, entspannt beim Essen oder Drinks in den Bars, kauft ein, seht euch ein Broadway-Musical an oder den letzten Hollywood-Film. Er warnt, dass es der Stadt den Todesstoß versetzen könnte, wenn sich die New Yorker aus Angst in den eigenen vier Wänden verkröchen. Das normale Leben soll auch ein Heilmittel für die Wirtschaftskrise sein – und den allgegenwärtigen Schockzustand, die Trauer, die Angst und die Ungewissheit mildern, die immer noch wie ein unsichtbarer Schleier über der Metropole hängen.

Zusammen mit Brigitte steige ich in einem Wohnhaus an der Greenwich Street die 39 Stockwerke zum Dach hinauf. Hier hat die Stadtverwaltung schon vor den Anschlägen einen kleinen »Aussichtspunkt« für die Medien eingerichtet. CNN etwa sendete von hier aus seine Livebilder vom Katastrophenort.

Erst von hier oben wird das Ausmaß der totalen Zerstörung richtig sichtbar: Die Halde glost und qualmt immer noch beinahe wie in den Stunden nach dem Anschlag. Nicht nur Zwillingstürme und *Building* 7 sind vollständig eingestürzt, sondern auch *WTC* 3. Das hier ansässige Vista-Hotel (vormals Marriott) wurde durch die Trümmer des Südturms auf einen dreistöckigen Rumpf reduziert.

Gebäude vier hat buchstäblich sein Gesicht verloren. Die Außenfassaden sind weggerissen, doch die insgesamt sieben Stockwerke stehen noch aufeinander, obwohl Decken und Stützpfeiler durch die Wucht der Treffer völlig verformt sind.

Etwas weiter weg sehe ich die Gebäude 5 und 6: Ihre Form ist weitgehend intakt, auch wenn die Trümmer Löcher in die Fassade gerissen haben und einige Segmente teilweise eingestürzt sind.

Das zusammengebrochene *Building* 7 hat die Vorderfront eines Universitätsgebäudes an 30 West Broadway zerstört. Gebäudeteile krachten durch die Fenster, blieben in den Stockwerken liegen. Das *Verizon Building* daneben, ein wuchtiger Gigant im Art-déco-Stil, hat ebenso schweren Schaden genommen.[80]

Wir schauen uns um, lassen den Blick schweifen und sehen noch mehr Zerstörung: Herabstürzende Stahlträger haben auch beim Wolkenkratzer *World Financial Center* 3 jenseits der West

Street schwere Dellen in die Hülle gerissen. Wie Speerspitzen stecken die Stahltraversen in der Wand. Das prächtige Wohnhaus *West 90* ist komplett ausgebrannt.

Auf Fotos sehe ich später, dass auch durch das Glasdach des *Winter Garden*, ein protziges Glashaus, das bislang als »Oase« des Weltfinanzkomplexes bezeichnet wurde, Gebäudeteile gehagelt sind und viele der eleganten Palmen in der Mitte einfach abgeknickt haben. Ohnehin sind die Fenster aller umliegenden Gebäude durch die extreme Druckwelle komplett zersplittert.

Ingenieure untersuchen weitere ramponierte Gebäude fieberhaft auf statische Schäden, unter anderem das 59-stöckige Millenium Hilton Hotel, ein 200 Millionen Dollar teures Hochhaus, das erst 2003 generalsaniert wiedereröffnet wurde, und den 226 Meter hohen Bürobau *One Liberty Plaza*, in dessen *Brooks Brothers*-Modegeschäft im Erdgeschoss in diesem Moment noch eine temporäre Leichenhalle eingerichtet ist.

Ich blicke auf die Nordfassade des Hochhauses der Deutschen Bank. Sie ist aufgerissen wie eine Konservendose. Zwischen dem sechsten und 26. Stock klafft ein 20 Stockwerke hohes Loch. Das Hochhaus wird später vom Schimmelpilz befallen, der Abriss zum blamabelsten Kapitel der Aufräumarbeiten an *Ground Zero*. Im August 2007, als nach jahrelangen Prozessen und Verzögerungen gerade 15 von 41 Stockwerken abgetragen sind, bricht im 17. Stock ein Großfeuer aus. Zwei Feuerwehrleute kommen ums Leben, nach 343 toten Brandbekämpfern am 11. September ein erneuter schwerer Schock für die Stadt. Erst Ende 2010 ist das Hochhaus gänzlich beseitigt, mehr als neun Jahre später.

Am Anfang jedoch gehen die Arbeiten auf *Ground Zero* rasant voran: In weniger als einem Jahr ist die sieben Stockwerke tiefe »Badewanne« des WTC-Komplexes leergeräumt, 1,3 Millionen Tonnen Schutt und Stahl sind abtransportiert. Laster bringen die Überreste zu einem Verladekran an der Chambers Street, von dort geht es auf Lastkähnen zur Mülldeponie *Fresh Kills* auf

Staten Island, wo in den ersten zehn Monaten nach 9/11 jeden Tag bis zu 9000 Tonnen Schutt nach Leichenresten oder Wertgegenständen durchsucht werden. Typisch für das chaotische New York ist leider, dass einige der Lastwagenfahrer, die Stahlträger nach Staten Island hätten karren sollen, insgesamt 250 Tonnen Stahl illegal an dubiose Schrotthändler verkaufen. Um den Schwarzmarkt abzustellen, müssen die Laster daher mit GPS-Sendern nachgerüstet werden. 350000 Tonnen werden schließlich offiziell an Recyclinganlagen in China, Malaysia, Indien oder Südkorea verkauft.

Gefunden werden die Flugschreiber der beiden Jumbos, etwa 65000 Wertgegenstände (darunter 144 Ringe, 437 Uhren, 119 Ohrringe) und sogar der Reisepass eines der Entführer.

Auf der Halde selbst spielen sich unterdessen immer wieder dramatische Szenen ab. So drohen plötzlich Teile der Betonmauern rund um die Grube nachzugeben. Als der Komplex noch stand, haben die Struktur der Parkgarage und die Stahlträger der Untergeschosse die Stabilität der Betonmauern garantiert. Doch dieser Halt fehlt nun. Je mehr Schutt aus der Grube geräumt wird, desto mehr werden die vier Wände nach und nach freigelegt. Messungen ergeben, dass sich eine der Wände bereits um 25,4 Zentimeter verschoben hat, eine bedrohliche Bewegung. Hektisch jagen Baucrews Eisenanker in die Wände. Die Lage ist heikel, denn so nahe am Hudson liegt der Grundwasserspiegel knapp unter dem Straßenniveau. Gäben die Wände dem Druck des Wassers nach, könnte es nahe U-Bahn-Tunnel fluten und zu weiteren Katastrophen führen.

22

Estee kehrt am Freitag in unsere Wohnung zurück. Ich habe bereits die Tage zuvor zu Hause gearbeitet – und geputzt. Mehrmals täglich sprayte ich die Luft in den Räumen, kämpfte mich auch in die letzten Ecken des Apartments vor. Zwischendurch ärgerte ich mich darüber, dass die Putzkolonne der Hausverwaltung pro Wohnung lediglich zehn Minuten aufwendete – dabei haben einige Nachbarn am Morgen des 11. September die Fenster offen gelassen, als sie zur Arbeit gingen. In ihren Wohnungen verteilte sich der giftige Staub überall. Doch vorerst möchte ich mich nicht lange mit diesem Unmut aufhalten. Das wichtigste Ziel ist für uns, mit der Wiederaufnahme eines möglichst normalen Lebens dem Trauma zu entrinnen – und auch ein Zeichen des Aufbruchs zu setzen. Die Rückkehr in unsere Wohnung ist so ein Meilenstein.

Estee fährt mit mir an diesem Tag am Morgen mit der U-Bahn. Unsere Sachen lassen sich leicht transportieren, sie passen immer noch bequem in zwei Reisetaschen. Es ist das erste Mal, dass meine Frau nach unserer Flucht über die Brooklyn Bridge nach Manhattan zurückkehrt. Wie ich trägt sie eine der hellblauen Staubmasken.

Langsam und bedächtig prüft Estee den Zustand der Wohnung. Sie scheint beeindruckt von meinem Talent als Putzkraft. Nur den Balkon habe ich bisher lediglich notdürftig gereinigt, der Staub ist immer noch in den Fugen der Bodenfliesen und in der Blumenerde zu sehen. Estee starrt fassungslos auf die neue Skyline.

Schnell richten wir uns wieder ein. Ich habe das Wichtigste schon eingekauft, dennoch steht noch ein umfassender Einkauf im ebenfalls wiedereröffneten koreanischen Großkaufhaus *Jubilee Marketplace* gegenüber an. Estee lädt vor allem die Zutaten für ihre Schwangerschaftslieblingsspeisen in den Einkaufswagen: Auberginen, koreanisch mariniertes Rindfleisch, eine große Dose mit Karamelleiscreme.

Das Leben geht weiter, doch als normal sind die Umstände bei Weitem nicht zu bezeichnen. So sehr wir uns in unserer kleinen Wohnung hoch oben auch einigeln: Unter uns liegt eine bizarre Mischung aus Katastrophengebiet und Militärzone. Weiter donnern GIs der Nationalgarde mit ihren Jeeps durch die engen Straßen. Straßensperren, Generatoren, überall Bautrupps.

Wenigstens ist der Broadway wieder für den Straßen- und Fußgängerverkehr freigegeben. Von hier sind die Stahlskelette von *Ground Zero* in gerade einmal 150 Metern Entfernung zu sehen. Längst pilgern die New Yorker und auch erste Touristen zum Schauplatz der Tragödie. Menschenmassen schieben sich über die Gehwege, die Polizei erlaubt nur einen kurzen Halt für ein Erinnerungsfoto. Dann bellen sie mit ihren wieder erstarkten Stimmen: »*Move! Move!*« (»Weiter! Weiter!«)

An einem Betonpfeiler hängt ein Fahndungsplakat des FBI: Die »Feds« suchen nach den Flugschreibern, oder zumindest Teilen davon. Hier hilft nur Galgenhumor: Wenn auf dem Broadway nach Flugschreibern gesucht wird, kann wirklich kaum von normalen Zeiten gesprochen werden.

In der Nähe hängt ein weiteres Plakat. »WANTED DEAD OR ALIVE« steht in Westernbuchstaben über einem Foto von Osama bin Laden. Das Poster stammt aus dem Massenblatt *New York Post*, das es als Beiblatt zum Ausfalten beigelegt hat. Weiterhin versammeln sich vor den Büro- und Wohnhäusern täglich eilig zusammengestellte, meist spanischsprachige Putztrupps.

Ihre Ausrüstung scheint völlig unzureichend, dazu wird den Arbeitern jegliche Schutzkleidung vorenthalten – genau wie jenen Reinigungskräften, die in den wenigen Minuten in unserem Apartment gerade einmal »flott drüberwischten«.

Dass es in den ersten Tagen schnell gehen musste, leuchtet ein. Nur: Nach der ersten, völlig unzureichenden Grobreinigung bleibt ein zweiter Durchgang, in dem Spezialisten den Giftstaub mit geeignetem Gerät vollständig aus den Wohn- und Arbeitsräumen Hunderttausender entfernt hätten, aus. Die Hausbesitzer geben sich offensichtlich mit den verharmlosenden Aussagen der Regierung über das wahre Ausmaß der freigesetzten Umweltgifte zufrieden. In einer Zeit, in der sich der Miet- und Immobilienmarkt rund um die Katastrophenzone im freien Fall befindet, will offenbar niemand zusätzliches Geld lockermachen. Eine kurzsichtige Entscheidung, denn die Anrainer gehen auf die Barrikaden, treten in Mietstreiks.

Auch wir stellen unsere monatlichen Überweisungen ein, verlangen gemeinsam mit einer rasch wachsenden Gruppe von Hausbewohnern die angemessene Reinigung unserer Wohnungen. Wir lassen uns von einem Anwalt beraten, der auch Mieter anderer Häuser vertritt. Binnen Wochen sind im Bezirk Tausende beteiligt. Schon erinnert die Auseinandersetzung an einen Fernsehkrimi. Unser Vermieter verweigert kategorisch sowohl die Reinigung der Apartments als auch jegliche Mietminderung. Stattdessen erhält einer meiner Nachbarn einen Brief, in dem er erfährt, dass sein abgelaufener Vertrag nur mit einer 15-prozentigen Mieterhöhung erneuert werde. Und das nur einen Monat nach 9/11!

»Wie sehr sich die Attraktivität der Wohngegend doch erhöht hat!«, lache ich gequält. Vor allem, wo über dem Bezirk nach wie vor eine Wolke aus Verwesungs- und Stahlwerksgeruch von der nahen Halde hängt.

Der Streik wird für uns zur emotionalen Achterbahnfahrt: Mit dem kommenden Nachwuchs haben wir eigentlich vorgehabt, uns innerhalb des Hauses zu vergrößern. Diese Option ist natürlich wegen der Auseinandersetzung mit unseren Vermietern weggefallen – und die Suche nach einer anderen Wohnung schwierig. Jeder neue Vermieter verlangt nämlich ein Empfehlungsschreiben des vorherigen Landlords, in dem dieser unsere Verlässlichkeit bescheinigt. So etwas ist während unseres Mietstreiks freilich nicht zu bekommen.

Obwohl wir es nie werden beweisen können, dürfte uns unser Vermieter tatsächlich auf so etwas wie eine schwarze Liste gesetzt haben, die unter den Hausverwaltungen kursiert. Besonders deutlich merken wir das an einem Nachmittag im Dezember. Estee und ich haben uns ein nettes Zweizimmerapartment in *Battery Park City* angesehen, vier Blocks südlich von *Ground Zero*. Jetzt möchte ich den Papierkram erledigen, überreiche also dem Makler gerade den Scheck, mit dem er die vorgeschriebene Überprüfung der Kreditwürdigkeit bezahlen soll. Da verlangt er plötzlich einen Bescheinigungsbrief unserer Hausverwaltung. Als ich leicht verlegen erkläre, dass uns dessen abstoßendes Verhalten zu einem Mietstreik nötigte, schiebt er den Scheck kommentarlos wieder in meine Richtung. »Die werden euch nicht akzeptierten«, sagt er ruhig, aber bestimmt: »Und jetzt einmal ganz ehrlich, ich glaube nicht, dass es irgendjemand anders wird …«

Konsterniert mache ich mich auf den Heimweg, gehe mit mir selbst ins Gericht. »Klasse, Herbert!«, hadere ich mit mir, »du bist gerade mal zweieinhalb Jahre in New York, deine Frau ist schwanger, nahebei raucht die Ruine des World Trade Center. Ausgerechnet jetzt befindest du dich im Rechtsstreit mit der Hausverwaltung. Wenn sich nicht rasch ein verständnisvollerer Makler findet, wirst du bald obdachlos sein.«

Kurze Zeit später haben wir dann doch noch Glück. Den Besitzern des Art-déco-Gebäudes an der 21 West Street ist der Streik völlig egal; sie vertrauen einem unserer Mitstreikenden später sogar an, dass sie unseren Landlord recht gut kennen – und für ein »Arschloch« halten.

Nachdem unser Umzug gesichert ist, erreicht auch der Anwalt, den die meisten von uns bereits für eine recht windige Figur wie aus einem mittelmäßigen Hollywoodfilm halten, vor Gericht doch noch einen Vergleich samt substanzieller Mietminderung. Plötzlich suchen auch jene Mieter den Hausbesitzer um Rückvergütung ihrer Mietzahlungen an, die sich dem Streit als Angst vor Repressalien zuvor nicht anschließen wollten.

Auch einen neuen Frauenarzt müssen wir finden: Estees polnischer Doktor reagiert auf die von uns hinterlassenen Nachrichten nicht. Sein Büro an der Ecke Murray-/Church Street liegt innerhalb der Sperrzone, ist offenbar geschlossen. Vor der Tür der Praxis landete eines der Triebwerke von *United 175*: Es hatte nach dem Einschlag der Maschine in den Südturm das Gebäude durchschlagen, war sechs Blocks weit geflogen, auf ein Hausdach geprallt und dann auf die Straße gestürzt. Auf einem Foto ist das völlig verkohlte, verbeulte Triebwerk auf der Straße abgelichtet.[81]

Im nahen *NYU Downtown Hospital* finden wir schließlich einen neuen Arzt. Nach den für mich endlosen Tagen, die mit Recherchen über die Identifizierung der Toten, furchtbaren Interviews mit den Hinterbliebenen, den schaurigen Details der wenigen Überlebenden angefüllt waren, wirkt der erste Besuch bei ihm wie eine Therapie. In den letzten Tagen hatte ich es mit nichts als Tod und Zerstörung, Angst und Chaos zu tun. Jetzt aber sehe ich auf einem kleinen Monitor im Ultraschall den Fötus unseres Kindes. Kopf, Augen, Mund, Nase, Körper, Arme, Beine, alles ist deutlich zu erkennen. Als es sich bewegt, zucken wir, fast schockiert, zusammen: Leben! Unser Kind! Winzig, gerade durch grobe Pixel am Monitor erkennbar, doch ein Wunder! Bei einem späteren Termin erfahren wir, dass es ein Junge wird. Geburtstermin: Mitte April. Maxwell wollen wir ihn nennen, den Namen haben Estee und ich schon vor Jahren ausgewählt, als wir beide Fans der Fernsehserie *Maxwell Smart* waren.

Wir fragen den Arzt, ob die Luftbelastung für unser Kind gefährlich sei. Er wiegelt ab, rät Estee jedoch, sich nicht zu sehr von der Situation stressen zu lassen. Das ist natürlich nicht ganz einfach, denn die Stadt ist ein einziges Tollhaus: Jede vergessene Handtasche wird mit Bombenrobotern entfernt, ganze Straßenblocks werden evakuiert. Verrückte terrorisieren die Stadt weiterhin mit falschen Bombenalarmen. Das konstante Knattern der Helikopter strapaziert das Nervenkostüm ebenso wie das ständige Sirenengeheul. Wochenlang scheint praktisch jedes Einsatzfahrzeug der Metropole andauernd zu irgendeinem Einsatzort zu rasen. Estee versucht sich von dem Chaos zu isolieren, so gut es geht – mit einem ständig aufgeregten Ehemann an ihrer Seite.

Und dann die Kampfjets: Jeden zweiten, dritten Tag donnern sie über die Stadt hinweg. Stets erstarre ich wie gelähmt vor Angst, habe am ganzen Körper Gänsehaut. Das rasch lauter werdende Geräusch der Düsentriebwerke löst in mir ein Déjà-vu-Erlebnis des 11. September aus, ist ein Trigger des posttraumatischen Stresses, der bei Betroffenen frische Erinnerungen an das erlebte Grauen abruft. Mein Schalter – das weiß ich inzwischen – ist offenbar das Heulen von Düsentriebwerken. Selbst als ich drei Jahre später Michael Moores Dokumentation *Fahrenheit 9/11* im Kino sehe, kippe ich bei einer Szene fast aus dem Kinosessel. Es ist nur eine schwarze Leinwand zu sehen, das lauter werdende Röhren der Jumboturbinen zu hören. Als ich mich vom ersten Schreck erholt habe, merke ich: Offenbar geht es jedem Zweiten im Kinosaal genauso wie mir. Viele schnappen hörbar nach Luft, andere vergraben das Gesicht in den Händen oder sitzen erstarrt in den Sesseln.

Die Bevölkerung ist in den Wochen nach dem 11. September teilweise so panisch, dass sie auf Survival-Bedarf spezialisierte Geschäfte praktisch leerräumen: Die Menschen kaufen Gasmasken (am beliebtesten ist die *Israeli Gas Mask*, die während des Raketenbeschusses durch Iraks Saddam Hussein während des ersten Golfkriegs zur Standardausrüstung gehörte), Schutzanzüge,

Notrationen, gar Fluchtleitern oder Karabiner, mit denen man sich aus Hochhäusern abseilen kann. Im Fernsehen läuft zu dieser Zeit ein Bericht über einen Erfinder, der Büroangestellten Fallschirme für den Sprung aus angegriffenen Wolkenkratzern verkaufen möchte; ein Unternehmen namens Evacuchute sollte sie zur Serienreife weiterentwickeln, ein Plan, der sich dann doch nicht verwirklichen ließ.

Unmittelbar nach 9/11 beschäftigt die Bürger New Yorks und anderer US-Metropolen verständlicherweise nichts so sehr wie die Frage, wie ein neuer Angriff durch Al-Qaida-Terroristen aussehen könnte. Schlagen sie mit Giftgas zu? Verbreiten sie Seuchen? Wagt Al-Qaida gar einen Angriff mit einer Atomwaffe?

Estees Eltern in Malaysia und auch meine in Österreich werfen bei Telefonaten immer wieder die Frage auf, ob wir nicht doch aus New York, aus dem »Fadenkreuz«, wie sie es nennen, wegziehen wollen. Gerade, wo ein Kind unterwegs ist. Immer wieder erklären wir, dass wir New York in diesen bitteren Stunden nicht einfach verlassen wollen, wir uns wegen der enormen Hilfsbereitschaft, des Durchhaltevermögens und des berührenden Zusammengehörigkeitsgefühls jetzt erst so richtig in die Stadt verliebt haben.

Doch auch ich habe Angst. Das merke ich besonders an einem regelmäßig wiederkehrenden Traum. In ihm stehe ich am Fenster, höre ein Donnergrollen, sehe einen Blitz und starre fassungslos in eine aufsteigende Atompilzwolke. Ich weiß, dass wir nur noch Sekunden zu leben haben. Und zornig sage ich zu mir: »Warum, verdammt, sind wir nicht doch weggezogen!«

Mit der Organisation der ersten Trauerfeier am 23. September für die Opfer macht New York bei der Verarbeitung der Attacke einen großen Schritt vorwärts. Zuerst erwogen die Verantwortlichen ein Lichtermeer im Central Park; Millionen Menschen sollten der Toten gedenken und gleichzeitig den Terroristen mit einem überwältigenden Signal der Entschlossenheit entgegentreten. Rasch wurde der Plan verworfen: Niemand hätte die Sicherheit der Massen garantieren können, ein weiterer Terroranschlag New York und den USA kurzfristig wohl das Genick gebrochen. So wurde schließlich das Yankee-Baseballstadion in der Bronx, das Platz für 60000 Menschen bietet und in eine Festung verwandelt werden kann, als Ort der Feier ausgewählt.

Die Gedenkveranstaltung steht unter dem Motto *Prayer for America*, »Ein Gebet für Amerika«. Sie wird zur bestbewachten öffentlichen Veranstaltung aller Zeiten: Über der Stadt herrscht ein absolutes Flugverbot, die Polizei sichert die Zufahrtsstraßen mit sandgefüllten Lkws vor Autobomben. Das Stadion ist dazu von Militär- und Polizeikräften umringt. Auch auf meinen Presseausweis muss ich mehrere Stunden warten.

Am Eingang offenbart sich typisch amerikanische Professionalität. Jedem Besucher werden einige praktische Utensilien ausgehändigt: ein Taschentuch, um die Tränen abwischen zu können, eine kleine US-Flagge, um den Nationalstolz zeigen zu können, und eine rote Rose als Zeichen der Trauer.

Die Veranstaltung wird auch zur Heldenfeier für Bürgermeister Rudy Giuliani. »New York wird nicht mehr so sein wie früher«, ruft er bei seiner Ansprache ins das Stadionrund: »Es wird besser!«

Die Menschen springen jubelnd von ihren Plastiksitzen, minutenlange Standing Ovations folgen. Ich lasse mich mitreißen, stehe ebenfalls auf, klatsche. Meine Vorbehalte gegenüber dem Raubein Giuliani sind in diesem Moment irrelevant.

Giulianis neues New York der Helden zeigt inzwischen jedoch bereits wieder Anflüge alter Schwächen. In den Zeitungen erscheinen erste Meldungen, dass Wertgegenstände von *Ground Zero* gestohlen würden, Spenden verschwänden und Teile der Verpflegung für die Räumteams abgezweigt würden. Starkoch David Bouley etwa, dessen drei Blocks nördlich der Baustelle gelegenes Nobelrestaurant lange geschlossen bleibt, engagiert für die zunächst selbstlos wirkende Verpflegung der Arbeiter zahlreiche unbezahlte Freiwillige und lässt gespendete Lebensmittel zubereiten – obwohl er vom amerikanischen Roten Kreuz zugleich Hunderttausende Dollar Aufwandsentschädigung kassiert.[82]

Sosehr die Rückkehr zur Normalität generell voranschreiten mag, sosehr halten einige Zwischenfälle alte Ängste am Leben. Schon eine Woche nach 9/11 versetzen Berichte über eine mögliche neue Angriffswelle Amerika, New York und den Rest der Welt wieder in Angst und Schrecken: In den New Yorker Büros der Nachrichtensender *ABC News*, *CBS News*, *NBC News* und den Redaktionen von *New York Post* und *National Enquirer* in Boca Raton, Florida, treffen Briefsendungen ein. Die in einem Postamt in Trenton, New Jersey, aufgegebenen Briefe enthalten nicht nur bizarre Drohungen und Parolen wie »Tod für Amerika« und »Allah ist groß«, sondern auch tödliche Anthrax-Sporen. Nur drei der Briefe werden aufgespürt, auf die Existenz der anderen lässt sich nur aufgrund der Erkrankungen von Mitarbeitern in anderen Nachrichtenredaktionen schließen.

Anthrax (oder Milzbrand) ist eine Infektionskrankheit, bei der die Stäbchenbakterien des Erregers über die Luft übertragen werden. Einmal eingeatmet, dringen die Erreger tief in die Lungen ein und lösen mitunter tödliche Komplikationen aus. Besonders perfide ist, dass die Sporen unter Umständen Jahrzehnte, gar Jahrhunderte überleben können. Anthrax kann zu biologischen Waffen verarbeitet werden, was jedoch hohen technischen Aufwand erfordert, da das Pulver mit den Sporen kleinstmöglich verfeinert werden muss. All das liefert Verdachtsmomente dafür, dass es sich bei den Anthrax-Briefen erneut um einen Angriff von Al-Qaida handeln könnte.

Als erstes Todesopfer stirbt am 6. Oktober Robert Stevens, Redakteur eines Schwesterblattes des *Enquirer*. Vier Tage zuvor wurde er mit einer »undiagnostizierten Krankheit« in ein Krankenhaus eingeliefert, er litt an Kurzatmigkeit, dem ersten Symptom der heimtückischen Krankheit.

Zwei weitere Briefe werden laut Poststempel am 9. Oktober aufgegeben. Sie sind an die demokratischen Senatoren Tom Daschle und Patrick Leahy adressiert – und um einiges tödlicher. Gefunden wird ein kleinstverfeinertes Pulver mit rund einem Gramm Sporen mit einem Reinheitsgrad von fast 100 Prozent. Spätere Tests sollten zwar zeigen, dass das Pulver den Grad der Waffentauglichkeit nicht ganz erreichte. Dennoch sind die Briefe so gefährlich, dass sie auf dem Postweg sogar 22 Angestellte in den Verteilerzentren infizieren. Elf von ihnen erkranken schwer.

Nach dem Journalisten Stevens sterben vier weitere Milzbrandopfer. Zwei von ihnen arbeiten in einer Poststelle im Washingtoner Stadtteil Brentwood, bei zwei weiteren Opfern lässt sich nicht einmal mehr nachvollziehen, wo genau sie sich infiziert haben: eine Immigrantin aus Vietnam, die in der New Yorker Bronx lebte und in Manhattan arbeitete, und eine 94 Jahre alte Witwe aus Connecticut.

Der Anthrax-Krimi wird zur aufwendigsten Untersuchung, die die Bundespolizei FBI je durchführen musste: Erst sieben Jahre später wird Bruce Edward Irvins überführt, ein in den Militärlabors für Bioabwehr beschäftigter Wissenschaftler. Kurz vor der geplanten Verhaftung nimmt er sich im Juli 2008 mit einer Überdosis eines Schmerzmittels das Leben.

In den Wochen nach dem 11. September ist das Anthrax-Drama natürlich die nächste Mediensensation. Es stürzt die nervöse Nation erneut in Panik. Kaum einer bezweifelt, dass Osama bin Ladens Al-Qaida die Supermacht mit einer zweiten, diesmal biologischen Terrorwelle in die Knie zwingen will. Die Anthrax-Welle hat vielleicht sogar einen noch nervenzerreißenderen Effekt: Über einen Zeitraum von fast drei Monaten erreichen uns täglich Eilmeldungen. Jeder neue Brief, jede neue Erkrankung, jeder Todesfall erschüttert. Und erschreckt.

Die Bedrohung ist unsichtbar, unbegreiflich: für das bloße Auge unsichtbare Sporen, die beim Sortieren der Briefe auf den

Förderbändern Teile ihrer tödlichen Fracht verlieren, geringste Spuren, die immer noch potent genug sind, Arbeiter anzustecken – und sie zu töten.

Estee hat die Wochen nach 9/11 trotz ihrer Schwangerschaft erstaunlich gut überstanden. Doch während der Anthrax-Welle bringt sie erstmals zur Sprache, ob wir uns nicht doch überlegen sollten, wegzuziehen – zumindest für eine Weile.

Als ich vorsichtig dagegen argumentiere, auf unsere Überzeugung verweise, dass wir angesichts dieser feigen Terroristen nicht so schnell das Handtuch werfen dürfen, platzt es nach einem neuen Bericht über einen möglichen Pulveralarm im Rathaus aus ihr heraus: »Schau, wo dieses Zeug bereits ist!«, sagt sie aufgeregt. »In der City Hall! Herbert, das ist drei Blocks von uns entfernt!«

Quälend ist bis heute der Gedanke daran, was hätte passieren können, wenn nicht nur acht Briefe in Umlauf gebracht worden wären – sondern Dutzende, Hunderte, gar Tausende.

23

Und noch einmal erleben wir eine Schrecksekunde: am 12. November, genau 62 Tage nach den Wahnsinnsstunden des 11. September. Es ist ein milder Tag, der ganze Herbst hat uns bisher mit ungewohnt hohen Temperaturen verwöhnt, als wolle zumindest das Wetter den geprüften New Yorkern möglichst wenig weiteres Ungemach bereiten.

Es ist kurz nach 9 Uhr. Auf der Rollpiste 31L des Flughafens JFK wartet der Airbus A300-605R der Fluglinie *American Airlines* auf die Startfreigabe. Sein Ziel: Santo Domingo, die Hauptstadt des Karibikstaates Dominikanische Republik. 260 Passagiere und die Crew sitzen angeschnallt in der Kabine, die Turbinen[83] starten durch. Um exakt 9:14 Uhr steigt Flug AA 587 steil in den Himmel über Queens.

Der Jumbo ist noch in der Startphase, während der die Beanspruchung des Materials am größten ist, als er in die Druckwelle einer wenige Minuten zuvor gestarteten Boeing-747 der *Japan Airlines* gerät. *Wake*-Turbulenzen, heißt dieses Phänomen, das entsteht, wenn der Luftstrom eines anderen Flugzeugs unsichtbare Druckwellen in der Atmosphäre hinterlässt. Ausgerechnet in dieser Sekunde reißt der Kopilot stark am Steuer. Der Jet hat gerade einmal 840 Meter Flughöhe erreicht, fliegt mit 432 Stundenkilometern, und obwohl moderne Linienmaschinen für beide Notfälle bestens gerüstet sind, passiert diesmal das Unvorstellbare: Die jähen Turbulenzen und die wilden Flugmanöver lassen den Jumbo abschmieren, die gewaltigen Kräfte reißen die Heckflosse ab. Sie stürzt in die Meeresbucht Jamaica Bay zwischen dem Flughafengelände und der Barriereinsel Far Rockaway.

Ohne Steuer kann der Pilot den Jumbo nicht mehr abfangen. Beide Triebwerke reißen sich von den Tragflächen los, und in einem gewaltigen Feuerball zerschellt die Maschine in der ruhigen Strandenklave Belle Harbour, einem Vorort voller Einfamilienhäuser. Hier wohnen viele Feuerwehrleute mit ihren Familien; gerade erst mussten sie Dutzende 9/11-Opfer zu Grabe tragen.[84]

Ein Amateurfilmer hält fest, wie eine pechschwarze Wolke in den Himmel über dem Vorort steigt.

Ich bereite gerade meine Storys für die nächste Ausgabe des Magazins *News* vor, geplant sind Reportagen über den Fortschritt bei den Aufräumarbeiten und natürlich Berichte über die neuesten Enthüllungen über die mysteriösen, die Welt weiter im Bann haltenden Milzbrandfälle.

Fast ist es wieder ein Tag wie der 11. September: sonnig, tiefblauer Himmel, ein Montag diesmal. Ich bin bei meiner üblichen Morgenroutine, überfliege die Zeitungen, beantworte E-Mails, bespreche am Telefon neue Storys. Plötzlich dringt aus dem kleinen Fernseher neben mir die Erkennungsmelodie und die Signaturansage: »*This is CNN Breaking News.*«

Inzwischen ist das eigentlich nichts Besonderes mehr – seit Wochen dröhnt die Kennung mehrmals täglich aus dem Fernseher, kündigt Berichte über Milzbrand, Bombenalarme oder letzte Entwicklungen an der Kriegsfront in Übersee an. Doch dann die Bilder: Es sind Aufnahmen aus einem News-Helikopter; sie zeigen eine gewaltige Rauchsäule, darunter ein grellgelbes Feuerinferno.

In Sekundenschnelle fügen sich die Stichworte zu einem entsetzlichen Verdacht zusammen: Flugzeug, New York, Crash! Mehr brauche ich gar nicht aufzuschnappen. Nur ein Schluss scheint zulässig: Es geht wieder los. Al-Qaida hat offensichtlich die nächste, die dritte Terrorangriffswelle gestartet (den Milzbrand halte ich wie alle anderen fälschlicherweise für die zweite).

Ich rufe hektisch: »Estee!« Alle guten Vorsätze, sie und den Nachwuchs nicht unnötig zu erschrecken, sind vergessen.

Sie kommt aus der Küche, starrt kommentarlos und fast stoisch in den Fernseher.

Ich bin inzwischen auf den Balkon gelaufen, suche den Himmel nach weiteren Jumbos ab, andere möglicherweise in Raketen verwandelte Verkehrsflugzeuge. Was zehn Jahre nach 9/11 als perverser Trugschluss abgetan werden kann, ist damals ganz normal, ganz logisch: Auf die eine Tragödie folgt die nächste.

Und wieder stecken wir mitten in einem neuen Horrortag. Das Telefon läutet. Es ist mein Chefredakteur, der sich noch gut an mein wirres Gestammel vor zwei Monaten über ein in das World Trade Center gekrachtes Flugzeug erinnern kann. Wo denn mein Anruf bliebe, beschwert er sich scherzhaft.

Ich kontere, ebenfalls in einem Anflug von Galgenhumor, dass ich draußen auf dem Balkon war, um nach anderen potenziellen Todesjumbos Ausschau zu halten.

Im Fernsehen laufen unterdessen die ersten Bilder von der Absturzstelle. Ein Zeuge steht vor einem lichterloh brennenden Gebäude, brüllt: »Der Jumbo wackelte, und dann fiel ein Triebwerk einfach herunter!« Mit den Armen simuliert er wild gestikulierend die Absturzbewegungen des Airbus.

Wirr ist auch mein Verhalten. Ich weise Estee an, für den Fall, dass wir Manhattan wieder über eine der Brücken verlassen müssen, die Taschen zu packen. Offenbar will ich verhindern, dass wir wieder das meiste vergessen. Doch dann stehe ich wenige Minuten später unter der Dusche. Ein weit pragmatischerer Gedanke hat sich durchgesetzt: Ich werde in Kürze zu einer Reportage aufbrechen und will mich vor dem höchstwahrscheinlich langen Tag noch einmal frisch machen.

»Soll ich die Tasche wirklich packen?«, ruft Estee in Richtung Badezimmer. Sie wirkt weit ruhiger als ich, zweifelt wohl bereits an meiner Zurechnungsfähigkeit.

Ich entscheide peinlich berührt, dass wir erst einmal abwarten sollten. Dann rufe ich meinen Fotografenfreund Rainer an, eile los in Richtung Absturzstelle, die von unserem Apartment aus mit der U-Bahn zu erreichen ist.

Auf der Straße ist nicht zu übersehen, wie sehr die Stadt wieder den Atem anhält: Vor der Kasse unseres Supermarktes drängt sich ein Menschenknäuel um ein Transistorradio, Kunden wie Kassierer lauschen gebannt den Nachrichten. Auf der Straße sprechen Bürger aufgeregt in ihre Handys. Zugleich überzieht das entnervende Konzert der Sirenen wieder weite Teile der Stadt – offenbar liegen auch bei den Behörden längst die Nerven blank. Hinzu kommt, dass die UN-Vollversammlung wegen 9/11 von September auf November verschoben wurde, jetzt also Außenminister und Regierungschefs aus aller Herren Länder in New York sind. Auch sie versammeln sich vor den Fernsehern, starren fassungslos auf die Bilder von der neuen Rauchsäule.

Bürgermeister Giuliani, so verbreitete sein Stab, hat bei der Überbringung der Nachrichten über den neuen Crash ebenfalls innegehalten: »O mein Gott, wir werden wieder getestet«, habe er gestöhnt, berichten Mitarbeiter.

Die verängstigten Behörden schließen sofort alle New Yorker Flughäfen. Vollbesetzte Jumbos müssen auf den Flughäfen JFK, LaGuardia und Newark auf den Startbahnen warten. Anfliegende Maschinen werden umdirigiert. Fluggäste, die sich nach dem 11. September gerade wieder zögerlich an Bord der Jets trauen, holt das Trauma in diesen Stunden wieder ein.

Kurze Zeit später stehe ich inmitten der Flugzeugabsturzstelle: Die Trümmer des Airbus liegen überall in der Siedlung verstreut; es sind so viele, dass nicht genug Polizeikräfte zusammengezogen werden können, um die Teile – allesamt wichtige

Beweise für die Untersuchung der exakten Absturzursache – zu bewachen. Notdürftig spannt die Polizei gelbe Tatortbänder um die Wrackteile. »*Police Line Do not Cross*«, steht da, ein nette Ermahnung, sich den Trümmern nicht zu nähern, aber kaum geeignet, um Schaulustige und Souvenirjäger abzuhalten. In einem schmucken Garten liegt ein mit gut zwei Metern Länge größeres Flugzeugteil, offensichtlich ein Teil der Tragfläche. Es wirkt sauber und ohne Schmauchspuren abgetrennt, Elektronikkabel für die Steuerung der Luftklappen ragen heraus. Ich stehe stumm da, starre auf den bizarren Ort der vor Stunden noch heimeligen Siedlung – nun übersät mit den Überresten einer tödlichen Katastrophe. Mit Grauen stelle ich mir kurz vor, was die Opfer in ihren letzten Sekunden gefühlt haben könnten: die Schockstarre beim ersten Absacken der Maschine, die lähmende Todesangst, das Verkrallen der Finger in den Armlehnen der Sitze.

Was wir Journalisten natürlich zuerst von den Augenzeugen wissen wollen: Gibt es irgendwelche Anzeichen für einen Terroranschlag? Ein Explosionsgeräusch? Sind vor dem dramatischen Absturz Stichflammen aus dem Flugzeug geschossen?

Viele Augenzeugen sind unschlüssig: »Ich dachte zuerst, dass der Flieger keinen guten Eindruck macht«, erzählt mir Monica Brewi, die in der Siedlung wohnt. »Dann sah man Feuer, die linke Tragfläche brach ab und das Triebwerk fiel herunter.« Wild trudelnd und in Spiralbewegungen sei der Jumbo dann in die Siedlung gestürzt, berichtet sie weiter. Obwohl sie die Schrecksekunden recht sachlich beschreibt, ist deutlich spürbar, wie sehr die Tragödie sie erschüttert.

Das ist wenig verwunderlich, denn mit mehr als 20 Tonnen Kerosin in den Tanks zerstörten die Explosion und das von ihr ausgelöste Feuerinferno mehrere Blocks der Siedlung. Außer den Passagieren und Crewmitgliedern im Flugzeug sterben auch am Boden fünf Menschen. Dabei hätte alles noch viel schlimmer kommen können: Ein Triebwerk krachte unmittelbar neben den Zapfsäulen einer Tankstelle auf den Asphalt, entzündete beim

Aufschlag die unterirdischen Benzintanks jedoch nicht; eine öffentliche Schule in der Nähe des Unglücksorts ist wegen des *Veteran's Day* geschlossen.

Mit jeder weiteren Stunde scheint sich diesmal jedoch nach dem ersten Schock herauszukristallisieren: Es gibt keine Hinweise auf einen Terroranschlag. Die US-Flugbehörde, die den rasch gefundenen Flugschreiber und den Voicerekorder auswertet, spricht mit wachsender Überzeugung von einem Unfall.

Deutlich ist zu spüren, wie sich die Stadt langsam entspannt: Die grimmigen, ängstlichen Mienen der Polizisten verfliegen, aus dem Geschäft bei der U-Bahn-Haltestelle dröhnt statt der Nachrichten wieder Popmusik. Auch unter Reportern wird mehr gewitzelt. Wir erzählen uns gegenseitig Erfahrungen mit übernervösen Polizisten, fragen uns, wie viele der kaum geschützten Flugzeugteile später auf eBay auftauchen werden. Als bei der Rückfahrt am späten Nachmittag in der U-Bahn die Stimmung dann sogar regelrecht heiter ist, wird mir bewusst, wie makaber unsere Erleichterung ist. Die ganze Welt ist froh darüber, dass es *nur* ein Unfall war. Und dennoch starben 265 Menschen.

24

Ende Februar ziehen wir in unsere neue Wohnung an die West Street um. Estee befindet sich nun bereits im letzten Drittel der Schwangerschaft, beklagt sich immer öfter über wachsende Unbeweglichkeit. Wir haben uns rasch eingerichtet, fiebern der Geburt von Maxwell immer intensiver (und auch nervöser) entgegen. Der kommende Meilenstein und Beginn einer neuen Ära in unserm Leben als Eltern macht einige der Post-9/11-Turbulenzen vergessen. Obwohl es nicht leicht ist mit unserer Aussicht: Vier Stadtblocks nördlich erstrahlen jetzt jede Nacht die blauen Scheinwerfer der Gedenkinstallation *Tributes in Light*, in der 88 Scheinwerfer die Umrisse der beiden gefallenen Türme nachempfinden. Beim Blick auf *Ground Zero* sind die Arbeiten auf der Schutthalde sichtbar.

Doch in unseren vier Wänden läuft nur mehr ein einziger Countdown: Maxwell, erwartetes Geburtsdatum Mitte April. Ich schraube die IKEA-Krippe zusammen, der Wickeltisch steht bereit, die »Schwangerschaftsbibel« *What to Expect When You're Expecting* (dt.: *Ein Baby kommt*) habe ich nun bereits zweimal durchgeackert. Dem Babybauch lese ich jeden Abend vor, doch da ich nur den abonnierten *Spiegel* als Lektüre verfügbar habe, erfährt der bedauernswerte Fötus drastische Facetten einer aus den Fugen geratenen Welt. »Er wird Depressionen bekommen«, neckt mich Estee deshalb immer wieder.

Die Tasche für das Krankenhaus ist gepackt. Alles scheint

bestens vorbereitet. Doch wie so oft wird es am Ende dann doch noch weit hektischer als erwartet. Es ist 23:30 Uhr, Freitag, der 12. April 2002. Ich bin bereits halb eingedöst, als mich Estee weckt: »Irgendwas passiert …«

Ausgerechnet jetzt?, denke ich und reibe mir den Schlaf aus den Augen.

Estee steigt unter die Dusche, laut »Betriebsanleitung«, wie wir unser Schwangerschaftsbuch scherzhaft nennen, sind ja noch ein paar Stunden Zeit. Doch Estees Wehen kommen nun in immer kürzeren Intervallen; aus den gemächlichen Vorbereitungen für die Fahrt ins Krankenhaus wird ein recht hektischer Aufbruch.

Das Taxi! Panisch schießt mir ein Horrorszenario in den Kopf, das ich mir schon mehrfach ausgemalt habe: Es ist Wochenende, spät am Abend, und wir kriegen kein Taxi! Die berühmten Yellow Cabs können telefonisch nicht vorbestellt werden, und bei bestimmten Limo-Diensten anzurufen ist spätabends meist aussichtslos. Wir müssen also ein Taxi auf der Straße anhalten – und genau zu diesem Zweck stehe ich jetzt an der West Street und sehe mit Passagieren besetzte Wagen vorbeirasen, während Estee in der Lobby alle zehn Minuten schlimme Krämpfe plagen.

Mitch, der Nachtportier, hat längst seinen Arbeitsplatz hinter dem Pult verlassen, steht auf der anderen Straßenseite, winkt ebenfalls frenetisch. Er ist aufgeregter als wir. Endlich bleibt ein Wagen stehen, wir sind auf dem Weg ins Krankenhaus. Und erreichen es keine Sekunde zu früh: Beim Aussteigen aus dem Taxi platzt Estees Fruchtblase. Gut zehn Stunden später, mitten in den Presswehen, sehe ich erstmals ein Stück der Kopfhaut unseres Sohnes, einen Fleck schwarzer, verklebter Haare.

Hebammen und Ärzte machen sich bereit, und so gleitet Maxwell am frühen Nachmittag des 13. April 2001 in einem Geburtsraum des NYU Downtown Hospital, vor dem sieben Monate zuvor Helfer mit den Krankenbahren auf Verletzte warteten, in die Welt. Ein wahrlich unbeschreiblicher Moment: Kopf,

Körper, Arme, Beine, Hände, Zehen, alles winzig, aber alles da. Unser Sohn! Unser Kind! Die Welt um uns hört auf, sich zu drehen. Zumindest für eine Weile.

Nach der ersten Untersuchung und Reinigung rollen sie Maxwell, frisch eingewickelt in ein Tuch, zu uns in das Geburtszimmer. Wir starren wortlos auf ihn, eine Ewigkeit. Vergessen sind all die furchtbaren Erlebnisse während der Schwangerschaft, die Zukunftsangst und Ungewissheit inmitten des angelaufenen Krieges gegen den Terror.

Ich darf die Nacht über wegen Platzmangels nicht im Krankenhaus bleiben, muss zu Hause übernachten. Ich mache mich auf den Heimweg. Es ist ein für die Jahreszeit extrem warmer, eigentlich sommerlicher Abend mit Temperaturen um 25 Grad. Ich komme an den spontanen Gedenkstätten vor *Ground Zero* vorbei, doch nichts kann diesen Moment trüben. Ich gehe wie auf Wolken. Ich bin verliebt. In meinen Sohn. Am liebsten würde ich ein Lied trällern.

Zwei Tage später holen wir Max nach Hause, legen das schlafende, jede Minute süßer aussehende Baby aufs Bett, denken uns in einem etwas hilflosen Moment, wie ihn nur frischgebackene Eltern kennen: Was jetzt? Doch trotz der überwältigenden Gefühle, der Aufgabe nicht gewachsen zu sein, kommt die Geburt für uns im richtigen Moment. Wir sind des Trauerns, Zitterns und Bangens in der New Yorker Post-9/11-Welt überdrüssig. Baby Max ist für uns ein Neubeginn, wir haben allen Grund, dem Kind trotz der tristen Zeiten Lebensfreude, Optimismus und Heiterkeit zu vermitteln – und in den ersten Monaten der brutalen Tag- und Nachtschichten mit dem Baby ohnehin kaum Energie, um uns den Kopf über die Welt da draußen zu zerbrechen.

Freilich: Ewig können wir nicht den Kopf in den Sand stecken. Ganz lässt sich nicht verdrängen, dass ich nun erstmals in einem Land lebe, das Krieg führt – in Afghanistan, bald auch gegen den Irak.

25

Ich erinnere mich noch gut an die Worte meiner Kollegin Evie, die seit den Achtzigerjahren in Los Angeles lebt und hier bereits den ersten Golfkrieg miterlebte. »Du kannst dir dieses Land im Krieg einfach nicht vorstellen – du wirst es nicht wiedererkennen«, warnte sie mich. »Der Patriotismus lässt alle völlig durchdrehen.«

Ich glaubte ihr damals nicht, konnte es mir einfach nicht vorstellen. Jetzt aber merke ich, wie recht sie hat.

Schon in den Stunden nach 9/11 begann sich abzuzeichnen, dass die seit dem japanischen Überraschungsangriff auf Pearl Harbor nicht mehr so schwer getroffene Supermacht militärisch zurückschlagen würde. Und spätestens nachdem Bush die Doktrin formuliert hat, dass den Terror unterstützende Regime ebenso legitime Angriffsziele seien wie die Terroristen selbst, ist auch offensichtlich, dass das Talibanregime in Kabul ins Visier der US-Streitkräfte geraten wird. Dass Talibanführer Mullah Omar seinen Verbündeten und Freund bin Laden ausliefern werde, glaubt niemand ernsthaft. Das bedeutet Krieg in Afghanistan! Krieg in einem zerklüfteten Bergland, in dem sich Al-Qaida-Kämpfer in Höhlen und Kellern verschanzen, in einem Staat, der als »Friedhof der Großreiche« bekannt ist.

Allein der Gedanke macht depressiv. Natürlich will jeder in New York, in Amerika und auch im überwiegenden Rest der Welt, dass bin Laden und seine Extremisten zur Rechenschaft gezogen werden. Doch wie genau? Und was droht? Wie wird dieser Krieg verlaufen? Was bedeutet das für uns?

Das ständige Gerede vom »Tag, der alles veränderte« ist zermürbend genug; täglich das Chaos aus Alarmen, Hubschraubergeknatter und Sirenengeheul, die oft unerträgliche Trauer zu ertragen verlangt viel ab. Ewig in frischer Erinnerung wird daher der 7. Oktober bleiben, der Tag des Kriegsbeginns – weniger als einen Monat nach 9/11.

Ich bin gerade mit Estee nach Chinatown unterwegs, um mit ihr in einem unserer Lieblingsrestaurants zu brunchen. Der Kriegsbeginn wurde zwar für diesen Tag allgemein erwartet, dennoch bin ich überrascht, als ich plötzlich eine Menschentraube um einen Polizeiwagen an der Ecke St. James Place/Pearl Street sehe. Passanten und Polizisten lauschen gebannt dem Autoradio.

»Was ist los?«, frage ich.

»Der Krieg hat begonnen«, sagt einer. Die Worte schneiden ins Fleisch, schockieren.

»Auf meinen Befehl hin haben die amerikanischen Streitkräfte mit Militärschlägen gegen Al-Qaida-Lager und Militärstützpunkte des Talibanregimes in Afghanistan begonnen«, dröhnt die Stimme des Präsidenten aus dem Autoradio. Es ist 13 Uhr.

Die Zuhörer stehen stumm, wie angewurzelt, blicken sich ängstlich um. Für mich als Österreicher der Nachkriegsgeneration ist die Bekanntgabe des Kriegseintrittes des Landes, in dem ich gerade lebe, etwas wirklich Neues. Unbehagen, Verunsicherung, Zukunftsangst – so etwa kann das Gefühl beschrieben werden. Doch immerhin: Auch mir erscheint die Militäroffensive nötig, um gegen Al-Qaida vorgehen zu können. Die Terrororganisation kann nicht mehr unterschätzt und ignoriert werden – nicht nach den apokalyptischen Geschehnissen des 11. September.

Zu den ersten Vorauskommandos des Geheimdienstes CIA, die Allianzen mit Gegnern der Taliban, lokalen Warlords und vor allem den Truppen der im Bürgerkrieg unterlegenen Nördlichen Allianz schmieden, gesellen sich Eliteeinheiten der *5th Special Forces Group*. Großbritannien, Kanada und Australien haben ebenfalls ihre ersten Einheiten in Marsch gesetzt. Im Bombenhagel der vernichtenden ersten Luftschläge werden strategische Ziele ausgeschaltet, ohne dass der Luftabwehr der Taliban ein einziger Treffer gelingt.

Entgegen allen pessimistischen Erwartungen verläuft der Krieg damit schneller und vorerst erfolgreicher, als die Prognosen erwarten ließen: Spezialkommandos, die oft auf Pferden durch den zerklüfteten Bergstaat reiten, machen die Stellungen der Taliban mit Hilfe ihrer örtlichen Alliierten ausfindig und markieren die Koordinaten mit neuartigen Lasergeräten. Kampfjets laden wenig später GPS-gesteuerte Bomben ab. So fallen aus Sicht der Taliban ständig und wie von Geisterhand gelenkt Bomben auf ihre Positionen. Die auch psychologische Zermürbung zeigt rasch Wirkung: Bereits am 12. November, wenig mehr als einen Monat nach Kriegsbeginn, fällt mit der Flucht der Taliban die Hauptstadt Kabul.

Estee und ich verfolgen jeden Abend auf CNN die Zusammenfassung der Ereignisse: Wochenlang sind nur die durch die Satellitentelefone verstümmelten Berichte lokaler Freelancer zu hören, die aus ihren Verstecken heraus berichten, zumindest einige Informationen und Einschätzungen vom Ort des Geschehens liefern – auch wenn es sich anhört, als berichteten sie vom Meeresboden. Dann plötzlich die ersten Bilder aus Kabul, der geschundenen Hauptstadt des Bürgerkriegslandes. Bilder vom Morgen nach dem Einmarsch der US-Truppen.

Die Welt staunt zunächst über den unerwarteten Blitzkrieg. Kaum ist Kabul überrannt, geht es bereits um die Jagd nach bin Laden. Es häufen sich die Meldungen, dass er sich mit dem engsten Kreis seiner Vertrauten in den Bergen der Region Tora Bora an der Grenze zu Pakistan verschanzt hält. Der Bombenhagel auf die Täler der Bergkette scheint gnadenlos: Fernsehkameras fangen die Kondensstreifen der B-52-Riesenbomber ein, die im tiefblauen Winterhimmel während ihrer Einsätze Kreise ziehen, und immer unverfrorener verkünden amerikanische Reporter, dass bin Laden bereits »in der Falle« sitze.

Natürlich sehne auch ich mich nach dieser einen Meldung enorm: bin Laden verhaftet, getötet, verletzt, was auch immer, jedenfalls ausgeschaltet. Natürlich ist mir bewusst, dass die Terrorgefahr durch die Beseitigung einer einzelnen Person nicht vollständig gebannt wäre. Doch nach all dem selbst Erlebten und dem unerträglichen Leid der Angehörigen der unschuldigen Opfer, über das ich nun seit Wochen nonstop berichte, wächst mein Hass auf diesen menschenverachtenden Fanatiker. Mein Zorn ist so groß, dass ich zunächst nicht einmal an Bushs Wildwestgetöse à la »*Dead or Alive*« etwas Anstößiges sehe.

Dann aber unterläuft den Strategen im Pentagon ein verheerender Fehler: Anstatt eigene Spezialtrupps in die Berge zu schicken, verlassen sie sich auf afghanische Milizen und britische Sonderkommandos, während die Luftwaffe das Gebiet weiter unter intensivem Bombenbeschuss hält. Es fehlt daher am Boden bei der Suche nach bin Laden & Co die nötige Mannstärke. Zudem düpieren die Al-Qaida-Kämpfer ihre Angreifer mit einem plumpen Trick: Sie schlagen einen Waffenstillstand vor und fordern, dass ihnen Zeit eingeräumt wird, damit sie sich ergeben und ihre Waffen niederlegen können. Heute weiß man, dass sie die ihnen zugestandene Zeit nutzen, um bin Laden und seinen Begleitern zur Flucht über die pakistanische Grenze zu verhelfen. Bis in den Januar 2002 hinein durchsuchen die Alliierten Höhlenkomplexe und andere Verstecke: Sie finden zwar in der Tat einige Hinweise darauf, dass sich die Al-Qaida-Führung dort aufgehalten hat. Doch die Terroristen sind wie vom Erdboden verschluckt.

Bush scheint an der Ergreifung bin Ladens auf einmal sichtlich desinteressiert zu sein, stattdessen mehren sich die Anzeichen, dass sein »Krieg gegen den Terror« mächtig aus dem Ruder läuft. Bush merkt zudem, dass ihn der zunächst so erfolgreiche Krieg in bisher ungekannte Popularitätshöhen befördert. Haben vor dem 11. September etwa 50 Prozent der Amerikaner seine Politik unterstützt, sind es nun gar 90 Prozent. Kaum ein amerikanischer Präsident zuvor erfreute sich einer derart hohen Zustimmungsrate. Prompt erkennt Bushs politischer Chefstratege Karl Rove den Krieg als politisches Erfolgsrezept eines Präsidenten, der innenpolitisch wenig Ambitionen zeigt. Doch die wichtigsten Schlachten in Afghanistan scheinen geschlagen, die nun erforderliche zermürbende Kleinarbeit bei der Stabilisierung des Landes und die frustrierende Jagd nach bin Laden in den Bergketten des afghanisch-pakistanischen Grenzgebiets liefert immer weniger Treibstoff für die Popularität des »Kriegspräsidenten«, wie sich Bush bald nennen wird.[85]

So scheint es fast, als müsse ein neuer Krieg her. Und tatsächlich: Am 29. Januar 2002 schreckt Bush in seiner Ansprache zur Lage der Nation Amerika und den Rest der Welt auf. Er spricht von einer »Achse des Bösen«, der er Nordkorea, den Iran und den Irak zurechnet. Natürlich weiß jeder, dass die martialische Ankündigung vor allem dem irakischen Diktator Saddam Hussein gilt, der seit dem Ende des Ersten Golfkrieges 1992 zwar unter strengem UN-Kuratel steht, aber dessen ungeachtet ständig weiter provoziert und neue Krisen heraufbeschworen hat.

Schon in den Tagen nach 9/11 haben Vizepräsident Cheney und mächtige Neokonservative (die sogenannten *Neocons*) Bush bedrängt, gegen Hussein loszuschlagen. Sie wollen die Welt notfalls militärisch formen und im Irak eine Musterdemokratie inmitten des Nahen Ostens errichten. Im Dezember 2001 gab es, so *Watergate*-Aufdecker und *Washington-Post*-Starreporter Bob Woodward in seinem Bestseller *Plan of Attack*, sogar Treffen mit General Tommy Franks, bei denen eine Invasion des Irak vorbereitet wurde. Cheney und seine Unterstützer sollen den Irakkrieg »fieberhaft«, so das Buch, vorangetrieben haben, die engsten Vertrauten des Vizepräsidenten, sein später wegen Meineides verurteilter Bürochef I. Lewis Libby, Vizeverteidigungsminister Paul Wolfowitz und Douglas Feith[86] immer wüstere Beweise gegen die irakische Regierung und immer neue Argumente für einen Waffengang zusammengetragen haben.

Außenminister Colin Powell stemmt sich erfolglos gegen Cheneys Kriegshetze, am Ende sprechen beide kein Wort mehr miteinander. Powell kann Bush zwar etwa ein Jahr lang aufhalten, indem er den Gang vor die UNO als »letzten Versuch« einer diplomatischen Lösung durchsetzt. Doch Bushs Kriegskurs ist unausweichlich.

Über die wahren Gründe dafür, dass Amerika am 19. März 2003 unter grober Missachtung des Völkerrechts seine Invasion mit ersten Luftschlägen gegen Bagdad startet, wird viel gerätselt. Mir scheint die Entscheidung auf mehreren Faktoren zu beruhen. Einer liegt vermutlich in der Familiendynamik des Bush-Clans begründet: Bush junior, der lange als der »missratene Sohn« der Politdynastie gilt, wollte es seinem Vater zeigen. Der war vor allem von den *Neocons* wiederholt als »Waschlappen« kritisiert worden, da er 1992 nach der Vertreibung der Iraker aus Kuwait den Marsch der US-Truppen und ihrer Verbündeten auf Bagdad und die Ausschaltung Saddam Husseins ablehnte. Hinzu kommt vielleicht Größenwahn – die unbedingte Überzeugung von der Unverwundbarkeit Amerikas.

Dass dieses Gefühl im Frühjahr 2002 vorherrscht, zeigt ein in der *New York Times* veröffentlichter Essay über das amerikanische »Empire«. Er ist mit Bildern eines Massenaufmarsches im römischen Reich aus dem Hollywoodfilm *Gladiator* illustriert. Tatsächlich: Die Supermacht hat die verheerende 9/11-Attacke verkraftet, innerhalb weniger Wochen das Talibanregime mit überlegener Waffentechnik besiegt. Amerika fühlt sich unverwundbar, wird überheblich – und Bush erlebt sich mit den hohen Zustimmungsraten zu Hause wohl auch als neuer Weltherrscher. Alles zusammen könnte in den Köpfen der Kriegstreiber eine historische Chance geboten haben, das »Saddam-Problem« ein für alle Mal zu lösen.

Lange halte ich eine Invasion in den Irak für unmöglich: Wie könnten sich die USA dem Weltwillen derart grob widersetzen, durch einen Akt der Aggression selbst zum Schurkenstaat werden? Ich bin naiv. Und unterschätze auch die Effekte der nationalen Gehirnwäsche und der Kriegspsychose, in die sich die Nation hineinsteigert. Gnadenlos haben Bush und seine Unterstützer die Angst vor Saddams »Atompilzwolken« über amerikanischen Metropolen geschürt; am Ende der Propagandaschlacht glaubt eine satte Mehrheit, dass es sich bei den 9/11-Todespiloten hauptsächlich um Iraker handelte. Und das, obwohl sich Berichte über ein angebliches Treffen zwischen Rädelsführer Mohammed Atta und irakischen Geheimdienstlern in Prag als Falschmeldung erweisen und keinerlei Zusammenarbeit zwischen bin Laden und Hussein nachzuweisen ist.

Bereits in den Wochen vor dem Kriegsausbruch versinkt das Land in dumpfem Hurrapatriotismus: Die New Yorker Massenblätter, allen voran die *New York Post,* verunglimpfen die kriegsskeptischen Franzosen und Deutschen als »Wiesel« und drucken Collagen, auf denen die Köpfe der Staatschefs Jacques Chirac und Gerhard Schröder auf die zotteligen Körper der Nager montiert sind. Die Amerikaner beginnen sogar, Produkte aus diesen Staaten zu boykottieren, werden von niemand Geringerem als dem Sprecher des Weißen Hauses, Ari Fleischer, dazu ermutigt: Er zeigt Verständnis für das »Bedürfnis der Bürger«, zum Beispiel auf eine Flasche französischen Wein zu verzichten. In der Cafeteria des Kongresses sind in der Welle grenzenloser Hysterie die *French Fries* bereits in *Freedom Fries,* »Freiheits-Fritten«, umbenannt.

Doch damit nicht genug: Politiker der Demokraten wie den damaligen Senats-Minderheitsführer Tom Daschle, der Bushs Kriegseintritt als kolossales Versagen an der diplomatischen

Front kritisiert, deckt die Rechte mit Schimpftiraden ein. Der Republikaner Tom DeLay empfiehlt Daschle gar auf Französisch: »Fermez la bouche«, »Halten Sie den Mund!«.

Verfolgt werden auch die angeblichen »Vaterlandsverräter« der Hollywood-Linken: Als Filmemacher Michael Moore nach dem Erhalt des Oscars Bush mit einer Hohnrede bedenkt (»Schande über Sie, Mr. Bush!«), erhält er postwendend Morddrohungen. Experten halten seine Karriere für beendet. Andere Patrioten fordern einen Boykott von Filmen und Ausstellungen kritischer Künstler – die Hexenjagd erinnert stark an die Kommunistenhatz unter Senator Joseph McCarthy in den Fünfzigerjahren.

Das ganze Land lässt sich ohne viel Widerstand in den sinnlosen Krieg treiben, selbst die seriösesten Medien wie die *New York Times* sich von der Propaganda blenden, sitzen dubiosen »Geheimdienstberichten« über angebliche Massenvernichtungswaffen auf. Die Pulitzer-Preis-Gewinnerin Judith Miller veröffentlicht so im September 2002 einen hochbrisant erscheinenden Bericht, wonach eine Sendung von Metallrohren nach Bagdad ein klarer Beweis dafür sei, dass der irakische Diktator sein Atomwaffenprogramm vorantreibe. Als Quellen führt sie »Offizielle in der Bush-Regierung« und »Eingeweihte innerhalb der Geheimdienste« an.[87] Dass ein ähnlicher Bericht über die Metallrohre von Experten bereits im Vorjahr weitgehend entkräftet wurde, lässt sie unerwähnt. Stattdessen führt Miller Berichte von abgesprungenen Irakern an, die über Saddams wachsendes Arsenal an chemischen und biologischen Waffen Auskunft geben.

Postwendend führt Bushs Führungsriege aus Condoleezza Rice, Donald Rumsfeld und Colin Powell den *Times*-Artikel als Argument für den Waffengang an. Der perfide Kreislauf aus Halbwahrheiten und Übertreibungen ist perfekt; er dreht sich in der Vorkriegshysterie immer schneller.

Neben den Medien wird auch der Kongress rasch übertölpelt. Die rückgratlosen Demokraten stellen Bush im Herbst

2002 einen umfassenden Freifahrtschein für den Irakkrieg aus, da sie das für sie politisch schädliche Kriegsthema vor den *Midterm*-Kongresswahlen vom Tisch haben wollen. Die Wahlen verlieren sie dennoch.

Endgültig nicht mehr zu übersehen sind der Hurrapatriotismus und die Verleugnung der Fakten, als ich im Februar 2003, wenige Wochen vor dem Kriegsbeginn, für eine Reportage auf den Flugzeugträger *USS Abraham Lincoln* geflogen werde. Der Kommandant des 95000-Tonnen-Kampfkreuzers hat Teile seiner Mannschaft in der großen Reparaturhalle unter Deck zusammengetrommelt. Vom Flugdeck dringt das dumpfe Geknall aufsetzender Kampfjets herab.

»In den letzten Tagen habt ihr einen tollen Job hingelegt«, dröhnt es aus den Lautsprechern: »Wir sind für die Befreiung des Irak bestens gerüstet.«

Jubelschreie hallen durchs Deck. Mir aber graut es: Das Ringen vor der UNO, um den Krieg doch noch abzuwenden? Die weltweite Antikriegsdemo am 15. Februar, mit geschätzten 30 Millionen Demonstranten in allen Weltmetropolen, davon allein drei Millionen auf den Straßen Roms oder 250000 in New York? Offensichtlich sinnlos. Der Krieg ist längst beschlossene Sache, auf diesem Flugzeugträger hat der Countdown längst begonnen. Offiziell fliegen die Soldaten Patrouillen, um die Einhaltung des UN-Flugverbots über dem Südirak zu überwachen – doch warum nachts ganze Kampfgeschwader gestartet werden, kann oder will uns niemand erklären.

Mein Fotograf und ich sitzen mit den anderen Medienkollegen, die mehrheitlich aus Europa stammen, und dem Pressebeauftragten der Marine in der Offiziersmesse zusammen. Wir diskutieren über den Krieg – erstaunlich ernsthaft und ehrlich. Ich argumentiere, dass es keinerlei Verbindung zwischen dem irakischen Regime unter Saddam Hussein und Al-Qaida gebe, Saddam Hussein sich ganz im Gegenteil wie viele andere Diktatoren im Nahen Osten vor der destabilisierenden Kraft der Islamisten fürchte. Warum werde so gedrängt, wenn UN-Inspektoren zum ersten Mal seit Jahren wirklich arbeiten könnten und kurz davor stünden, die Frage nach der Existenz von Massenvernichtungswaffen zu klären, möchte ich wissen. Tatsächlich häuften sich damals Medienreports, wonach die UN-Teams nachhaltige Fortschritte machten. Wie flott die Arbeiten tatsächlich liefen, bestätigte mir UN-Chefwaffeninspektor Hans Blix in einem Gespräch einen Tag nach dem Kriegsbeginn: Nur noch »Monate« wären für einen Abschluss der Waffensuche nötig gewesen, sagte er.

Geschlossen bezweifeln wir Journalisten auch, dass sich Freiheit und Demokratie einfach herbeibomben ließen. Der Pressereferent ist geduldig, das muss man ihm lassen. Am Ende lächelt er milde, er scheint tatsächlich Mitleid mit uns zu haben. Unterschwellig lässt er durchklingen, dass wir offenbar viel zu uninformiert und indoktriniert seien, um zu erkennen, dass Saddam Hussein jetzt bezwungen werden müsse. Und dass das geknechtete Volk die amerikanischen Soldaten als Befreier überschwänglich begrüßen werde.

Ich bin kurz versucht zu fragen, ob er sich schon Bastkörbchen gekauft hat, mit denen er die Blumensträuße der Iraker einsammeln könnte. Doch es ist nicht der richtige Zeitpunkt für Häme und den bei vielen Amerikanern ohnehin meist auf Unverständnis stoßenden Sarkasmus – gerade an Bord eines Kriegsschiffes. Während des Besuchs auf der schwimmenden Kampfstation wird eine ganz andere Motivation offensichtlich, denn der geplante Irakkrieg scheint nichts anderes als eine weitere blutige Rache für den 11. September zu sein.

»*Let's Roll*«, steht auf einem der Kampfjets, »Auf geht's!«. Es sind die Worte, mit denen der Passagier Todd Beamer seinen Mitreisenden im entführten *United*-Jumbo das Zeichen zur Erstürmung des Cockpits gab. Auf einem anderen Jet steht: »*We will never forget!*« (»Wir werden es niemals vergessen!«)

Auf dem Rückweg zum US-Stützpunkt in Bahrain weiß ich: Der Krieg ist unabwendbar.

Die erste Bombe des zweiten Irakkrieges, den die US-Militärführung »Operation Irakische Freiheit« tauft, fällt am 20. März 2003 um 5:34 Uhr Ortszeit auf Bagdad. Bei uns an der amerikanischen Ostküste ist es noch der späte Abend des Vortags. Ich telefoniere gerade mit dem Terror- und Kriegsexperten Steven Emerson, als die Signatur der CNN-*Breaking News* ertönt. Über den Bildschirm flimmern grobkörnige Bilder aus Bagdad im Morgengrauen. Ein Korrespondent liefert über das Satellitentelefon erste Detailinformationen.

»Es geht los«, sage ich.

»Was?«, fragt Emerson. Offenbar hat er den Fernseher ausgeschaltet.

»Der Krieg, es hat begonnen«, wiederhole ich ein wenig theatralisch.

»O mein Gott!«, stößt der Experte aus, verspricht: »Ich ruf dich zurück.«

Ich lege auf und wende mich nun ganz den Fernsehnachrichten zu. Wenig später ist George W. Bush zu sehen. Er sitzt an seinem Schreibtisch. Er wirkt fahl, nervös, klein angesichts der Bedeutung dieses Augenblicks. Trotz aller Propaganda und Rhetorik: Die USA haben gerade mutwillig ein Land angegriffen; das Opfer blindwütigen Terrors hat sich innerhalb von nur 18 Monaten in einen rachsüchtigen Aggressor verwandelt.

»Meine Mitbürger«, setzt Bush an. »In diesen Stunden befinden sich die amerikanischen Streitkräfte und ihre Alliierten in der frühen Phase der Entwaffnung des Irak und der Befreiung seiner Bürger.«

Was für eine Befreiung das wird! Meine Wut und Frustration steigt stündlich – erreicht ihren Siedepunkt wenige Tage später, als die Bombenkampagne »*Shock and Awe*«, grob übersetzt: »Schockiere und mache ehrfürchtig«, in vollem Gange ist.

Innerhalb weniger Minuten explodieren im Stadtkern Bagdads entlang des Tigris Dutzende Bomben. Während fünf pilzförmige Rauchwolken fast zeitgleich in den Abendhimmel steigen, sind die grellen Blitze weiterer Einschläge zu sehen. Fernsehkameras fangen das Inferno live ein. Gewaltiger Explosionslärm hallt durch die Stadt, Leuchtspuren neu anfliegender *Cruise Missiles* sind zu erkennen.

Ich stoße einen Schrei der Verzweiflung aus, werfe ein sich in Greifweite befindliches Buch zornig zu Boden. Estee hat sich mit unserem Sohn Maxwell, der inzwischen fast ein Jahr alt ist, ins Schlafzimmer verzogen. Sie weiß, wie angespannt ich seit Tagen bin, und will das Baby von alldem fernhalten.

»Freiheit?« Fast brülle ich den Fernseher an. »Freiheit? Wer immer dann noch lebt!«

Im Fernsehstudio sitzen die »TV-Generäle«, hohe Exoffiziere, die nun im Studio den Zuschauern Kriegstaktiken erklären, und beschreiben das Blutbad als »Symphonie«, ergötzen sich ehrfürchtig am »hohen Maß an Koordination und Professionalität«. Es sei ein Meisterwerk, so viele Bomben fast gleichzeitig über Bagdad zur Explosion zu bringen, loben sie.

Ich bin wütend, beschließe, dass es besser ist, kurz an die frische Luft zu gehen, noch etwas einzukaufen. Doch der Deli im Erdgeschoss unseres Apartmentgebäudes ist wenig geeignet, meine Erregung zu mildern. Hier jubeln alle über den Kriegsausbruch, freuen sich lautstark, wie jetzt Saddam »in den Arsch getreten« werde. Das sei doch eine Lektion für alle, die Amerika angreifen!

Ich verzichte auf meine Bestellung, drehe mich um und gehe, weil mich ein enormer Drang überkommt, den großkotzigen Wortführern gegen das Schienbein zu treten. Amerika in Kriegszeiten ist tatsächlich ein hässliches, ein dummes Land. Meine Kollegin Evie hat recht.

Und das war erst der Anfang. Bald rollen Panzerkolonnen durch die Wüste. Sogenannte *Embedded Journalists* – Kollegen, die

die amerikanische Armee begleiten – liefern für die Jubelberichterstattung »historische Livebilder«, wie sie sich selbst beklatschen. Und das Volk stürzt angesichts des erfolgreichen Angriffs in einen Freudentaumel: In Bars begrüßen Betrunkene jeden Treffer mit lautem Gegröle, besonders im Süden und Mittleren Westen ziehen Bürger mit amerikanischen Flaggen durch die Straßen.

Bagdad fällt rasch. Saddam Hussein wird in einem Erdloch aufgespürt, festgenommen, später gehenkt. Schon zwei Monate nach Kriegsbeginn hatte sich George W. Bush vorschnell auf dem Flugzeugträger *Abraham Lincoln* vor der kalifornischen Küste als Sieger feiern lassen, verkündete vor einem *Mission-accomplished*-Transparent das Ende der größeren Kampfoperationen. Doch Massenvernichtungswaffen werden nie gefunden, der Irak versinkt im blutigen Bürgerkrieg, und die Kosten steigen ins Unermessliche. Anfang 2010 belaufen sie sich bereits auf 750 Milliarden Dollar, mehr als das Zehnfache der 60 Milliarden, die Bushs Berater vor der Invasion geschätzt haben. Nicht zu vergessen: Außer fast 4800 Soldaten der USA und seiner Alliierten sterben laut durch die Aufdecker-Website *WikiLeaks* veröffentlichten US-Militärdokumente mehr als 109000 Iraker.[88] Der Folterskandal von Abu Ghraib zerstört vor allem im Nahen Osten Amerikas Image wohl auf Generationen.

Allzu deutlich wird, dass Bush den 11. September für seine Kriegspläne ausgenutzt, gar instrumentalisiert hat. Im Klima der ständigen Angst schafft er 2004 trotz einer innenpolitisch mageren Bilanz knapp die Wiederwahl. Vier Jahre später hinterlässt er seinem Nachfolger Barack Obama eine tief verschuldete Nation – und zwei Kriege. Der vor allem wegen des Irakabenteuers vorübergehend völlig vernachlässigte Krieg in Afghanistan ist zum zehnten Jahrestag des 11. September weiter nicht beendet, dauert bereits länger als die Besatzung durch die Sowjetunion. Doch Bush zeigt keine Reue, bis heute nicht. In seinen Memoiren *Decision Points* schwadroniert er weiter über einen Saddam

Hussein, der nach Massenvernichtungswaffen strebte. Obwohl das längst widerlegt ist.

Und nachdem ich einige Fernsehinterviews gesehen habe, in denen Bush seine Biografie bewirbt, ist auch mir klar, dass amerikanische Präsidenten für ihre Vergehen nicht zur Rechenschaft gezogen werden.

Weitere Konsequenzen des »Krieges gegen den Terror« folgen aus Bushs Folterbefehlen gegen Terrorverdächtige und der Einrichtung des Gefangenenlagers am US-Stützpunkt Guantanamo Bay. Im Juli 2003 lädt mich die US-Armee zu einem Lokaltermin ein – Amerika will der wachsenden Kritik an dem Lager, das wegen seiner Lage auf Kuba praktisch im rechtsfreien Raum liegt, entgegenwirken. Guantanamo Bay soll uns Reportern als wahrhaft mustergültiges Gefängnis präsentiert werden. So werde auch ich drei Tage lang durch das Tropengefängnis geführt.

Der Küchenchef erzählt, wie ausgewogen und nährstoffreich die Ernährung sei und wie sehr auf muslimische Eigenarten Rücksicht genommen werde. Ein Militärpsychiater erläutert seine Aufgaben bei den Therapiestunden für »emotionale Probleme«. Der Militär-Imam führt aus, wie und wann er religiösen Beistand bietet und die Gefängnisleitung bei der Gewährleistung religiöser Rituale, wie den Gebeten in Richtung Mekka, berät. Selbstzufriedenheit allerorten: Ich höre von der tollen Krankenversorgung, von der die Insassen, wie ein Arzt fast hämisch anmerkt, in ihren Herkunftsländern nur träumen könnten (wie auch viele Amerikaner, wie ich – von der peinlichen PR-Show bereits leicht angewidert – fast erwidert hätte). Ich erfahre gemeinsam mit den anderen Journalisten von dem besonderen Training, das die Soldaten absolvieren müssen, die zu diesem Zeitpunkt die 600 mutmaßlichen Al-Qaida-Terroristen bewachen. Oder von der Konstruktion der Zellenblöcke, bei denen die Wellblechdächer so angeordnet sind, das die Luftzirkulation den Block von selbst kühlt.

Schließlich erklärt uns der damalige Kommandant Geoffrey Miller, was hier wirklich Sache ist: »Wir machen die Welt zu einem sichereren Ort.« Er schiebt das Kinn vor, als er nachsetzt: »Wir rotten den Terror aus – und Guantanamo Bay spielt dabei eine wichtige Rolle.«

Auf mich wirkt Miller, als sei er einer Hollywood-Armeepersiflage entsprungen. Allzu deutlich ist: Die Pressereise ist ein verzweifelter Versuch, einen der größten Schandflecke Amerikas schönzureden. 29 Selbstmordversuche sind bereits protokolliert, unsere Fragen nach den immer wieder ausbrechenden Hungerstreiks bleiben unbeantwortet.

Wir ahnen nicht, dass zur gleichen Zeit in geheimen CIA-Gefängnissen rund um die Welt die 2002 von einem Anwalt George W. Bushs genehmigten Foltermethoden angewandt werden, darunter das *Waterboarding*, Scheinertränkungen, denen auch 9/11-Planer Khalid Sheik Mohammed im März 2003 beachtliche 183 Mal unterzogen worden sein soll.[89] Der von uns interviewte Miller erlangt ungewollt Bekanntheit, als nach seiner Versetzung zum irakischen Gefängnis Abu Ghraib die Missbräuche beginnen, die im Folgejahr durch das Auftauchen der Sexfolterfotos die Welt entsetzen. Kaum ein Skandal hat dem Image der USA so geschadet wie Abu Ghraib. Vor allem Miller wird von zahlreichen Zeugen belastet, die aussagen, er habe Verhöre mithilfe scharfer Schäferhunde »angeregt« – eine Praxis, die er auch in den Zellblöcken des Terrorlagers auf Guantanamo angewandt haben soll. Später lese ich auch, dass Miller den von uns noch interviewten Militärkaplan James Yee wegen angeblichen Geheimnisverrats verhaften ließ. Militärgerichte lassen die Anklage später fallen.

Dass es in Guantanamo Bay nicht mit rechten Dingen zugeht, ist mir natürlich rasch klar. Im einzigen Block, in dem wir Gefangene zu Gesicht bekamen, sitzt ein alter Mann ein. Trotz der Gefahr, erwischt zu werden und alle seine Privilegien zu verlieren, versucht er, mit uns Kontakt aufzunehmen. Er zwinkert uns zu, deutet, zeigt mit dem Daumen nach oben. Mit seinen weißen Haaren, dem langen grauen Vollbart, dem gebückten Gang und der zerbrechlichen Statur kann ich ihn mir nur schwer als gewalttätigen Feind Amerikas vorstellen. Ich nicke mit dem Kopf, gebe zu verstehen, dass ich seine versuchte Kontaktaufnahme gesehen habe. Doch wir haben strikte Anweisungen, von jeder Interaktion mit den Gefangenen abzusehen. Ohnehin ist deutlich zu spüren, dass die Nerven des Wachpersonals blank liegen. Bei einer früheren Pressereise haben sich Reporter der BBC den Auflagen widersetzt und Häftlinge angesprochen. »Ich bin hier seit Monaten, ich weiß nicht, was mit mir passiert – bitte, bitte helfen sie mir!«, flehte einer. Die Journalisten seien von der Basis geflogen, erzählen uns die Militäraufpasser, wohl zur Abschreckung.

Als wir dann bei der Besichtigung die »Wohnzellen« der beiden inhaftierten Kinder (13 und 15 Jahre alt!) gezeigt bekommen und uns Wachbeamte glauben machen wollen, dass sie mit ihnen Disney-Filme schauen, will ich nur noch weg von diesem perversen Ort – einem Ort, an dem Amerika längst vom Opfer zum Täter wurde.

Dass das Lager auch 2011, nach über zwei Jahren der Präsidentschaft Obamas, noch existiert, ist beklemmend.

26

Krieg ist eine Facette der Post-9/11-Welt, das nicht enden wollende Trauma der Betroffenen eine weitere.

Marcy Borders lebt im dritten Stock eines schäbigen Wohnsilos in der Schlafstadt Bayonne in New Jersey, gut eine halbe Autostunde von Manhattan entfernt. Ihre Wohnung ist finster, die verdreckten Jalousien sind heruntergezogen, den gröbsten Mist hat sie wegen des erwarteten Besuchs hinter das Sofa gekehrt. Im Treppenhaus liegen Nadeln herum; wahrscheinlich ist es ein Treffpunkt von Junkies. Marcy Borders lebt beileibe nicht unter den besten Umständen. Dabei war die junge Frau am 11. September auf dem besten Weg zu einer Karriere, zu einem besseren Leben. Sie hatte ihre Ausbildung zur Bürokauffrau gerade abgeschlossen, arbeitete als Sekretärin für die *Bank of America*, in einem Büro mit Blick über den Hochhauswald des Finanzbezirks. Sie bezeichnete sich selbst als *Party Girl*, hatte Spaß am Leben, genoss jede Minute. Doch nach dem 11. September ist auf einmal alles anders.

Im adretten Kostüm und in Stöckelschuhen stand sie am Kopiergerät im 81. Stock des Nordturms, als sich über ihr Flug *American Airlines* 11 in die Fassade bohrte. Ihr Vorgesetzter rief allen noch zu, Ruhe zu bewahren und sitzen zu bleiben. Doch Marcy Borders rannte los, lief einfach davon, wie sie erzählt.

Endlos dauerte der Abstieg, es war heiß, einmal stürzte sie, fiel in eine Wasserlache. Sie war triefend nass. Kaum hatte sie es nach draußen geschafft, kollabierte der Südturm. Die Staub- und Aschewolke raste über sie weg. Als der AFP-Fotograf Stan Honda sie in einer Lobby ablichtete, war sie bis zur totalen Unkenntlichkeit eingestaubt.

Das Foto wird zu einem der symbolträchtigsten Bilder des 11. September. Marcy Borders' Haare sind staubverkrustet, ihr Kleid, ihre Arme, ihre Beine – alles weiß. Erschrocken schaut sie in die Kamera: hilflos, verstört, verloren. Kaum ein Bild drückt den Schock, die Verzweiflung, das Grauen in diesen Minuten besser aus. Der Hintergrund ist gelblich, das Neonlicht taucht die Passage in ein gespenstisches Licht.

»Staubfrau« wird Marcy Borders fortan genannt. Das Bild macht sie, ähnlich wie »Tränenmädchen« Rachel Uchitel, weltberühmt.

Ich habe sie über die Jahre hinweg mehrmals besucht, zuletzt 2008, als Marcy Borders gerade zum zweiten Mal Mutter geworden ist. Sie bringt zwar ein gequältes Lächeln zustande, wenn sie ihr Baby in den Armen hält, doch sonst scheint sie weiter im Trauma gefangen zu sein: Marcy Borders' Welt ist stehen geblieben, es gelingt ihr nicht, aus der Spirale von Depressionen, Angst und Hoffnungslosigkeit auszubrechen. Sie leidet an Wahnvorstellungen, dass der Staub sie krebskrank macht. Sie »findet« an ihrem Körper immer neue (eingebildete) Tumore. Die meiste Zeit verbringt sie im Bett, starrt auf den Fernseher. Ihr Lieblingskanal ist der *Lifetime Channel*, über den meist Seifenopern flimmern, *Desperate Housewives*, *Grey's Anatomy*. Außerdem sieht sie viel Reality-TV. Oft schafft sie es erst um 17 Uhr aus den Federn – und verkriecht sich wenige Stunden später gleich wieder dorthin.

Immerhin reißt sie das Baby ein wenig aus der Lethargie. »Der Süße gibt mir Kraft, gibt mir neuen Lebenssinn«, erzählt sie mir. Doch insgesamt wirkt sie weiter reichlich deprimiert. »Für mich ist alles wie am 12. September 2001«, sagt sie mit leiser Stimme, während sie nervös die Beine übereinanderschlägt.

Nachts plagen sie immer wieder die gleichen Albträume: Da

rennt sie, rund um sie schlagen die Trümmer der einstürzenden Hochhäuser wie Raketen ein. Wie im Krieg. »Ich renne, renne und renne, doch ich schaffe es aus der Katastrophenzone einfach nicht heraus«, sagt sie. Es plagen sie Panikattacken, Heulkrämpfe. Ärzte würden wohl posttraumatischen Stress diagnostizieren, eine Therapie anordnen. Doch ohne Job gibt es keine Krankenversicherung – und dadurch bleibt für Marcy Borders jegliche Behandlung unerschwinglich.

Die Jobsuche ist schwierig bis aussichtslos: Vorstellungsgespräche hält die junge Frau nervlich nicht durch, Arbeitsstellen in Manhattan kommen nicht infrage, da sie es nicht fertigbringt, auf die Insel zurückzukehren. die sie am Nachmittag des Horrortags mit einer Fähre verließ.

Sosehr man sie auch schütteln will, aufrütteln, zurück ins Leben holen: Marcy Borders ist nicht die Einzige, die Schwierigkeiten hat, mit den Erlebnissen vom 11. September 2001 zurechtzukommen. Ihr Schicksal ist exemplarisch für das latente Leiden vieler.

»Der 11. September ist ein fixer Bestandteil des New Yorker Lebens geworden«, erklärt mir Dr. John Draper, Chef einer Gruppe aus Psychologen und Ärzten, die Betroffenen bei der Verarbeitung des Grauens helfen wollen. Als ich mit ihm spreche, ist 9/11 knapp zwei Jahre her – und er hat so viele Patienten wie nie zuvor.

Das Trauma schlummere anfangs noch, breche meist erst viel später voll aus, erklärt Draper mir. Patienten sähen etwa eine »rote Handtasche« in der U-Bahn, die sie an einen bestimmten Moment erinnere – einen Eindruck etwa von der Flucht aus einem der brennenden Türme. »Plötzlich bricht dann alles aus ihnen heraus.«

Draper zählt die Symptome auf, die Zehntausende New Yorker plagen: Albträume, Angst, unter Menschen zu gehen, in Tunnel einzufahren oder in Flugzeuge zu steigen. Viele erlebten Flash-Backs, Wahnvorstellungen, schlaflose Nächte.

Wie geht es mir selbst? Was ist mir geblieben? Natürlich sind meine Symptome im Vergleich zu den Problemen vieler anderer mild. Eher möchte ich sie als »Ticks« bezeichnen, als kleine persönliche Macken. Am auffälligsten ist, dass mich der 11. September zur Mensch gewordenen Flugleitzentrale gemacht hat. Jedes Flugzeug am Himmel über New York verfolge ich, jede kleinste, scheinbare Abweichung von den herkömmlichen Routen nehme ich wahr, führt bei mir zu heftigem Herzklopfen.

Natürlich könnte auch ich auf die zusätzlichen Schrecksekunden gerne verzichten. Wie etwa, als im Mai 2003 Fluglotsen einem *Continental*-Jumbo voller Irakheimkehrer die Erlaubnis geben, im Tiefflug eine Ehrenrunde über Manhattan und *Ground Zero* zu drehen. Um 8:32 Uhr wird der erste Notruf registriert. Ich sitze zu diesem Zeitpunkt an meinem Schreibtisch, telefoniere, schaue aus dem Fenster. Fassungslos starre ich auf das langsam und tief über Manhattan schwebende Flugzeug.

»Ich ruf gleich zurück«, entschuldige ich mich.

Wie angewurzelt stehe ich da, verfolge die Flugbahn, auf der die Boeing 777 über dem Hudson nach Süden abdreht und an den Hochhäusern von Battery Park City entlang in Richtung Freiheitsstatue gleitet. Schätzungen gehen davon aus, dass die Maschine Manhattan in nur 600 Metern Höhe überflog, nur wenig mehr als 200 Meter über der Spitze des Empire State Building, dem nun höchsten Turm der Stadt.

Als ich meinen Sohn Maxwell später am Tag zum Spielplatz bringe, sehe ich entlang der Hudson-Promenade Fernsehteams, die mit ihren Armen die Bahn des tief fliegenden Flugzeugs in den Himmel malen und erschrockene Augenzeugen zu Wort kommen lassen.

Sechs Jahre später erlebe ich einen ähnlichen, fast noch schwerer wiegenden Unfug, diesmal sogar vom Weißen Haus unter Bushs Nachfolger Barack Obama genehmigt: Für »Katalogaufnahmen« schwebt die *Air Force One* am 27. April 2009 im Tiefflug über die Freiheitsstatue und – wieder entlang des Hudson – an der Skyline von Lower Manhattan vorbei. Der Flieger wird von zwei F-16-Bombern begleitet.

Da in New York niemand vorgewarnt ist, scheint es, als wolle die US-Luftwaffe eine auf die Hochhäuser zuhaltende Maschine abfangen. Im Wagner Park am Südzipfel Manhattans laufen die Menschen um ihr Leben, wie sie glauben. Von der Baustelle des Goldman-Sachs-Turms fliehen die Bauarbeiter von den Gerüsten, sammeln sich auf der Straße. Panik bricht aus.

Glücklicherweise kann ich den Tiefflug von unserer Wohnung aus nicht sehen, und als ich das Röhren der Triebwerke höre, klingelt bereits das Handy: Unsere Nanny, die gerade mit unserer 2007 geborenen Tochter Mia unterwegs ist, ruft aufgeregt etwas von einem Jumbo und kreischenden, davonstiebenden Menschen ins Mobiltelefon. Sie beschreibt den Flieger akkurat; die blau-weiße Bemalung, die Beschriftung »United States«.

»*Air Force One?*«, frage ich verdutzt.

»Ich denke ja«, sagt sie.

Ich stehe fassungslos am Fenster, verwirrt noch dazu: Wieso fliegt *Air Force One* im Tiefflug über Manhattan, noch dazu begleitet von Kampfjets? Ich besinne mich nach dem ersten Schock aber gleich aufs Wichtigste: Mia und der Nanny geht es gut, sie sind auf dem Weg nach Hause. Erst später erfahre ich durch die aufgeregte Medienberichterstattung, dass New York bei Fotoaufnahmen die tolle Kulisse für einen Katalog bieten sollte. Eine fragwürdige Ehre – denn die Bewohner der Stadt blieben entsetzt und wütend zurück.

Dank 9/11 lösen bei mir auch weit kleinere Erlebnisse völlig überzogene Panikreaktionen aus. Ich muss mir deshalb sogar von Estee den Spitznamen »Alert-Bert« (Alarm-Bert) gefallen lassen. Beispiele?

Als eine heftige Gewitterfront über die Stadt zieht, sehe ich vom Fenster aus vor einem der Türme des World Financial Center plötzlich eine Staubwolke. Dann scheint in dem Gebäude auch noch der Strom auszufallen: Von unten nach oben, Stockwerk für Stockwerk, wird der Turm dunkel.

Ein Tornado!, schießt mir durch den Kopf. Ich renne zur Wiege, reiße Maxwell, damals gerade ein paar Monate alt, aus dem Bett, stelle mich mit ihm in den fensterlosen Vorraum. Estee rufe ich noch zu: »Tornado! Bleib von den Fenstern weg!«

Sie hat fast Mitleid mit mir, redet sanft auf mich ein, dass ich nicht die Nerven verlieren soll. Draußen ziehe doch bloß ein Gewitter durch. Ich lege Max wieder sanft in die Wiege. Mir ist die Überreaktion peinlich, keine Frage.

Ein paar Monate später bin ich fest überzeugt, dass in der Nähe der Wall Street eine Bombe hochgegangen sein müsse. Durch das Küchenfenster habe ich einen lauten Knall gehört, das Echo, habe die Vibrationen gespürt. Ich erstarre, warte auf ein Inferno: eine Rauchwolke, durch die Straßen rennende Menschenmassen, das Sirenengeheul heranrasender Einsatzfahrzeuge. Doch nichts passiert. Gar nichts. Passanten ziehen weiter im gewohnten Tempo durch den Bezirk. Ich schaue durch ein anderes Fenster – und merke erst jetzt, dass von mir völlig unbemerkt vom Westen her eine Gewitterfront herangezogen ist und es sich bei der »Bombe« lediglich um das Donnergrollen nach einem Blitzschlag handelte. »*Oh dear*«, würde man hier in den USA sagen: »Ach du liebe Zeit!«

Natürlich gibt es auch Schrecksekunden, die um einiges bedrohlicher sind: Am 14. August 2003, einem schwülen Sommertag, sitze ich etwa mit Estee gerade in einem Restaurant, als vom Dach eines der umliegenden Hochhäuser plötzlich eine schwarze Rauchwolke aufsteigt. Er kommt aus dem Kasten der Klimaanlage; offenbar hat sich das Aggregat zu schnell abgeschaltet, die überschüssige Energie sich furios entladen. Sekunden später bemerken wir: Stromausfall! Und zwar total: keine Ampeln, kein Licht im Lokal, nichts.

Der Ausfall einer Hochspannungsleitung hat zu einer Art Tsunami im Stromnetz geführt. Verantwortliche in Kanada und den USA müssen binnen Minuten 265 Kraftwerke und 508 weitere Generatoren abschalten. 45 Millionen Menschen an der amerikanischen Ostküste und in Kanada bleiben im dadurch verursachten Stromausfall ohne Elektrizität. Nicht nur im Großraum New York gehen die Lichter aus, sondern auch in Dutzenden weiteren Metropolen, darunter Cleveland, Baltimore und Detroit.

Richtig nervös werde ich, als ich aus Gesprächsfetzen von Passanten die Dimension des Stromausfalls rekonstruiere. »Städte ohne Strom«, »ganz plötzlich«, »ohne Warnung«. Wieder scheint der Schluss klar: *»Here we go again!«* Es geht wieder los. Al-Qaida hat zu einem weiteren Schlag ausgeholt.

Maxwell!, schießt es mir durch den Kopf. Er ist mit seiner Nanny unterwegs, wahrscheinlich sind sie am Spielplatz am Hudson. Ich versuche, sie mit dem Handy zu erreichen, komme aber nicht durch. Was für ein Déjà-vu! Ich renne los, drücke zwischendurch immer wieder auf die Wiederwahltaste. Um die Autos stehen Menschentrauben, die Autoradios scheinen der einzige Draht zur Außenwelt zu sein. Ich höre nur, wie die Namen weiterer von *Blackouts* betroffenen Metropolen aufgezählt werden, dass von »Millionen Menschen ohne Strom« die Rede ist.

»Al-Qaida«, sagt jemand, vergräbt das Gesicht in den Händen: »Das kann nur Al-Qaida sein.«

Wir Bürger sind nicht die Einzigen, die der schreckliche Verdacht ereilt: Das neu gegründete Heimatschutzministerium in Washington lässt rasch zwei F-16-Kampfjets aufsteigen. Wieder ein Zeichen kopfloser Hilflosigkeit: Was Kampfjets gegen einen Stromausfall, selbst wenn ihn Terroristen ausgelöst hätten, hätten ausrichten sollen, bleibt fraglich.

Ich muss weiter, finde Max und unsere Nanny tatsächlich noch auf dem Spielplatz. Auch sie hat vergeblich versucht, mich anzurufen. Als ich Max umarme, merke ich, wie sehr mir die Knie schlottern. Inmitten des losbrechenden Chaos von meinem Kind getrennt zu sein ist ein schreckliches Gefühl. Mit

Estee habe ich vereinbart, dass sie im Restaurant bleibt und auf unsere Rückkehr wartet.

Wie nach dem Flugzeugabsturz in Queens im November 2001 stellt sich auch jetzt bald heraus, dass der Zwischenfall bloß eine Panne war. Was in den nächsten Stunden bleibt, ist nur das Ungemach, in einer stromlosen Großstadt zu leben. Da sich unser Apartment in Gehweite befindet, zählen wir glücklicherweise nicht zu den Millionen Menschen, die fern ihrer Wohnung gestrandet sind. Mühsam ist es nur, Maxwell durch das Treppenhaus in den 30. Stock hochzutragen.

Rasch stellen wir uns auf ein vorübergehendes Leben ohne Strom ein: Wir öffnen die Fenster, um die Wohnung mit der leichten Meeresbrise zu kühlen. Unser Nachbar Stephen bringt eine Flasche Weißwein, und wir verzehren zuerst die am leichtesten verderblichen Lebensmittel. Ich tippe noch eine Story, schicke sie über ein altes Telefonmodem ab, bevor die Batterie zu Ende geht. Erstaunlich: Der einzige Draht zur Außenwelt ist die antike Telefonleitung aus Kupfer. Die Handys haben so gut wie keinen Empfang – und auch ihre Akkus sind bald leer.

Am nächsten Tag weckt uns dann, fast 24 Sunden nach dem Ausfall, das Summen der Klimaanlage. Wir hängen wieder am Stromnetz.

Nach dem neuen Schock schwören wir uns dennoch, einen Notfallplan auszuarbeiten: Sollten wir getrennt werden, würden wir uns bei unseren Freunden in Brooklyn treffen. Außerdem packen wir eine Tasche mit allen wichtigen Dokumenten, Staubmasken, Medikamenten, einigen Anziehsachen. Natürlich ist die Tasche jetzt, zehn Jahre später, längst wieder ausgepackt, unsere »Notutensilien« sind in der ganzen Wohnung verstreut. Auch wo wir uns im Fall einer neuen Katastrophe treffen wollten, fällt mir beim Schreiben dieser Zeilen erst nach längerem Nachdenken ein.

27

Obwohl ich nach 9/11 in vielen Belangen abgebrühter zu sein scheine, reagiere ich andererseits auf tragische Ereignisse weit emotionaler. Natürlich kann das auch damit zu tun haben, dass ich inzwischen Vater zweier Kinder bin. Vieles reduziere ich nach Max' und Mias Geburt nur mehr auf einen Gedanken: Wie würde ich Schicksalsschläge und Katastrophen, über die ich so oft berichte, in meiner eigenen Familie verkraften? Besonders schwierig und aufreibend wird dadurch die Berichterstattung über zwei große Tragödien im letzten Jahrzehnt: den Tsunami in Thailand im Dezember 2004 und das Erdbeben in Haiti im Januar 2010.

Zeuge der Tsunami-Katastrophe in Asien, die nach aktuellen Schätzungen 230000 Menschen aus 14 Nationen tötete, werde ich eher zufällig. Wir verbringen gerade auf Koh Phangan, einer thailändischen Insel im südchinesischen Meer, unseren Urlaub – zu unserem Glück auf der gegenüberliegenden, nicht von der Katastrophe betroffenen Küste. Wir genießen den Nachmittag am Pool, als eine SMS meiner Schwägerin eintrifft: »Tsunami, seid ihr OK?«

Ich erstarre, blicke panisch auf das Meer hinaus. Doch gleichzeitig erinnere ich mich an die Fernsehnachrichten über ein Erdbeben vor Sumatra, die ich Stunden zuvor aufschnappte. Schnell ist mir klar: Wir sind an der anderen Küste, also sicher.

Als ich an der Rezeption ein paar Wasserflaschen kaufe, sehe ich auf einem thailändischen Fernsehsender plötzlich Schreckensszenen: Leichen, weggespülte Orte, Menschen, die verzweifelt Angehörige suchen. »Thailand?«, frage ich verdutzt.

Die Hotelmitarbeiter nicken stumm, ihre Augen sind auf den Bildschirm fixiert.

Ich spüre, dass ich losmuss, sage Estee Bescheid. Sie lässt mich nur äußerst ungern gehen. Ihr Hauptargument: Nachbeben könnten neue Tsunamis auslösen. Ich halte dagegen, dass das Ärgste vorüber ist und ich mich nicht in der Nähe der Strände einquartieren werde. Maxwell, damals zweieinhalb, weint beim Abschied so laut, dass ich ihn im offenen Taxi noch lange höre.

Unterwegs wird mir bewusst, dass ich zu meiner ersten Reportage über eine gewaltige menschliche Tragödie nach dem 11. September aufgebrochen bin – und wie tief die Narben in meiner Psyche noch sind. Es werden fast unerträgliche Tage voller entsetzlicher Anblicke und furchtbarer Augenzeugenberichte: Ein Mann, der mir erzählt, wie er sich an eine Palme klammerte, seine Frau aber nicht mehr halten konnte – und er mitansehen musste, wie sie in der braunen Gischt wegtrieb. Eine Mutter, die stumm aufs Meer hinaussieht, langsam erzählt, wie sie ihr Kleinkind in einem der als so familienfreundlich bekannten Resorts von Khao Lak in der alles verschlingenden Wasserwalze verlor. Und dann natürlich das Drama um den kleinen schwedischen Jungen, der völlig von Moskitos zerstochen im Dschungel gefunden wird und erfahren muss, dass seine Eltern in den Fluten ertrunken sind.

Nachts liege ich wegen des neu auflebenden Traumas schweißgebadet im Bett, mehr als eine Stunde Schlaf kommt meist nicht zusammen. Immer wieder plagt mich auch der Gedanke, dass wir während unserer Reisevorbereitung auch auf der schwer getroffenen Insel Kho Phi Phi nach Hotels gesucht haben. Wie hätte ich reagiert? Hätte ich Estee und Max vor dem heranrasenden Tsunami schützen können? Wie hätte ich eine Familientragödie verkraftet?

Und dann die Toten! In dieser Hinsicht unterscheidet sich die Tragödie deutlich von 9/11: Damals haben die Medien in einem beachtlichen Akt von Selbstbeschränkung Aufnahmen von Toten oder Leichenteilen unterbunden, der Zutritt zum »Tatort« war uns Reportern rasch versperrt. So wurden die detonierenden Flugzeuge aus jeder erdenklichen Perspektive gezeigt – doch praktisch kein einziges Todesopfer. Umso dramatischer ist die Lage auf den *Killing Fields* des Tsunamis: Mitten auf dem Dorfplatz liegt ein Berg grässlich entstellter Toter, Wasserleichen, aufgebläht, der Gestank einfach grauenhaft. Wie lange sie hier bereits liegen, ist unklar. Aus den Trümmerfeldern tragen Helfer Jutesäcke mit immer neuen Todesopfern. Der süßliche Leichengeruch legt sich auf die Lungen, ist nicht zu vertreiben.

Als ich nach vier Tagen in der Katastrophenzone wieder an meinen Urlaubsort zurückfliege, erlebe ich das vielleicht emotionalste Wiedersehen mit Estee seit dem Moment, als ich staubverkrustet, aber unversehrt an der Wohnungstür unseres Apartments stand. So fest habe ich auch Maxwell wohl noch nie gedrückt.

Dass die neue Emotionalität nach dem 11. September auch in den folgenden Jahren kaum verflogen ist, merke ich auch, als ich im Trümmer- und Leichenfeld der zerstörten haitianischen Hauptstadt Port-au-Prince stehe. Um 16:53 Uhr Lokalzeit entluden sich am 12. Januar 2010 die Spannungen zwischen den Platten des Enriquillo-Plantain-Garden-Erdfaltensystems 25 Kilometer westlich der Zweimillionenstadt in einer Tiefe von 13 Kilometern. Ein Beben der Magnitude 7,0.

Eine Frau filmte den Erdstoß von einem Berghang aus: Binnen Sekunden verschwindet die Stadt in einer gigantischen Staubwolke. Geschockt ruft die Filmerin: »Das ist das Ende der Welt!«

Die Bilanz der Regierung ist kaum zu fassen: Geschätzt werden 230000 bis 300000 Tote, 300000 Verletzte, 280000 zerstörte Gebäude, darunter der Präsidentenpalast, Ministerien, Kirchen, Krankenhäuser, Luxushotels. Doch noch unbeschreiblicher ist das Grauen vor Ort.

36 Stunden nach dem Erdstoß fliege ich mit einigen anderen Journalisten unter abenteuerlichen Umständen in einer in der Dominikanischen Republik gecharterten Propellermaschine nach Port-au-Prince. Eine Stunde kreisen wir vor der Landung über das zerstörte Land. Die Flugleitzentrale des internationalen Flughafens ersetzen notdürftig drei amerikanische GIs; sie regeln den Flugverkehr auf Klappstühlen, mit Laptops und Funkgeräten ausgestattet. Aufwinde an den Berghängen schütteln den Flieger immer wieder durch, dann vergisst der Pilot, vom ersten, leeren Tank auf den zweiten umzuschalten. Mehrere Sekunden ohne Antrieb schmiert der Flieger kurz ab.

Mir bricht der kalte Schweiß aus. Seit dem 11. September leide ich ohnehin an einer gewissen, für mich aber noch kontrollierbaren Flugangst. Und jetzt auch noch der Pilotenfehler! Doch der wahre Albtraum beginnt, nachdem wir das schwer beschädigte Terminalgebäude verlassen: Hunderttausende Menschen laufen mit starrem, leerem Blick über die verwüsteten Boulevards. Jedes zweite Gebäude ist wie ein Kartenhaus zusammengekippt: Wohngebäude, Schulen, Hotels, Geschäfte. Und überall liegen Tote. Viele sind bereits in Jutesäcke verpackt, andere nicht. Ihre Gesichter sind staubverkrustet, die Augen aufgerissen, viele Gliedmaßen zerquetscht. Es sind Alte, Männer, Frauen. Und viele Kinder.

In all der Zerstörung finde ich gemeinsam mit einem Kollegen Unterschlupf in einem Luxushotel am Hang über der Trümmerstadt. Das Hauptgebäude ist halb eingestürzt, doch der Rest der Anlage weitgehend intakt. Rasch füllt sich das Resort mit Journalisten, wird zu einer Art inoffiziellem Medienzentrum.

Die Tage sind lang, angefüllt mit mühsamer Recherchearbeit. Angesichts des Elends um mich herum wirkt der Ort wie eine Oase. Und ich merke in Gesprächen mit Kollegen, dass mir die Abgebrühtheit vieler anderer Journalisten fehlt, dass mich die Tragödie weit mehr zu belasten scheint als sie. Ob das Nachwirkungen von 9/11 sind, ist schwer zu sagen. Doch so intensiv wie in diesen Tagen in der Hölle von Port-au-Prince sind mir die Erinnerungen an den Terroralbtraum vor achteinhalb Jahren schon lange nicht mehr durch den Kopf gegeistert. Vielleicht ist es wegen des konstanten Leichengeruchs, der entsetzlichen Massengräber, der leblosen Körper auf den Straßen, der verzweifelten Gesichter der Angehörigen, die vor eingestürzten Gebäuden auch Tage nach dem Beben noch auf ein Wunder, die Rettung ihrer Angehörigen warten. Mich erinnert all das daran, wie plötzlich das Schicksal zuschlagen kann.

Auch die Nachbeben scheinen mich weit schneller an den Rand eines Nervenzusammenbruchs zu führen als meine Kollegen. In der ersten Nacht, in der ich auf ein paar Sitzunterlagen auf dem Flachdach eines Gebäudes in der Nähe des Pools schlafe, reißt mich ein leichtes Vibrieren aus dem Schlaf. Es ist 4 Uhr früh. Das Rütteln wird intensiver. Ich strecke die Arme aus wie ein Schiffbrüchiger, halte den Atem an, mein Herz schlägt wild. Jede Sekunde erscheint mir wie eine Ewigkeit, etwa 30 dürften es gewesen sein. Während ich an veritabler Todesangst leide, wachen andere Hotelgäste nicht einmal auf.

Besonders nahe aber gehen mir die Interviews mit Überlebenden. Immer wieder muss ich abbrechen, mich für ein paar Minuten niedersetzen, um das Grauen verarbeiten zu können. Nie vergessen werde ich beispielsweise eine junge Frau, die in einem Park vor der Villa des Premiers hockte. Ihr Baby, das sie Tage zuvor noch stillte, hätten ihr herabstürzende Gebäudeteile aus den Händen gerissen, erzählt sie mir. Die Leiche habe sie mit bloßen Händen ausgegraben. Ihr Mann habe das Beben ebenfalls nicht überlebt, und was mit ihren Eltern sei, wisse sie nicht, da das Telefonnetz zusammengebrochen sei.

Die Augen der jungen Frau sind leer, die Stimme leise, emotionslos. Sie weint nicht. Sie scheint keine Tränen zu haben, noch nicht. Für mich ist sie der einsamste Mensch der Welt. Doch wie kann ich ihr helfen? Hunderte sitzen an diesem Ort unter Planen, haben ähnliche Schicksalsschläge zu verkraften.

Ich setze mich an die Seite, bedeute meinem Übersetzer, dass wir gleich weitermachen werden. Beim Anblick der Schutthalden und des von Ruinen durchsetzten Berghangs gegenüber rinnen mir die Tränen über die Wangen. Und fast fühle ich mich schuldig – immerhin steige ich in wenigen Tagen in ein Flugzeug, das mich zurück nach New York, zu meiner Familie bringt. Viele dieser Menschen hier haben alles verloren. Für immer.

28

In New York läuft unterdessen der Wiederaufbau – schleppend zunächst. Die Debatte, ob über das ganze Areal nicht ein generelles Bauverbot zur Ehrung der Toten verhängt werden sollte, währt nur kurz: Mitten in einem der berühmtesten Stadtteile – dem Manhattaner Finanzbezirk rund um die Wall Street – eine gewaltige Lücke als Friedhof zu hinterlassen scheint selbst angesichts des Ausmaßes der Tragödie unangebracht. Den New Yorkern sowieso. Rasch wird daher ein Ideenwettbewerb zur Neubebauung des WTC-Areals ausgeschrieben. Die Vielfalt der Entwürfe ist groß, reicht von grotesk bis genial.

Im Entwurf des Stararchitekten Norman Foster, der »Harmonie, Weisheit, Reinheit und Stärke« symbolisieren soll, küssen sich zwei Hälften eines Turmes. Doch das Bauwerk hätte gut 600 Meter in den Himmel geragt, die Skyline regelrecht erschlagen, und kommt daher für die Jury nicht infrage. Der Entwurf des Architekturbüros Meier & Partners wiederum sieht eine Art Gitterraster aus vier horizontal durch Quergänge verbundenen Türmen vor. Andere legen ihre Vision von einem vollständig begrünten Areal, einer Park-Oase vor oder träumen von Arenen der kulturellen und gesellschaftlichen Begegnung. Das Team von United Architects zeigt ein Modell einer gigantischen, aus verwundenen Bürogebäuden geformten Gedenkstätte, die sich von den Rändern der Baugrube emporschrauben soll.[90]

Die erste Runde des Wettbewerbs gewinnt jedoch ein anderer: der Stararchitekt Daniel Libeskind, der einen 1776 Fuß hohen Turm präsentiert; die Höhe verweist auf das Jahr der amerikanischen Unabhängigkeitserklärung, die aufgesetzte Nadel erinnert an den gehobenen Arm der Freiheitsstatue. Drei weitere Hochhäuser umranden ein großzügig angelegtes Areal für eine Gedenkstätte, in der die beiden »Fußabdrücke« der gefallenen Zwillingstürme eine zentrale Rolle spielen sollen. New Yorks Gouverneur George Pataki unterstützt Libeskind. Ihm gefällt wohl auch die patriotische Rhetorik des Architekten, in der Elemente des Baus mit Begriffen wie »Freiheitsturm«, »Lichtkeile«, »Fundamente des Gedenkens« oder »Park der Helden« bezeichnet werden.

Widerstand kommt vonseiten des Pächters Larry Silverstein, der New Yorks neues Wahrzeichen lieber von seinem Leibarchitekten David Childs bauen lassen will. Childs hat bereits den Neubau von *Building* 7 entworfen: ein 52 Stockwerke hohes, elegantes Gebäude mit Glasfassade.

Die Auseinandersetzung zwischen Pataki und Silverstein verzögert den Wiederaufbau von *Ground Zero* gut fünf Jahre, das Schauspiel wird zu einer blamablen Schmierenkomödie: Da lässt Pataki 2004 feierlich den Grundstein für Libeskinds Freiheitsturm legen. Der Stein aber muss zwei Jahre später, diesmal ohne Mediengetöse, aus der Baugrube fortgeschafft werden, weil er an der »falschen Stelle« liegt. Obwohl ihr immer wieder detaillierte Baupläne vorgelegt wurden, fällt der New Yorker Polizei erst jetzt auf, dass das Gebäude zu nah an vorbeiführenden Straßen stünde und daher für Auto- und Lkw-Bomben anfällig sein könnte. Der wahre Grund dafür ist, dass Silverstein und Childs den unliebsamen Konkurrenten immer aggressiver aus dem Wiederaufbauprozess drängen: Behauptet wird auch, Libeskinds erster Entwurf sei statisch nicht zu verwirklichen, das Bauwerk könne die seitlich angebrachte Spitze gar nicht tragen. So übernimmt Childs schließlich und legt einen neuen Entwurf vor.

Libeskind soll sich nur mehr um den Generalplan des Komplexes kümmern. Doch auch hier wird er sukzessive entmachtet.

Währenddessen spitzen sich auch Silversteins Verhandlungen mit dem Eigentümer von *Ground Zero*, der Hafenbehörde *Port Authority* (PA), zu. Silverstein verlangt, dass die Behörde den symbolträchtigen, doch als potenzielles Terrorziel schwer vermietbaren Wolkenkratzer finanziert. Seine Argumentation: New York bekäme mit dem Hochhaus seine spektakuläre Skyline zurück, zugleich demonstriere Amerika, wenn den zerstörten Zwillingstürmen ein noch höheres Gebäude nachfolge, dass seine Ambitionen nach dem Terrorschlag ungebrochen sind. Die zu erwartenden Verluste würde die Behörde schon auffangen.

Der Geschäftsmann selbst will sich auf den Bau von drei weiteren Gebäuden konzentrieren, deren kommerzieller Erfolg als weit wahrscheinlicher eingestuft wird. Ein typisches Beispiel für Kapitalismus amerikanischer Prägung: Profite sind privat, Verluste öffentlich.

Lange hat Silverstein auch noch die Ausrede, dass die Hafenbehörde die Baugrube für die Fundamente der neuen Hochhäuser nicht rechtzeitig fertiggestellt und der Baumeister auch noch Millionen an Regresszahlungen eingestrichen habe. Dann hatte sich der Wiederaufbau durch das blamable Hickhack bereits so lange verzögert, dass der Finanzcrash von 2008 dem Projekt endgültig den Garaus zu machen droht. Im September laden die Hafenbehörde und Silverstein zu einer Pressekonferenz ein. Die folgt mittlerweile einem festen Ritual: Kurz vor dem Jahrestag des 11. September wird über den »Fortschritt« auf *Ground Zero* berichtet, was sich meist auf neue Entwürfe und Computeranimationen des künftigen Bezirks beschränkt.

Diesmal scheint es fast, als wolle Silverstein uns Journalisten mit der Aussicht von dem einzigen bisher errichteten Gebäude, *Building 7*, beeindrucken. Der Blick über Manhattan im Norden, den Finanzbezirk im Süden und Brooklyn über den East River hinweg ist tatsächlich überwältigend. Er hindert mich jedoch nicht daran, zu merken, dass während der Präsentation niemand ein Wort über das seit dem letzten Jahr nahezu unverändert gebliebene Fundament des *Freedom Tower* verlieren möchte. Von den anderen, zunächst von den Stararchitekten Norman Foster, Richard Rogers und Fumihiko Maki für teures Geld entworfenen Gebäuden WTC 2, 3 und 4 ist ebenfalls keine Rede mehr – obwohl noch im Vorjahr detaillierte Skizzen der Türme samt Einkaufszentren, U-Bahn-Aufgängen und Lobbys vorgelegt wurden. Quintessenz der Pressekonferenz: Gebaut wird an der Gedenkstätte, doch auch deren Fertigstellung kann nicht einmal für den zehnten Jahrestag garantiert werden.

Ich blicke durch die Glasscheibe von *Building* 7 auf die Baugrube, die oberflächlich seit nunmehr acht Jahren den Anschein erweckt, als würde ständig unter Hochdruck gebaut, geräumt, geplant, planiert, Beton gegossen, Stahltraversen in den Fels gehämmert. Nur will einfach nichts aus der Grube herauswachsen. Zynisch frage ich mich: Ist *Ground Zero* ein Vergnügungspark für Baukräne? Alles dreht sich, alles bewegt sich, nur Fortschritt gibt es keinen. New York, die Stadt, die alles kann, deren Bewohner sich die Ärmel aufkrempeln, nach vorne blicken, Hürden nehmen, signalisiert zu diesem Zeitpunkt ausgerechnet hier genau das Gegenteil: Stillstand, Inkompetenz, Korruption. Im Jahr 2008 ist *Ground Zero* eine einzige Bankrotterklärung.

Dabei ist der Ort längst New Yorks größte Touristenattraktion, eine makabre Sehenswürdigkeit: Wann immer ich mit Estee und den Kindern zu Fuß ins nördlich der Grube gelegene Tribeca spaziere, meiden wir das Areal. Nicht nur wegen der Erinnerungen, sondern vor allem wegen der Menschenmassen, die sich vor dem Bauzaun tummeln. Ich selbst bin relativ oft an *Ground Zero*, meist für Reportagen, denn immer wieder soll ich im Auftrag der Redaktion die gleichen Fragen beantworten: Wie sieht es dort aus? Wann ist der Wiederaufbau abgeschlossen?

Das Interesse der Welt ist ungebrochen. Wie auch die enorme Anziehungskraft des Ortes: 1,8 Millionen Menschen besuchten jedes Jahr die weltberühmte Aussichtsplattform auf dem Nordturm, doch allein im Jahr 2002 strömten 3,6 Millionen zu seinen Ruinen. Das wegen der Verzögerungen mithilfe privater Spenden eingerichtete *September 11 Memorial & Museum* an der Südseite des Areals verzeichnet in elf Monaten eine Million Besucher.

Ground Zero entwickelt sich zur Pilgerstätte eines nationalen Traumas. Immer noch stehen Menschen stumm da, Tränen kullern über ihre Wangen. Und es schmerzt, mitansehen zu müssen, wie lange bereits eine Gedenkstätte als würdige Anlaufstelle für die Erinnerung und Trauer fehlt. Vor dem Zaun hat sich über zehn Jahre hinweg eine fragwürdige Szenerie entwickelt: Straßenhändler zocken Besucher mit kitschigen WTC-Kristallfiguren ab, mit billig und schlecht gedruckten Broschüren voller Fotos des Desasters. Bis zu 120 Stück setzen einzelne Händler jeden Tag ab, erzählt mir einer. Jahrelang sitzt ein Mann auf dem Bürgersteig und spielt Flöte. Und dann erklärt an einer Ecke Harry Roland, der sich »World Trade Center Man« nennt, wild gestikulierend einer Gruppe Touristen, aus welchen Himmelsrichtungen die Flugzeuge herankamen, wie die Türme einstürzten, wohin die Staubwolke raste. Die Zuhörer sind fasziniert. Mir tun sie eher leid. Im Hintergrund krächzt aus einer alten Box der Titelsong aus dem Film *Titanic*. Es ist ein jämmerliches, unwürdiges »Disneyland der Trauer«.

Dann endlich kommt im Jahr 2009 plötzlich die Wende: Ein paar Deals zwischen Silverstein, der Hafenbehörde und der Stadt New York bringen den Wiederaufbau des WTC-Geländes plötzlich wieder auf Kurs. Von meinem Fenster im 30. Stock unserer Wohnung an der West Street, genau sechs Blocks vom Südrand der Riesenbaustelle, sehe ich die neuen Gebäude emporwachsen. Nicht dass es in der Grube nicht immer schon rotiert hätte, doch nun entsteht auch endlich etwas. Ende 2010 erreicht der in *One World Trade Center* umbenannte Wolkenkratzer bereits eine Höhe von 50 Stockwerken. Das mit braunen und blauen Netzen umhüllte Stahlgerüst erobert mit jeder neuen Etage seinen dominierenden Platz in der Skyline von Manhattan zurück. Flott schraubt sich der Turm nun in den Himmel, ein Stockwerk kommt pro Woche hinzu. 104 sollen es am Ende insgesamt sein, inklusive einer Aussichtsplattform im Obergeschoss, die exakt in der gleichen Höhe liegen soll wie die des WTC-Nordturms. Zum 11. September 2011 soll der Rohbau bereits höher in den Himmel ragen als alle anderen Gebäude der Stadt, am Ende des Jahres soll er die komplette Bauhöhe ohne Antenne erreicht haben: 416,9 Meter.

Insgesamt 2000 Bauarbeiter bohren, hämmern, gießen, biegen, installieren und verlegen an praktisch jedem Quadratmeter der gigantischen Baustelle, bauen auch die insgesamt 12 000 vier Meter hohen Glaspaneele ein. Zu Weihnachten 2010 feierten sie den Baufortschritt, indem sie die grellen Lampen auf der Baustelle in bunte Zellophanfolien einhüllten, sie in den verschiedenen Etagen rot, grün, gelb und violett leuchten ließen. Fertig sind bereits die »Fußabdrücke« der Türme, das Herzstück der teuersten Gedenkstätte der Welt.[91] Getestet sind auch die größten künstlichen Wasserfälle Nordamerikas, in ihnen stürzt sich das Wasser sechs Meter tief über die Granitwände der quadratischen Grube in die beiden 4000 Quadratmeter großen reflektierenden Pools herab. Das Rauschen soll nach Wunsch des Architekten Michael Arad und des Städteplaners Peter Walker den Lärm der Stadt völlig ausblenden und eine Atmosphäre der Abgeschiedenheit schaffen. Aufgestellt sind dazu bereits zwei aus der Schutthalde geborgene, weitgehend intakte Stahlträger der alten Gebäude, die in den futuristischen Pavillon des eigentlichen Museumsgebäudes integriert werden sollen – wie auch die »Treppe der Überlebenden«.

Der intakte Treppenaufgang ragte als einer der letzten erkennbaren Reste der kollabierten Türme aus dem Schutt. Hunderte schafften über diese Stufen noch den Weg in die Freiheit, zurück ins Leben. Es ist der Treppenaufgang, in dem auch Captain Jay Jonas, seine Männer und die Frau überlebten, die sie bargen, als der Koloss über ihnen einstürzte. Gepflanzt wurden dazu bereits die ersten der insgesamt 400 Eichen, die in dem 24 000 Quadratmeter großen Park Schatten spenden und den Ort in eine Oase verwandeln sollen. Installiert sind 2010 schließlich auch die charakteristischen Bögen des Nahverkehrsbahnhofs des spanischen Meisterarchitekten Santiago Calatrava, dazu wuchs bereits der Büroturm *4 World Trade Center* über 20 Stockwerke aus der Grube.

Endgültig abgetragen ist zu diesem Zeitpunkt auch die Ruine der Deutschen Bank. Wie lange das dauerte, konnte ich jeden Tag an meiner nun dreijährigen Tochter Mia feststellen. Es begann an einem dieser Tage, die ich nie vergessen werde: am 18. August 2007, einem Samstag. Am folgenden Mittwoch sollten bei Estee die Wehen eingeleitet werden. Ich erholte mich gerade bei einem Nickerchen, als ich durch immer lauter werdendes Sirenengeheul aufwachte. Rasch setzte sich die Geräuschkulisse zu einem alarmierenden Gesamtbild zusammen: Es war nicht das Geheul vereinzelter Einsatzfahrzeuge, sondern das Hunderter. Schnell war mir klar: Wieder musste etwas passiert sein, etwas Großes. Eine Sekunde später sah ich es: Gegenüber von unserem Apartmentgebäude loderte ein Feuerinferno. Die Deutsche Bank brannte, aus zehn Stockwerken züngelten die Flammen, dicker schwarzer Qualm drang heraus. Der Anblick war ein Schock, frappierend erinnerten die Bilder an den 11. September. Estee und Max waren ebenfalls aufgewacht, erstaunt und schockiert wie ich. Unser Nachbar Steven läutete an der Tür, um zu sehen, was los ist.

Wir erfuhren es später aus den Nachrichten: Bei einer Zigarettenpause hatten Arbeiter den Brand entfacht. Für die Feuerwehr wurde das im Abriss befindliche, noch 26 Stockwerke hohe Gebäude zur Todesfalle. Die vertikale Wasserstandleitung, die zur Brandbekämpfung in jedem Gebäude vorgeschrieben ist, war bereits stillgelegt worden. Zwei Feuerwehrmänner verirrten sich in dem Labyrinth, ihnen ging der Sauerstoff aus, sie erstickten im giftigen Qualm.

Ich erwartete den Zusammenbruch des brennenden Gebäudes, wunderte mich, warum auf der Straße noch Hunderte Feuerwehrleute standen. Erst gegen Abend war das Feuer gelöscht. Dass es dann aber noch dreieinhalb Jahre dauern sollte, bis das Gebäude endgültig abgerissen wurde, konnte ich mir damals trotz aller Enttäuschung über den schleichenden Baufortschritt auf *Ground Zero* nicht vorstellen.

An einem klirrend kalten Tag im Dezember 2010 stehe ich in einem Lift im World Trade Center und fahre in die Höhe. Es ist ein – untertrieben gesagt – eigenartiges, fast gespenstisches Gefühl. Bei der letzten Fahrt ging es im alten WTC noch mit dem Expresslift direkt in den 110. Stock, zur Aussichtsplattform. Jetzt stehe ich mit einem Bauhelm auf dem Kopf, greller Signaljacke und Pressekarte im Baulift. Es ist ein schlichter Metallkäfig, angebracht an einer wackelig scheinenden Konstruktion am Stahlgerüst des bereits 182 Meter hoch aufragenden Turmes. Die Arbeiter tragen gegen die brutale, durch die offenen Stockwerke pfeifende Kälte so viele Kleidungsschichten, dass sie plump wie Michelin-Männchen wirken. »Acht Schichten sind es, anders geht es nicht bei der Kälte«, sagt mein Liftnachbar.

Gut gelaunt scheinen die Arbeiter, es ist ein besonderer Teamgeist zu spüren. Sie wissen, dass sie hier etwas Außerordentliches bauen, dass die Augen New Yorks, ja der Welt auf sie gerichtet sind. Die Mitarbeiterin der Hafenbehörde, die mich begleitet, ist selbst erstaunt: »Jeden Tag führen wir neue Reporterteams über die Baustelle – das Interesse am Wiederaufbau ist ungebrochen.«

Wir steigen im 21. Stock aus. Hier sind bereits die Glasscheiben montiert, wodurch zumindest der beißende Wind abgeschirmt wird. Der Stock ist verlassen, die Bauteams sind bereits weiter nach oben gezogen. Mir fällt auf, dass der Kern des Gebäudes die Hälfte der Nutzfläche verschlingt. In ihm werden die Expresslifte, die direkt zu den Umsteigestellen durchfahren, und Lokallifte untergebracht, die alle Stockwerke anfahren. Dazu gibt es Fluchttreppen, Leitungen, Heizungs- und Kühlungsschächte. Alles ist mit dicken Betonwänden ummantelt, mit wuchtigen Stahlträgern abgestützt.

Die massive Bauweise hat ihren Grund: Experten fanden bei der Untersuchung des Einsturzes der alten Gebäude heraus, dass die ins Gebäude gerasten Flugzeuge die Treppenhäuser zerstörten, da sich diese hinter lediglich dünnen Wänden befanden. Deshalb konnte aus den oberen Etagen des Nordturms niemand entkommen und nur eine Handvoll Menschen aus dem Südturm. Das neue *One World Trade Center* ist daher als vertikale Festung, als Trutzburg gegen den Terror konzipiert: Die Schutzwände im Kern sind 91 Zentimeter dick, die Fluchttreppen breiter als bei anderen Hochhäusern, für die Feuerwehr ist ein separater Treppenaufgang reserviert. In die Formen wurde der widerstandsfähigste Beton gegossen, der in New York jemals für den Hausbau verwendet wurde. Das gebäudeinterne Ventilationssystem ist mit speziellen Filtern gegen chemische oder biologische Attentate ausgerüstet, und am Fundament wurde der Beton mit extradicken Stahleinlagen verstärkt.

Der Ausblick auf den Rest der Baustelle ist beeindruckend: Es dominieren die beiden »Fußabdrücke« der gefallenen Türme. Der Anblick der rechteckigen, mit anthrazitfarbenem Granit verkleideten Gruben, über die später das Wasser stürzen soll, ist bewegend. Sie liegen genau an der Stelle der zerstörten Zwillingstürme. Ihnen damit ein Denkmal zu setzen ist eine großartige Idee. Sie verursacht Gänsehaut. Für einen Moment stelle ich mir die alte Plaza vor, die Skulptur *The Sphere* in seiner Mitte. Bei jedem Gang über den Platz richtete ich den Blick nach oben – auch nach über einem Jahr in New York. Endlos wuchs die gestreifte Fassade in den Himmel.

Neben dem *Memorial Park*, der am zehnten Jahrestag von 9/11 eröffnet werden soll, zeichnen sich auch die Konturen der restlichen Bebauung ab: Turm vier wächst rasant, der Rohbau des Museumspavillons ist fertig, das unterirdische Labyrinth des Nahverkehrsknotens weitgehend angelegt. Dazwischen werden Bäume gepflanzt, Pflastersteine platziert, Terrassen und Treppen betoniert, letzte Leitungen verlegt. Und, ich kann es kaum glauben: Die Ruine der Deutschen Bank ist praktisch verschwunden. Arbeiter machen sich gerade mit Schneidbrennern an die letzten noch stehenden Stahlträger. Ein Vorhang sprühender Funken fällt vom Rest der Stahlkonstruktion. Nur an der Stelle der Türme zwei und drei klafft noch die sieben Stockwerke tiefe »Badewanne«.

Die Dimension des neuen Komplexes ist beeindruckend: Die Arbeiter, die gerade Stahlpfeiler für die Fundamente in den Fels unter Manhattan jagen, sehen von hier oben aus wie Ameisen.

Als ich mich nach der Tour verabschiede, denke ich: Hätten sie von Anfang an mit derartigem Hochdruck gebaut, wäre der neue Komplex zum zehnten Jahrestag bereits fast fertig gewesen.

29

Heute leben wir im 30. Stock eines Art-déco-Apartmentgebäudes am Südzipfel Manhattans, formal im Finanzdistrikt, doch näher an Battery Park City, einem mit dem Aushubmaterial des WTC-Fundaments künstlich in den Hudson hineingebauten Stadtteil. Meine Tochter Mia wird vier, Maxwell, den wir in Erbsengröße durch den beißenden Qualm des 11. September in Estees Bauch über die Brooklyn Bridge getragen haben, ist inzwischen neun. Er besucht die dritte Grundschulklasse. Abends sitzt er vor dem Computer und erklärt seinen Freunden via Skype, dass sie für bessere Leistung des Browsers den Cache entleeren sollen. Wie die Zeit verfliegt!

Estee mochte die Wohnung anfangs nicht. Bei unserem ersten Rundgang im Dezember 2001 sah sie aus dem Fenster im Wohnraum stumm auf die Trümmerhalde von *Ground Zero*, die wenige Blocks nordwärts gut zu sehen war. Immer noch stieg dort leichter Qualm auf, auch wenn die größten Schwelbrände langsam ausgegangen waren.

»Ich mag nicht auf *Ground Zero* schauen«, sagte sie und hielt sich den nun bereits sichtlich gewölbten Babybauch. Die tägliche Erinnerung an Tod und Zerstörung, argumentierte sie nachvollziehbar, biete kaum das harmonische Gefühl, das sie sich für die letzten drei Monate ihrer Schwangerschaft wünschte.

Wir hakten das Apartment deshalb auch zunächst ab. Doch nachdem alle anderen Versuche scheiterten, redete ich nochmals sanft auf sie ein, argumentierte, dass der Anblick sich durch die rasch voranschreitenden Aufräumarbeiten bald verändern werde. Vor allem: Wir wollten Ende Januar umziehen, bis dahin sollten zumindest die Feuer endgültig gelöscht sein. Wie bescheiden man wird.

So unterschrieben wir den Mietvertrag letztlich doch – obwohl unser Bezirk damals eine recht ungewisse Zukunft vor sich hatte: Die meisten Einwohner von Battery Park waren mehr als zwei Monate lang evakuiert, viele kehrten nicht zurück. Ein Großteil der Wohnhäuser stand halb leer. Die von 9/11 ausgelöste Rezession hielt das schwer getroffene New York im Würgegriff. Die Finanzindustrie, deren Boni und Gehälter vor allem in Downtown das wichtigste Schmiermittel für die lokale Wirtschaft sind, stemmte sich gegen immer tiefer fallende Aktienindexe. Geplante Bauprojekte wurden vorerst auf Eis gelegt. In einem Anflug von Verzweiflung reduzierten die Hauseigentümer die Mietpreise drastisch. Gut erinnere ich mich daran, dass wir riesige Wohnungen mit Terrasse besichtigten, die auf einmal bezahlbar waren.

Auch deshalb ist das Comeback erstaunlich: Heute gehören Battery Park City im Westen von *Ground Zero*, Tribeca im Norden und das Finanzviertel im Osten wieder zu den gefragtesten Bezirken der Stadt. Fast habe ich vergessen, wie viel vor allem entlang des Hudson gebaut wurde. Als ein Polizeifotograf, der mit einem Helikopter um die brennenden Türme gekreist war, seine dramatischen Luftaufnahmen veröffentlichte, wunderte ich mich über die vielen damals noch unverbauten Flächen. Was für ein Unterschied zu heute! Nach dem Bau von zehn Apartmenthochhäusern und einer Schule ist inzwischen jede Baulücke geschlossen. Vor allem Familien zogen in den Bezirk, der heute als Zentrum des New Yorker Babybooms gilt. Die Anreize sind tatsächlich groß – auch wir könnten uns keinen besseren Ort vorstellen, um unsere Kinder großzuziehen.

Estee und ich genießen die idyllischen Parks am Wasser, Max

und Mia freuen sich über die Eröffnung immer extravaganterer Spielplätze. Stadtplaner haben die Straßen begrünt, den Verkehr zurückgesetzt. Als ich eines Tages sah, dass die Zebrastreifen an einigen Übergängen aus feinen Granitplatten gefertigt sind, betrachtete ich den Aufstieg des Bezirkes endgültig als gesichert. Größter Magnet natürlich für Eltern: die öffentliche Schule PS 89 an der Warren Street, die einen hervorragenden Ruf genießt. 2010 eröffnete dazu gleich gegenüber von unserem Apartment eine weitere Schule, die PS 276.

Es hat sich ausgezahlt, dass wir dem »Katastrophenbezirk« die Treue hielten – auch wenn sich der Stadtteil zu einer Art »Malibu am Hudson« gewandelt hat. Hier treffen sich die Schönen und Reichen. Riesige Lofts, architektonisch ansprechende Luxusneubauten, das jährliche Filmfestival und die herrliche Lage am Fluss haben zahlreiche Hollywoodstars angelockt. Unsere Nanny hat sogar einmal auf dem Weg zum Spielplatz *Titanic*-Star Leonardo DiCaprio getroffen, der gerade seinen Hund ausführte. Mia streichelte den Vierbeiner, während die Nanny die Gelegenheit für ein bisschen Smalltalk nutzte. DiCaprio ist einer von vielen, die eine Wohnung im »River House« kauften, einem der zahlreichen neuen, unter höchsten ökologischen Standards gebauten Luxusapartmentgebäuden zwei Blocks östlich des neuen WTC-Turms.

Grünen Luxus findet man auch gleich gegenüber von uns, in »Lucas House«, wie Mia das Gebäude nennt, in dem ihr gleichaltriger Freund aus der Kinderkrippe wohnt. Das Haus ist tatsächlich eine Augenweide, wenn auch Miet- und Kaufpreise exorbitant sind. In der Lobby hält Mia auf dem Weg zu ihren Verabredungen stets am tropischen Aquarium an, bestaunt »Nemo« und »Dori«; Geburtstagsfeiern finden auf der wie ein kleiner Park angelegten Terrasse im 14. Stock statt – mit Blick auf den Hudson und die Freiheitsstatue. Was für ein Unterschied, was für ein Comeback im Vergleich zu den düsteren Wochen und Monaten des grauenhaften Herbstes vor zehn Jahren! Selbst der große Finanzcrash 2008 konnte der Wiedergeburt des Stadtteils nur einen kurzen Dämpfer versetzen.

9/11 ist heute eine entfernte Erinnerung – für den Großteil New Yorks. Und auch für uns. Doch immer wieder werde ich auf den Straßen von Touristen angesprochen. »Entschuldigen Sie«, beginnen sie meist: »Wo geht es denn hier zum World Trade Center?«

Ich zeige dann stets freundlich auf den Wald der Baukräne im Norden und sinniere, wie weit das Ereignis bereits in der Vergangenheit zu liegen scheint.

Natürlich hat sich das Stadtleben verändert. In fast allen Bürogebäuden müssen Besucher heute an der Lobby den Personalausweis abgeben. Oft fertigen sie sogar ein Foto an, das auf den temporären Besucherausweis gedruckt wird. Fast jeden Tag sehe ich vor der Einfahrt zum Battery-Brooklyn-Tunnel Polizisten, die jeden Lkw, jeden Lieferwagen vor der Einfahrt kontrollieren. Oft steht hier auch die Nationalgarde. An den Anblick der schwer bewaffneten Soldaten hat sich jeder gewöhnt, auch wenn allgemein bezweifelt wird, ob sich Terroranschläge so wirklich aufhalten lassen.

In der U-Bahn gibt es seit den verheerenden Anschlägen auf die Londoner *Tube* am 7. Juli 2005, als vier Selbstmordattentäter 52 Passagiere mit Plastiksprengstoff in den Tod rissen, zufällige Kontrollen der Gepäckstücke. Doch in all den Jahren habe ich die Polizisten mit den weißen Handschuhen, dem aufklappbaren Holztisch und dem Spürhund vor den Eingangsschleusen der Bahnsteige höchstens vier Mal gesehen. Ihre Anwesenheit ist eher symbolisch: 423 Stationen hat die New Yorker Subway, eines der größten U-Bahn-Netze der Welt. Fünf Millionen Fahrten werden im Schnitt an Wochentagen absolviert. Wie sollte man hier für Sicherheit garantieren?

Als ich selbst einmal für die Kontrolle ausgesucht wurde, konnte ich feststellen, wie oberflächlich diese auch für die wenigen sind, die wirklich drankommen: Eine Sekunde lang warf der Polizist einen flüchtigen Blick in meinen Rucksack, dann sagte er freundlich: »*You are good to go!*« – »Alles klar, Sie können weiter.«

Natürlich hat sich vor allem das Fliegen dramatisch erschwert. Als eine der unmittelbarsten Reaktionen auf 9/11 rief George W. Bushs Regierung die Bundesbehörde »*Transportation Security Administration*« (TSA) ins Leben. Sie sollte die Sicherheitskontrollen auf Flughäfen, die bislang meist in der Hand von Privatfirmen war, verstärken und vor allem vereinheitlichen. Ich habe die neuen Richtlinien bei etwa 60 Inlandsflügen erlebt, doch wirklich sicherer fühle ich mich nicht. Natürlich ist viel passiert, von dem man als einfacher Reisender nichts mitbekommt: Die US-Behörden haben ihre Zusammenarbeit bei der Erstellung von Listen verdächtiger Personen offensichtlich deutlich verbessert – auch wenn sich immer wieder einmal ein Baby auf die Terrorliste verirrt oder einem Elitesoldaten die Heimreise verwehrt wird, da sein Name gleichlautend ist mit einem auf der Liste. »Falsches Positiv« heißt so eine Verwechslung im Behördenjargon.[92] Doch die Extradurchleuchtungen laufen nach dem Zufallsprinzip; ein Verdächtigenprofil aufgrund von ethnischer Zugehörigkeit oder Aussehen zu erstellen ist strikt verboten. Das Prinzip ist lauter, doch die Resultate sind meist wenig hilfreich. Da steht der österreichische US-Korrespondent mit ausgebreiteten Armen in der Durchleuchtungszone (ja, mich scheint es besonders oft zu erwischen, vor allem wenn ich bereits recht spät dran bin) neben einer 80-jährigen Großmutter, einem Teenager oder einem mehr als 200 Kilo schweren Übergewichtigen.

Mit jedem gescheiterten Anschlagsversuch kommen neue Restriktionen hinzu. Auch sie sind eher ein Zeichen der Hilflosigkeit als von wachsendem Selbstvertrauen der Behörden: Seit der »Schuhbomber« Richard Reid am 22. Dezember 2001 einen in seiner Schuhsohle versteckten Sprengsatz zünden wollte, gehen wir alle auf Socken durch die Metalldetektoren. Seit Terroristen im Sommer 2006 versuchten, Flüssigsprengstoff an Bord von zehn Transatlantikfliegern zu schmuggeln und ihn während des Fluges zu zünden, schütten wir unsere Getränke vor den Sicherheitskontrollen aus. Da ich selbst bei meinen Dienstreisen meist nur Handgepäck mitnehme und die neuen Regeln offenbar ständig und dauerhaft unbewusst ignoriere, lasse ich immer wieder Zahnpasta, Moskitospray, Sonnencreme und andere Kosmetika an den Schleusen zurück. Irgendwann werde ich mir die genauen TSA-Regeln ausdrucken und an die Wand vor meinem Schreibtisch pinnen.

Auch der Versuch des »Unterhosen-Bombers« Umar Farouk Abdulmutallab, der am 26. Dezember 2009 ein in seine Unterhose eingenähtes, 15 Zentimeter langes Säckchen Sprengstoff mit einer Säure-Injektionsnadel zünden wollte, hatte Folgen. Der Anschlagsversuch kurz vor der Landung des Delta-Jets wurde zwar von aufmerksamen Passagieren vereitelt, doch indirekt bescherte der Terrorist der Welt die umstrittenen »Nacktscanner«.

Bei einer Pressekonferenz der TSA durfte ich wenige Tage nach dem Anschlagsversuch in Washington die Geräte testen. Es war nicht zu übersehen, dass für die Hersteller der Durchleuchtungsgeräte, die seit Jahren erfolglos für deren Einsatz warben, nun die große Stunde gekommen war: Ausführlich wurden die beiden Technologien *Backscatter X-Ray* und *Millimeter Wave* erläutert, alle Sorgen hinsichtlich einer möglichen Verletzung der Privatsphäre oder Gesundheitsgefahren von geschulten PR-Experten zerstreut.

Doch das echte Drama folgt erst im Herbst 2010, als die Scanner flächendeckend installiert sind und die TSA auf ihrer Verwendung besteht – und als Alternative lediglich eine höchst fragwürdige Abtastung der Passagiere anbietet. Die Debatte wird rasch schrill, angefeuert von einer Flut peinlicher Bilder, Videos und wahrer Horrorstorys: Kleinkinder, die ihre Leibchen ausziehen mussten, ein Urinbeutel, der bei der Abtastung zerbarst, das peinliche Abklopfen von Brustimplantaten durch TSA-Mitarbeiter.

Die Kritik, obwohl kurioserweise von den sonst die Terrorangst eher schürenden Rechten vorgetragen, scheint berechtigt: Wie konnte das Betasten von Fluggästen plötzlich Teil des Fliegens werden? Genüsslich titelt der *Drudge Report* unter dem Foto einer Ordensschwester, der ein TSA-Beamter unter den Rock fasst: »Die Terroristen haben gewonnen!«[93] Als dann plötzlich auch noch die Effektivität der Scanner bezweifelt wird und Berichte über die extreme Lobbyarbeit der Herstellerfirmen auftauchen, scheint das Debakel perfekt zu sein.

Ich bin zum Zeitpunkt der Debatte in Port-au-Prince, um für eine Reportage über die Choleraepidemie zu recherchieren. Aus der Ferne wirkt alles besonders befremdlich. Was ist bloß los mit diesem Land?, frage ich mich. Wie kann sich ein Staat mit einer so beeindruckenden demokratischen Tradition in eine Lage manövrieren, in der es nur noch die Wahl zwischen absurd anmutenden Alternativen zu geben scheint? Dazu wird auf versuchte Terroranschläge immer nur reagiert – der Sicherheitsapparat scheint stets in der Defensive zu sein. Das soll kein Vorwurf sein. Im Unterschied zur Terrorabwehr haben Angreifer stets das Überraschungsmoment auf ihrer Seite. Doch was geschieht, wenn der erste Selbstmordattentäter mit einem implantierten Sprengsatz ein Flugzeug besteigt? Müssen wir dann alle vor dem Fliegen eine Computertomografie über uns ergehen lassen?

Zwar ist New York mittlerweile generell recht apathisch, wenn es um neue Terrorgefahren geht, dennoch rütteln einzelne Anschlagsversuche auf. So sitze ich am 1. Mai 2010 gerade in einem Flugzeug nach New Orleans, wo ich für eine Reportage über die nach der Explosion der Öl-Plattform *Deepwater Horizon* ausgebrochene Ölpest recherchieren soll. Das Flugzeug gehört der Fluglinie *JetBlue*, die auf kleinen LCD-Monitoren an den

Rückenlehnen Livefernsehen zeigt. An diesem Tag laufen Eilmeldungen über die Evakuierung des New Yorker Times Square über den Bildschirm. Ich tue die Bilder zunächst als typischen Medienhype ab. Wie oft war die überfüllte Touristenmeile in der Nähe der Broadway-Theater in den Jahren nach 9/11 schon geräumt worden! Wegen vergessener Handtaschen, wirrer Bombendrohungen oder verdächtiger Lieferwagen. Doch nachdem die Bilder schon über eine Stunde mit abgeschaltetem Ton vor mir flimmern, während ich am Laptop arbeite, setze ich mir doch noch die Kopfhörer auf. Und tatsächlich: Es handelt sich um den ersten, nur knapp gescheiterten Terroranschlag seit fast neun Jahren.

Der US-Pakistani Faisal Shazad hat inmitten des Menschengewühls in einem alten SUV eine hochgefährliche Bombe versteckt. Die Komponenten des eigentümlichen Sprengsatzes: zwei Fünf-Gallonen-Kanister Benzin, 160 Feuerwerkskörper, Schießpulver, drei gefüllte 20-Gallonen-Propangaszylinder, 113 Kilo chemische Düngemittel und zwei Reisewecker als Zeitzünder.

Glücklicherweise entpuppt sich der, wie sich später herausstellt, von den pakistanischen Taliban ausgebildete Terrorist als Dilettant: Fälschlicherweise ist er davon ausgegangen, dass der Mix aus Harnstoff, Zucker und Düngemittel ähnlich explosiv reagieren würde wie der sonst oft für den Bau von Bomben verwendete Ammoniumnitrat-Dünger; außerdem versagten die diversen Zündmechanismen. Faisal, der Tage später bei einem Fluchtversuch am Flughafen JFK verhaftet wurde, hatte sogar versehentlich die Türen des Fluchtwagens versperrt und den Schlüssel in der Zündung stecken lassen. Deshalb musste er nach der Platzierung des Bombenautos mit einem Nahverkehrszug in seinen Wohnort zurückfahren.

Immerhin: Die Ereignisse des 11. September haben die Bürger wachsamer werden lassen: Zwei Straßenverkäufer hatten die plötzliche Rauchentwicklung in dem SUV gesehen und berittene Polizisten alarmiert, die die Bombe entdeckten und sofort den Evakuierungsbefehl gaben.

Habe ich die Berichte anfangs ignoriert, sitze ich jetzt im Flugzeug wie angewurzelt vor dem Bildschirm. Terror in New York! Die alte Angst ist wieder da. Am liebsten möchte ich wieder zurückfliegen, um in diesen Schreckmomenten bei meiner Familie sein zu können.

Wie knapp die Stadt einer neuerlichen Katastrophe entgangen ist, zeigt ein im Sommer 2010 vom FBI durchgeführter Feldtest mit einem Nachbau der Bombe. Das Video ist schockierend: Die Explosion schleudert geparkte Autos durch die Luft, hätte im Menschengewühl des besonders am frühen Abend so überfüllten Times Square ein Blutbad mit Dutzenden Toten verursachen können. Wir in New York, aber auch die Menschen in anderen westlichen Großstädten haben die permanente Gefahr durch Terroranschläge verdrängt, der Vorfall aber macht uns bewusst, dass weiterhin zu jeder Zeit und an jedem Ort Terroristen zuschlagen können.

Die ersten Jahre nach 9/11 dachte ich, dass Al-Qaida das damalige Grauen noch übertreffen wolle – und sich deshalb mit »kleineren« Attacken zurückhalte. Dieser Glaube scheint nun überholt.

War ich in den Tagen, Wochen und Monaten nach 9/11 von dem unglaublichen Zusammengehörigkeitsgefühl der New Yorker beeindruckt, so muss ich feststellen, dass sich dieses rasch verflüchtigt hat. Besonders in der Debatte um die sogenannte *Ground-Zero*-Moschee wird deutlich, wie vergiftet das Klima inzwischen ist, vor allem seit Kräfte von außerhalb den Streit für ihre Zwecke auszuschlachten versuchen. Das offiziell *Park51* benannte Projekt beinhaltet den Bau eines 17 Stockwerke hohen islamischen Gemeindezentrums mit einem Gebetshaus, aber auch Einrichtungen wie Fitnessräume und Bibliotheken. Obwohl der Baugrund des Projekts zwei Blocks nördlich vom Nordrand von *Ground Zero* situiert ist, liegt es nach Auffassung von Kritikern doch weitgehend innerhalb der »Heiligen Gründe«. Für ihre Argumentation bemühen sie sogar die Tatsache, dass Trümmer des *United*-Jumbos in ebendieser Straße landeten.

Der Bau einer Moschee so nah am Tatort des größten von Islamisten verübten Terroranschlags aller Zeiten ist ein heikles Thema, keine Frage. Und eine ernsthafte Debatte wäre willkommen gewesen: Ist ein Zeichen der Toleranz und die Klarstellung, dass New York nicht den Islam, sondern den Fanatismus bin Ladens und seiner Anhänger für die Anschläge verantwortlich macht, wichtiger als die Bedenken vieler Hinterbliebener, auf deren Gefühle Rücksicht genommen werden muss?

So abgeklärt verlief die Diskussion natürlich nicht: Monate vor den *Midterm*-Kongresswahlen peitschen vor allem die Republikaner die Stimmung gegen die Moschee auf, der rechte Nachrichtenkanal *Fox News* befeuert den »Skandal« durch tägliche Berichte. Und all das geschieht, obwohl das Recht auf freie Religionsausübung zu den Grundsäulen Amerikas gehört und in der Verfassung verankert ist. Die Religionshetze bringt den fragilen Zusammenhalt des Multikultistaats Amerika in Gefahr; mit nie bewiesenen Behauptungen wird die Angst geschürt, dass radikale Kräfte aus dem Nahen Osten den Bau der Moschee finanzieren, um den USA damit noch eine weitere symbolische Niederlage zuzufügen. Oder dass sie hier gar ein Zentrum errichten wollten, von dem aus sie neue Attacken planen könnten.

Laut Umfragen lehnt am Ende eine satte Mehrheit der US-Bürger den Bau der Moschee ab, auch in New York, allerdings in moderaterem Ausmaß.[94]

Dass die Stimmung vergiftet ist, ist auch am neunten Jahrestag von 9/11 deutlich zu spüren: Als ich Max und Mia zum Spielplatz bringen möchte, rollt vor unserem Haus an der West Street laut dröhnend eine Karawane von Bikern vorbei. Ich erzähle den Kindern zuerst, dass die Motorradfahrer einen Ausflug machen, versuche jedoch später, Max die Zusammenhänge zu erklären: Jeden Sommer rollen die Biker mit ihren mit US-Flaggen ausstaffierten Motorrädern durch unseren Bezirk. Mitunter ist die Karawane so lang, dass die Vorbeifahrt 20 Minuten dauert und den Verkehr ebenso lange unterbricht. Obwohl es einige der Biker mit ihren 9/11-Sternfahrten sicher gut meinen, bringen sie doch eine Ideologie in die Stadt, die die New Yorker mehrheitlich ablehnen. Einst haben sie lautstark George W. Bush und seinen Irakkrieg unterstützt und die Foltermethoden gegen Terrorverdächtige in CIA-Geheimgefängnissen oder auf Guantanamo Bay befürwortet. Jetzt rollen sie zur Demo gegen die Moschee.

Später sehe ich in den Lokalnachrichten im Fernsehen, wie sie Befürworter niederschreien und mit der Androhung körperlicher Gewalt zurückdrängen. Wer lauter schreit und mehr Muskelkraft besitzt, hat recht, oder?

Am Ende öffnet die von den Rechten für ihre Zwecke ausgenutzte Debatte auch noch fast die Büchse der Pandora: Der radikale Pastor einer winzigen Kirchengemeinde in Florida erlangt weltweite Beachtung, als er seinen wahnwitzigen Plan verkündet, am 11. September 2010 einen Stoß Koranschriften auf dem Gelände seiner Kirche zu verbrennen.

Ich erreiche ihn eine Woche vor der geplanten Provokation telefonisch. Es wird eines der kurioseren Telefonate meiner Laufbahn: Er beharrt, dass sein Zündeln eine »Warnung an Muslime« sei, ihre angeblich »radikale Agenda« zu beenden. Sie unterwanderten Amerika, Europa, die ganze westliche Welt, tobt der zornige Pastor und erzählt mir mit dröhnender Stimme, dass sie im Geheimen die Einführung der muslimischen Scharia vorbereiten.

Er nimmt zwar zur Kenntnis, dass es immer mehr Proteste gegen und Warnungen vor seiner Aktion gibt, doch nennt er die von ihm geplante Koranverbrennung einen Akt der Selbstverteidigung.

Als ich Estee nach dem Telefonat wieder bei den Kindern auf

dem Spielplatz treffe und ihr von dem Gespräch erzähle, bemerkt sie, wie konsterniert ich angesichts des geballten Wahnsinns im Kopf dieses Fanatikers bin.

Glücklicherweise kann er durch einen Trick von seinen Plänen abgebracht werden: In den hektischen Verhandlungen wird ihm vorgetäuscht, die Moschee solle nun doch an einem anderen Ort gebaut werden.

Auch die anderen Beteiligten an der Moscheedebatte treten nun auf einmal leiser. Ihnen scheint bewusst geworden zu sein, dass die Verbreitung von Fotos auch nur eines einzigen brennenden Korans über das Internet in muslimischen Staaten zu einer Explosion des Hasses gegen Amerika geführt hätte. Schon während der Debatte um die Koranverbrennung war es in Teilen der islamischen Welt zu gewalttätigen Demonstrationen gekommen: In Kabul, Afghanistan, warfen Demonstranten Steine gegen NATO-Truppen, deutsche Soldaten schossen zurück, ein Afghane starb.[95]

Die Auseinandersetzung um die Moschee verflüchtigt sich im sich immer schneller drehenden Medienkarussell so rasch, wie sie aufkam. Das einstige Zusammengehörigkeitsgefühl, die Welle der Toleranz, die die New Yorker für kurze Zeit hat zusammenrücken lassen, ist jedoch dauerhaft verschwunden.

Hierfür noch ein weiteres Beispiel: Noch im Dezember 2010 weigern sich republikanische Senatoren beharrlich, den Menschen, die sie, wann immer es opportun scheint, als »Helden« preisen, eine ordentliche Gesundheitsversorgung zukommen zu lassen. Im zur Abstimmung stehenden »James-Zadroga-Gesetz« waren für 36000 sich in medizinischer Behandlung befindliche Freiwillige, Feuerwehrleute, Polizisten und Arbeiter, die in der rauchenden Gifthalde nach Überlebenden suchten und die Grube leer räumten, 7,4 Milliarden Dollar Entschädigung vorgesehen. Benannt war der Gesetzesentwurf nach einem Polizisten, der am 5. Januar 2006 an den Folgen der krebsverursachenden Dämpfe auf *Ground Zero* gestorben war.

Selbst als die Republikaner aus fadenscheinigen Gründen (keine ausreichende Debatte, zu wenig Transparenz bei der Verteilung der Gelder) Anfang Dezember 2010 das Gesetz mit einem »Filibuster«-Manöver – einer bewährten Verzögerungstaktik, die nur mit mindestens 60 der 100 Senatorenstimmen überwunden werden kann – ablehnen, räumen die Medien dem unfassbaren Skandal wenig Raum in der Berichterstattung ein. Ist 9/11 wirklich vergessen? Oder nur seine Opfer?

Es bedarf des Fernsehkomikers Jon Stewart, der der Ungeheuerlichkeit eine 30 Minuten lange Sondersendung einräumt, um die Aufmerksamkeit der Medien zu wecken und Schwung in die Debatte zu bringen. Das Gesetz sei ein »Muss, muss, muss, muss, muss, muss, macht es endlich, verdammt«-Vorschlag, tobt Stewart. Er zerpflückt genüsslich, wie die Republikaner (GOP) den 11. September für sich nutzten und nun eine angemessene Krankenvorsorge für die selbstlosen Retter von damals ablehnen. Er führt aus, dass ausgerechnet *Al-Dschasira* als einziger Fernsehsender dem Skandal breiten Raum widme – ebenjener Sender, an den Osama bin Laden stets seine Videobänder schicke. Die an Stewarts Tirade anschließende Diskussion mit vier Helfern, die allesamt an Krebs oder anderen schweren Krankheiten leiden, wühlt auf und führt allen die herzlosen Rechtfertigungen der das Gesetz blockierenden Senatoren vor Augen – zum Beispiel die Sorge, dass sie zwischen Weihnachten und Neujahr in Washington hätten bleiben müssen.

Die Debatte regt auch mich auf: Diese Menschen rechtfertigen die Folter, das Ausspionieren der eigenen Bürger oder sinnlose Kriege wie den im Irak mit den Anschlägen vom 11. September. Sie schürten Angst, um Bushs Wiederwahl 2004 zu garantieren. Sie schlagen bei jeder Debatte wild mit der 9/11-Keule um sich. Doch Sonderzahlungen für die todkranken Retter? Halten sie offenbar für nicht wichtig.

Am Ende wird dann doch noch ein Kompromiss erzielt: Demokraten und Republikaner verständigen sich darauf, wenigstens 4,2 Milliarden Dollar für die Entschädigung und Versorgung der Helfer bereitzustellen. Zu übersehen ist dennoch nicht, wie weit die amerikanische Politik sich von jener Zeit der nationalen Trauer und des Zusammenhalts schon wieder entfernt hat. Dass der Abend des 11. September, an dem der ganze Kongress auf den Treppen des Kapitols »*Good Bless America*« intonierte und versprach, »Schulter an Schulter« im Kampf gegen die Terrorfeinde zusammenzustehen,[96] vergessen zu sein scheint.

30

Der Tag, der alles änderte! Wie oft hallte diese Phrase durch meinen Kopf. Und nach den Stunden des blanken, noch dazu weltweit live übertragenen Entsetzens über den 11. September schien tatsächlich alles möglich: Bioattacken, Nuklearterror schlimmstenfalls, aber zumindest ein künftiges Dasein in unseren westlichen Metropolen, wo »kleinere Bombenattacken« zum Alltag gehören, die Fortbewegung nur unter strengsten und lähmenden Sicherheitskontrollen vonstattengehen würde. Unser relativ unbeschwertes Leben – aus und vorbei, für immer. Diese düsteren Gedanken spukten damals durch meinen Kopf. Doch es kam anders, in vielerlei Hinsicht: Als ich diese Zeilen niederschreibe, ist Al-Qaida natürlich bei Weitem nicht geschlagen. Seine Anhänger sprengten Rucksacktouristen in Bali in die Luft, ermordeten Pendler in der Madrider U-Bahn, sorgten für ein Blutbad in Londons »Underground«, versuchten, mit Selbstmordbombern Linienflugzeuge vom Himmel zu holen. Doch der nächste große Schlag blieb, vor allem in den USA, zum Glück bisher aus. Selbst die besten Terrorexperten tun sich schwer bei der Analyse, ob das der dramatisch verbesserten, nun global verzahnten Terrorabwehr zu verdanken ist oder an der Schwäche der Terrororganisation liegt.

Signifikanter scheinen die indirekten Konsequenzen: Durch Bushs katastrophale Entscheidung, im Zuge des »Krieges gegen den Terror« den Irak zu überfallen, Terroristen zu foltern und befreundete Staaten mit Selbstherrlichkeit und Arroganz vor den Kopf zu stoßen, verlor Amerika als wichtigste globale Führungsmacht sein Ansehen – viel davon vielleicht für immer, trotz aller rührenden Versuche von Bushs Nachfolger Barack Obama. Auch durch den finanziellen Aderlass durch die beiden Kriege im Irak und Afghanistan verschob sich das Machtgleichgewicht dramatisch nach Fernost, vor allem China steigt rasant zu Amerikas Rivalen in der Weltpolitik auf.

Es ist eine chaotischere Welt geworden, eine Welt, in der gefährliche Diktatoren in Teheran oder Pjöngjang die wachsende Kluft im internationalen Gefüge immer mehr ausnutzen. Dazu: Obwohl sich, wie die Amerikaner gerne behaupten, verbliebene Al-Qaida-Führer »auf der Flucht befinden«, etablierte sich der Dschihad und der radikale Islamismus vor allem auch über das Internet als Brutstätte neuer Anschläge in allen Ecken der Welt. Diese Gefahr wird wohl auf absehbare Zeit bestehen bleiben – mit oder ohne Al-Qaida-Führung. Welche Rolle die jüngste Welle an Volksaufständen in der arabischen Welt auf die Terroristen haben wird, ist ebenfalls noch unklar.

New York selbst hat den 11. September erstaunlich gut überstanden, die Metropole ist immer noch jene faszinierende, vibrierende, trendsetzende »Welthauptstadt«, auch wenn ihre globale Strahlkraft aufgrund der geopolitischen Umwälzungen abnimmt. Das damalige Szenario einer »sterbenden Stadt«, aus der die Bewohner wegen der zermürbenden Dauerangst vor immer neuen Anschlägen fliehen, hat sich nicht bewahrheitet. New York ließ und lässt sich nicht unterkriegen. Estee und ich sind wie viele andere heute froh, dass wir die Mahnungen unserer Verwandtschaft, wir sollten doch wegziehen, ignorierten und blieben.

Ich stehe an der Ecke Broadway/Fulton, es ist ein kalter Dezembertag. Genau hier war ich, als am 11. September 2001 um exakt 9:59 Uhr der Südturm des World Trade Center einstürzte und rund um mich Menschen panikartig lossprinteten.

Neben mir steht meine Tochter Mia. Sie verlegt ihr Gewicht ungeduldig von einem Fuß auf den anderen, lässt sich dann verspielt vom Gitter einer Absperrung hängen. Max steht lässig da, hat seine Hände in den Taschen der Winterjacke vergraben. Ich wollte vor allem ihm die Stelle zeigen, an der ich war, als ich – für einen kurzen Moment zumindest – glaubte, die Geburt meines ersten Kindes vielleicht nicht mehr erleben zu können.

Max hört sich meine Ausführungen geduldig an, Videos und Fotos hatte ich ihm schon früher gezeigt. Da wirkte er noch etwas desinteressiert, sagte, leicht unangebracht, aber für ein Kind verständlich, »Wow«, als auf dem Video die Explosionsflammen aus dem Gebäude schießen. Doch jetzt hört er mir gebannt zu.

Ich möchte meine Erzählung natürlich nicht zu todernst und alarmierend gestalten, flechte zur Aufheiterung zwischendurch ein, wie ich in der stockfinsteren Aschehölle gegen ein Straßenschild lief und mir den Kopf anstieß.

Wieso ich nicht weglief, will er wissen, warum ich mich stattdessen unter einem Lieferwagen verkrochen habe?

Gute Frage, muss ich jetzt fast schmunzeln. Ich erkläre, dass mich die rasende Aschewolke an einen Vulkanausbruch erinnerte und ich nicht glaubte, vor ihr davonlaufen zu können.

Die Tür zu dem Treppenabgang des Restaurants, durch die ich völlig staubverkrustet torkelte, kann ich ihm nicht mehr zeigen: Das Gebäude wurde für den Bau eines Nahverkehrsknotenpunktes abgerissen. Hier klafft jetzt eine mehrere Stockwerke tiefe Baugrube. Am Ende der Fulton Street dominiert der Rohbau des neuen World Trade Center das Straßenbild.

»Wo war Mummy eigentlich?«, will Max wissen.

Ich erzähle ihm, dass sie – mit ihm im Bauch – in unserer Wohnung in der John Street das Drama verfolgte und fürchten musste, dass ich nicht mehr wiederkäme. Ich beschreibe, wie ich, als sich der Staub ein wenig lichtete, die Straße wie ein Verrückter hinunterrannte. Nur um so rasch wie möglich zu ihr zu kommen, ihre lähmende Angst zu beenden. »Stell dir vor«, sage ich dann, »sie wäre fast auf die Straße raus, um mich in dem ganzen Chaos zu suchen.«

Max meint, dass er das auch gemacht hätte, doch ich füge jetzt schon fast streng an: »Wann immer was passiert, bleib an einem sicheren Ort – am Ende würde jeder jeden suchen!«

Wenn wieder was passiert ... – Ein wenig erschrecke ich: All die Notfallpläne, die wir einst ausarbeiteten, sind in totale Vergessenheit geraten. In der Tasche, in der wir einst die wichtigsten Utensilien – vom Reisepass, den wichtigsten Dokumenten bis hin zu Staubmasken und Antibiotika – aufbewahrten, liegen nun im hintersten Winkel eines unserer Kästen alte Kinderspielsachen. An unseren Treffpunkt am Haus unserer 9/11-Gastgeber Nathalie und Benoît kann ich mich in diesem Moment wieder entsinnen. Doch ist der Plan noch aktuell? Immerhin wollen die beiden in Kürze umziehen.

Ich nehme mir vor, mit Estee darüber zu sprechen, bin überrascht, wie sehr wir die Lehre des 11. September bereits vergessen haben: dass die Sonne an einem stinknormalen Tag strahlend auf-, aber über einem Inferno untergehen kann.

Mia wird langsam ungeduldig. Ihr Gesicht ist vom eisigen Wind, der uns hier am unteren Ende von Manhattan stets heimsucht, leicht gerötet. So gehen wir weiter, wie geplant zur Buchhandlung Barnes & Noble zwei Blocks nördlich der Baustelle. Ich kaufe den Kindern eine »Tripple Chunk Chockelate Coockie«, wie bei jedem Besuch.

Max hat auf dem Weg kein Wort mehr gesagt. Ich bin mir nicht mehr sicher, ob ihn das alles überhaupt interessiert. Doch plötzlich, am nächsten Tag, wir sind gerade auf dem Weg zur U-Bahn, fragt er mich aus heiterem Himmel: »Hey Dad! Kannst du mir über diese Geschichte mehr erzählen?«

Ich schaue ihn kurz an, bekomme eine Gänsehaut. Meine Augen sind feucht. Ich weiß, dass wir noch oft darüber reden werden. Und ich bin froh, dass ich dazu in der Lage bin.

Nachbemerkung

So rasch ich durch das Aufheulen der Jumbo-Triebwerke wusste, dass der 11. September 2001 kein normaler Tag werden würde, so kurios zeitverzögert erfahre ich von der Ausschaltung des Drahtziehers des Massenmordes, Osama Bin Laden. Während in der Nacht vom 1. auf den 2. Mai 2011 Helikopter voller Navy-SEALs im Tiefflug durch die Nacht auf dessen Versteck im pakistanischen Abbottabad zufliegen, befinde ich mich gerade auf dem Rückflug aus London, wo ich über die Hochzeit von Prinz William und Kate Middleton berichtete.

Dass bin Laden im Rahmen der »Operation Geronimo« getötet wurde, funkt das Militär etwa zum Zeitpunkt meiner Landung auf dem New Yorker JFK-Flughafen ins Weiße Haus, doch die offizielle Identifizierung der Leiche dauert noch an – und Obama soll sich erst kurz vor Mitternacht an die Nation wenden. Ich gehe wegen des Jetlags früh zu Bett und stelle wie immer mein Smartphone aus. Während Amerika bereits jubelt, schlafe ich daher tief und fest.

Ich erwache vom Lärm knatternder Helikopter. Das Geräusch ist konstant, leicht entnervend, noch immer löst es bei mir die Furcht aus, dass wieder was passiert sein könnte. Ich schalte das Handy an, starre ungläubig auf die Flut an *Breaking News*, überfliege Schlagwörter wie »Seebegräbnis«, »Bin Laden getötet«, »Kommandoaktion«. Ich schnelle auf, rüttle Estee an der Schulter. »Bin Laden«, stammle ich, »er ist tot, sie haben ihn ausgeschaltet.«

»*What?*« Sie schaut mich fassungslos an.

Ich bin bereits zum Fernseher im Wohnzimmer geeilt, sehe eine Aufzeichnung der Obama-Rede. »Ich kann den Amerikanern und der Welt mitteilen, dass die USA eine Operation durchführten, bei der Osama Bin Laden, der Führer von al-Qaida und der Terrorist, der für den Tod Tausender Männer, Frauen und Kinder verantwortlich ist, getötet wurde«, verkündet er.

»*Yes!*« Ich balle die Faust. Wie oft habe ich mir diesen Moment schon vorgestellt!

Es ist natürlich fragwürdig, sich über den Tod eines Menschen zu freuen. Doch ich denke an das unfassbare Leid, das bin Laden anrichtete, die Zäune voller Vermisstenposter, die letzten Anrufe der Menschen in den brennenden Türmen bei ihren Liebsten. Und an all die anderen Massaker an Unschuldigen. Bali, Madrid, London, eine Blutspur rund um den Planeten, jahrzehntelang. Tränen laufen unkontrolliert über meine Wangen. Wilde Emotionen: Erleichterung, Genugtuung, Flashbacks des damaligen Horrors.

Erst im Laufe des Tages dämmert mir, was der Tod bin Ladens für die USA bedeutet. Plötzlich hängen wieder amerikanische Flaggen aus den Fenstern; die Menschen rund um *Ground Zero* wirken entschlossener, energischer – fast zehn Jahre nach dem Abzug aus der qualmenden Terrorzone.

Bedeutet das nun das Ende des teilweise entgleisten »Kriegs gegen den Terror«? Natürlich nicht. Die in Gang gesetzte Maschinerie wird sich noch Jahre, vielleicht Jahrzehnte nicht stoppen lassen. 150.000 amerikanische Soldaten sind in Afghanistan und im Irak stationiert. Dabei bewies die Kommandoaktion, wie fehlgeleitet Bushs kriegerische Antwort auf den al-Qaida-Terror war: 1,3 Billionen Dollar[97] kosteten die Kriege in den 3.517 Tagen zwischen dem 11. September 2001 und bin Ladens Ausschaltung; wirkliche Erfolge gab es weder im Irak, noch gibt es sie in Afghanistan. Dabei logierte bin Laden all die Jahre im angeblichen Partnerstaat Pakistan. Und am Ende reichten gute Spione, Detektive, einige Helikopter und Elitesoldaten aus.

Ist bin Ladens Tod zugleich das Ende von al-Qaida? Wohl kaum. Andere werden seine Führungsaufgaben übernehmen. Doch in der Menschheitsgeschichte tauchten viele Terrorgruppen auf und verschwanden wieder. Zudem sorgen die arabischen Revolten für eine gewaltige Gesellschaftsumwälzung, die den Zulauf junger, fanatischer Terroristen austrocknen könnte.

Der 11. September 2001 – der Tag, hieß es bisher, der alles für immer änderte. Nach dem 2. Mai 2011 dämmert mir erstmals, dass nun doch wieder eine Zukunft ohne permanenten Terrorausnahmezustand möglich scheint.

Abkürzungen und Erklärung der englischsprachigen Begriffe

ABC	amerikanischer TV-Sender
Air Marshall	Flugsicherheitsbegleiter
Bataillon	Verband an Streitkräften oder Feuerwehrkräften
Blackout	Stromausfall
BQE	*Brooklyn-Queens Expressway*, Stadtautobahn in New York
Breaking News	Sendeunterbrechung für wichtige Nachrichten
Brownstone	Bezeichnung für einen Gebäudetypus in den USA, speziell in New York, errichtet mit dem früher beliebten Baumaterial Sandstein
CAPS	*Computer Assisted Passenger Prescreening*, System zur Früherkennung von Terroristen im Flugverkehr
CBS	amerikanischer TV-Sender
Chief Medical Examiner	Gerichtsmediziner
CIA	*Central Intelligence Agency*, US-Geheimdienst
CNN	amerikanischer Nachrichtensender
Compassionate Conservatism	mitfühlender Konservatismus
Cruise Missiles	Marschflugkörper

Deli	Gemischtwarenladen
Doorman	Portier
Embedded Journalist	in Kampfverbänden eingebetteter Reporter
EMS	*Emergency Medical Services*, Ambulanznotdienst
EPA	*Environmental Protection Agency*, US-Umweltbehörde
FAA	*Federal Aviation Administration*, amerikanische Luftfahrtbehörde
FBI	*Federal Bureau of Investigations*, amerikanische Bundespolizei
FDNY	*Fire Department New York*, New Yorker Feuerwehr
FISA	*Foreign Intelligence Surveillance Act*, Gesetz zum Abhören in der Auslandsaufklärung
Flushing Meadows	Bezirk im New Yorker Stadtteil Queens, in dem sich der Austragungsort des Tennisturniers U. S. Open befindet
GPS	*Global Positioning System*, globales Navigationssatellitensystem zur Positionsbestimmung
High Fives	Form des lässigen Grußes durch Zusammenschlagen der Handflächen
Imposter	Hochstapler
JFK	Abkürzung für den Flughafen John F. Kennedy in New York
Killing Fields	Stätten des Massenmordes; der Begriff stammt aus der Beschreibung von 300 Massakerorten der Roten Khmer in Kambodscha

Labor Day	Tag der Arbeit, amerikanischer Feiertag
Landlord	Vermieter
Midterm Elections	Halbzeit-Kongresswahlen in den Vereinigten Staaten
National Intelligence	nationale Geheimdienste
NATO	*North Atlantic Treaty Organisation*, Militärbündnis, Organisation des Nordatlantikvertrags
EADS	*Eastern Air Defense Sector*, amerikanischer Luftverteidigungssektor Ost
NIST	*National Institute of Standards and Technology*, Nationales Institut für Technologie und Standardisierungsprozesse
NORAD	*North American Aerospace Defense Command*, Nordamerikanisches Luft- und Weltraum-Verteidigungskommando
NSA	*National Security Administration*, Nationale Sicherheitsbehörde, amerikanischer Lausch- und Nachrichtendienst
NYPD	*New York Police Department*, Polizeidienst der Stadt New York
NYSE	*New York Stock Exchange*, größte Wertpapierbörse der Welt
OEM	*Office of Emergency Management*, Katastrophenstab der Stadt New York
PEOC	*Presidential Emergency Operations Center*, Präsidialer Katastrophenstab, untergebracht in einem Bunker unter dem Ostflügel des Weißen Hauses
Port Authority	Hafenbehörde der US-Bundesstaaten New York und New Jersey
Profiling	Erstellung eines Verdächtigenprofils

SAALT	*South Asian American Leaders for Tomorrow*, US-Bürgerrechtsgruppe für Einwanderer aus Südasien
Secret Service	Schutzorgan des amerikanischen Präsidenten
Supreme Court	amerikanisches Höchstgericht
SUV	*Sport Utility Vehicle*, Geländelimousine
SWAT	*Special Weapons and Tactics*, taktische Spezialeinheiten der Polizei
SWIFT	*Society for Worldwide Interbank Financial Telecommunication*, Genossenschaft der Geldinstitute zur Telekommunikation für Finanztransfers
TMU	*Traffic Management Unit*, Einheit zum Verkehrsmanagement
TSA	*Transportation Security Administration*, amerikanische Behörde für Sicherheit im Transportwesen
Two Bedroom	Zweizimmerwohnung: Im US-Immobilienjargon beschreibt die Zahl der Schlafzimmer die Apartmentgröße, der zusätzliche Wohnraum bleibt unerwähnt.
U. S. Marshalls	Vollzugsbeamte, die dem US-Justizministerium unterstellt sind
US	*United States*, Vereinigte Staaten
USA	*United States of Amerika*, Vereinigte Staaten von Amerika
Veteran's Day	Tag der Veteranen, Gedenktag in den USA
WNYW	lokaler Fernsehsender in New York
WTC	World Trade Center, New Yorker Welthandelszentrum

Chronologie der Ereignisse des 11. September

6:02 Uhr — Der Führer der Terrorzelle, Mohammed Atta, fliegt mit seinem Komplizen Abdulaziz al-Omari mit der Regionallinie *Colgan Air* von Portland, Maine, nach Boston, wo er sich mit weiteren Kommandos trifft. Zwei der »Todesjumbos«, Flug American Airlines AA 11 und Flug United Airlines UA 175, sollen von Boston aus starten. Zwei weitere Terrorteams bereiten sich in den Flughäfen in Newark auf das Borden des Fluges United Airlines UA 93 sowie Dulles bei Washington, D. C., für Flug American Airlines AA 77 vor.

7:59 Uhr — AA 11 hebt mit 15 Minuten Verspätung vom Bostoner Logan Airport ab. Zieldestination: Los Angeles.

8:13 Uhr — Die Piloten von Flug AA 11 absolvieren den letzten Routinefunkspruch mit den Lotsen in Boston. Atta und vier Komplizen stürmen das Cockpit.

8:14 Uhr — Die Boeing 767 mit 92 Passagieren und Crew an Bord ignoriert die Anweisung der Lotsen, auf 35000 Fuß zu steigen. Zur gleichen Zeit hebt UA 175 mit 65 Menschen an

	Bord von der Logan-Startpiste ab. Das Ziel: ebenfalls Los Angeles, Kalifornien.
8:19 Uhr	Stewardess Betty Ong an Bord von AA 11 berichtet via Bordtelefon, dass niemand im Cockpit antwortet und Menschen in der Business Class erstochen wurden.
8:20 Uhr	Die Flugbehörde FAA registriert AA 11 offiziell als »entführt«. Vom Washingtoner Dulles International Airport hebt AA 77 ab, auch hier ist das vermeintliche Reiseziel Los Angeles.
8:24 Uhr	AA 11 fliegt eine 100-Grad-Kurve, zuvor war der Transponder, der die exakte Position der Maschine an Fluglotsen funkt, abgeschaltet worden. Fragmente einer Funkübertragung werden aufgezeichnet: »Wir haben einige Flugzeuge«, ist Atta zu hören: »Bleiben Sie ruhig und alles wird okay. Wir kehren zum Flughafen zurück.«
8:42 Uhr	Flug UA 93, eine Boeing 757 mit 37 Passagieren und sieben Crewmitgliedern, startet vom Flughafen in Newark, New Jersey, mit Kurs auf San Francisco.
8:42 bis 8:46 Uhr	Flug UA 175 wird entführt.
8:44 Uhr	Stewardess Amy Sweeney an Bord von AA 11 beschreibt einem Kollegen in einem Büro in Boston das Drama an Bord: »Es stimmt was nicht. Wir verlieren rapide an Höhe …« Sie wird gefragt, was sie sieht. »Ich sehe Wasser, ich sehe Gebäude.« Dann: »Wir fliegen tief. Wir fliegen sehr, sehr tief.« Sekunden später: »O mein Gott, wir sind viel zu tief.« Die Verbindung reißt ab, nur noch statische Geräusche rauschen aus dem Funk.

8:46 Uhr	Zwei F-15-Kampfjets steigen von der Otis National Guard Base in Massachusetts auf.
8:46:40 Uhr	AA 11 rast mit 790 km/h in die Nordfassade des WTC-Nordturms zwischen dem 93. und dem 99. Stockwerk. New Yorker blicken fassungslos auf einen gewaltigen Feuerball über dem Finanzdistrikt in Lower Manhattan.
8:48 Uhr	Der erste »Todesspringer« stürzt sich wegen des Flammeninfernos aus dem Gebäude, bis zu 250 folgen in den nächsten 100 Minuten.
8:48:08 Uhr	Der lokale Fernsehsender WNYW sendet die ersten Livebilder des brennenden Wolkenkratzers.
8:50 bis 8:54 Uhr	Die Terroristen bringen Flug AA 77 in ihre Gewalt.
8:51 Uhr	Fluglotsen in New York fällt auf, dass Flug UA 175 seinen Transpondercode änderte. Das Cockpit reagiert auf keinerlei Funksprüche. Die Maschine dreht vom geplanten Kurs ab – in Richtung New York.
8:56 Uhr	Nun schaltet auch Flug AA 77 das Positionsgerät aus.
9:02:59 Uhr	Flug UA 175 kracht mit 950 km/h in die Südfassade des Südturms. Der Einschlagkrater befindet sich zwischen der 77. und 85. Etage. Die Explosion ist live im TV zu sehen.
9:17 Uhr	CBS berichtet, dass US-Geheimdienste Osama bin Laden für den Drahtzieher der Attacke halten.
9:28 Uhr	Das vierte Terrorteam stürmt das Cockpit an Bord von Flug UA 93.

9:29 Uhr	US-Präsident George W. Bush, der gerade eine Volksschule in Florida besucht, wendet sich erstmals an die Amerikaner, spricht von einer »nationalen Tragödie« und ruft zu einer Trauerminute auf.
9:37 Uhr	Flug AA 77 rast mit 64 Menschen an Bord in den Außenring des oktagonförmigen Riesengebäudes des Pentagons, löst einen Großbrand aus.
9:43 Uhr	Das Weiße Haus und das Kapitolgebäude des US-Kongresses werden evakuiert, Vizepräsident Dick Cheney ist vom Secret Service bereits in einen Schutzbunker eskortiert worden.
9:45 Uhr	Der gesamte Luftraum über den Vereinigten Staaten wird gesperrt, alle Maschinen zur sofortigen Landung auf den nächstgelegenen Airport angewiesen.
9:57 Uhr	Passagiere an Bord des Fluges UA 93 haben durch Telefonate erfahren, dass zwei Jets in die WTC-Türme rasten. Sie starten eine Revolte und setzen zum Sturm aufs Cockpit an.
9:58:59 Uhr	Die Spitze des WTC-Südturms neigt sich plötzlich, der Kollaps des 110-stöckigen Bauwerkes beginnt – 56 Minuten nach dem Treffer. Eine gigantische weißgraue Staub- und Aschewolke rast durch den Bezirk.
10:03:11 Uhr	Flug UA 93 zerschellt auf einem Acker im US-Staat Pennsylvania, 129 km südöstlich von Pittsburgh. Beim Kampf im Cockpit zwischen rebellischen Passagieren und den Entführern geriet der Jumbo in den Sturzflug.

10:28:25 Uhr	Der Nordturm des World Trade Center in New York fällt – 102 Minuten nach der Kollision mit Flug AA 11. Ein Segment der Außenfassade bleibt wie eine gigantische Speerspitze für wenige Sekunden stehen, bevor es ebenfalls in der Staubwolke verschwindet.
12:01 Uhr	Die Gruppe aus zwölf Feuerwehrleuten und zwei Zivilisten, angeführt von Captain Jay Jonas, meldet sich als erste bestätigte Überlebende des Infernos im Nordturm über Funk.
14:39 Uhr	New Yorks Bürgermeister Rudy Giuliani beschreibt bei einer Pressekonferenz die mögliche Opferzahl mit »höher, als jeder von uns ertragen kann«.

Anmerkungen

1 Vgl.: Thomas H. Kean, Lee H. Hamilton, 9/11-Kommissions-Report, 24. Juli 2004, S. 145.
2 Vgl.: Ebenda, S. 224.
3 Vgl.: Ebenda, S. 227.
4 Vgl.: Ebenda, S. 242.
5 Vgl.: Office of the Director of National Intelligence, Biografien der Häftlinge. Im Internet: http://www.webcitation.org/query?url=http://www.odni.gov/announcements/content/DetaineeBiographies.pdf+&date=2009-08-31.
6 Vgl.: Thomas H. Kean, Lee H. Hamilton, 9/11-Kommissions-Report, 24. Juli 2004, S. 243.
7 Vgl.: Ebenda, S. 244.
8 Vgl.: Ebenda, S. 245.
9 Vgl.: Ebenda, S. 249.
10 Vgl.: Ebenda, S. 250.
11 Vgl.: Ebenda, S. 259.
12 Vgl.: 9/11 Encyclopedia, Kenneth Williams. Im Internet: http://911review.org/Sept11Wiki/Williams,Kenneth.shtml.
13 Vgl.: Thomas H. Kean, Lee H. Hamilton, 9/11-Kommissions-Report, 24. Juli 2004, S. 260.
14 Vgl. Ebenda, S. 253.
15 Vgl.: Cofer Black, Joint Investigations Into September 11th: Fifth Public Hearing, 26. September 2002. Im Internet: http://www.fas.org/irp/congress/2002_hr/092602black.html.
16 Vgl.: Doris Bloodsworth, Inmate Says he Told FBI About Danger to New York, *Orlando Sentinel*, 6. Januar 2002.
17 Vgl.: US Department of Justice, Office of Inspector General, A Review of the FBI's Handling of Intelligence Information Related to the September 11 Attacks, S. 140f.
18 Vgl.: Oliver Schroem, Tödliche Fehler, *Die Zeit*, 2. Oktober 2001. Im Internet: http://www.zeit.de/2002/41/Toedliche_Fehler.
19 Vgl.: Richard A. Serrano, Agents Fault FBI on 9/11, *Los Angeles Times*, 21. März 2006. Im Internet: http://articles.latimes.com/2006/mar/21/nation/na-moussa21/3.
20 Vgl.: Coleen Rowley's Memo to FBI Director Robert Mueller: An

Edited Version of the Agent's 13-page-letter, 21 Mai 2002.

21 Vgl.: David Ruppe, Who Did It?, *ABC News*, 12. September 2001.

22 Vgl.: Audrey Gillan, Richard Norton-Taylor, John Hopper, Jon Henley, and Giles Tremlett, Allies Point Finger at Britain as al-Qaida's »Revolving Door«: The British connection, *The Guardian*, 14. Februar 2002.

23 Vgl.: Joe Panossian, Egypt Leader Says He Warned America, Associated Press. 7. Dezember 2001.

24 Vgl.: Mubarak Says He Warned US, *ABC News*, 4. Juni 2002.

25 Vgl.: Neil Macay, The Roots of the Worst Terrorist Attack in History, *Sunday Herald*, 2001. Im Internet: http://web.archive.org/web/20010924002816/http://www.sundayherald.com/18498.

26 Vgl.: German Police Confirm Iranian Deportee Phoned Warnings, *Ananova*, 14. September 2001.

27 Vgl.: The Proof They Did Not Reveal, *Sunday Times*, 7. Oktober 2001.

28 Vgl.: American Air Pilot Uniforms, ID Badges Lost Report, *Reuters*, 14. September 2001.

29 Vgl.: Kevin Cullen, Ralph Ranalli, Flight School Says FBI Trailed Suspects Prior to Hijeckings, *The Boston Globe*, 18. September 2001.

30 Vgl.: John F. Burns, On Videotape, Bin Laden Charts a Violent Future, New York Times, 9. September 2001. Im Internet: http://www.criminology.fsu.edu/transcrime/articles/On%20Videotape,%20Bin%20Laden%20Charts%20a%20Violent%20Future.htm.

31 Vgl.: Terrorists May Have Attempted to Profit From a Drop in Airlin Stocks After the Four Hijackings«, *CBS News*, 19. September 2001.

32 Vgl.: Andrew Gumbel, Last Words to Hijackers: Wear Clean Clothes and Seek God's Forgiveness, *Los Angeles Times*, 29. September 2001. Im Internet: http://www.independent.co.uk/news/world/americas/last-words-to-hijackers-wear-clean-clothes-and-seek-gods-forgiveness-671224.html.

33 Vgl.: Michael Smerconish, He Looked Terror in the Eye – And Blinked, *Philadelphia Enquirer*, 24. Februar 2005. Im Internet: http://web.archive.org/web/20050227013534/http://www.philly.com/mld/philly/news/columnists/michael_smerconish/10977209.htm.

34 Vgl.: Thomas H. Kean, Lee H. Hamilton, 9/11-Kommissions-Report, S. 5.

35 Vgl.: Hart Seely, Amid Crises Simulation, »We Were Suddenly No-Kidding Under Attack«, *Newhouse News Service*, 2002. Im Internet: http://web.archive.org/web/20020219050126/http://www.newhouse.com/archive/story1a012802.html.

36 Vgl.: We Have Some Planes, *BBC*, 23. Juli 2004.

37 Vgl.: Thomas H. Kean, Lee H. Hamilton, 9/11-Kommissions-Report, S. 20.

38 Vgl.: Metthew Wald, Kevin Sack, The Taes, »We Have Some Planes«, Hijacker Said on Sept. 11, *New York Times*, 16. Oktober 2001. Im Internet: http://www.nytimes.com/2001/10/16/national/16PLAN.html.

39 Vgl.: National Institute of Standards & Technology, Baseline Structural Performance and Aircraft Impact Damage Analysis of the World Trade Center Towers, S. 189, September 2005.

40 Vgl.: Officials: Government Failed to React to FAA Warning, *CNN*, 17. September 2001. Im Internet: http://edition.cnn.com/2001/US/09/16/inv.hijack.warning/.

41 Vgl.: Thomas H. Kean, Lee H. Hamilton, 9/11-Kommissions-Report, S. 11.

42 Vgl.: Lynn Spencer, Touching History: The Untold Story of the Drama That Unfolded in the Skies Over America on 9/11, *New York Free Press*, 2008.

43 Vgl.: Thomas H. Kean, Lee H. Hamilton, 9/11-Kommissions-Report, S. 27.

44 Vgl.: Alan Levin, For Airtraffic Controllers a Historic Achivement, *USA Today*, 12. August 2002. Im Internet: http://dsc.discovery.com/cfactsonvergence/twintowers//facts_02.html.

45 Vgl.: Thomas H. Kean, Lee H. Hamilton, 9/11-Kommissions-Report, S. 37.

46 Das Minibeben der Magnitude 2,3 war messbar. Vgl.: Won-Young, Seismic Waves Generated by Aircraft Impacts and Building Collapses at World Trade Center, New York City, Lamont-Doherty Earth Obs., Columbia University.

47 Vgl.: Thomas H. Kean, Lee H. Hamilton, 9/11-Kommissions-Report, S. 305.

48 Vgl: Kate Connolly, »German Sept 11 Theory Stokes Anti-US Feeling«, *The Telegraph*, 20. November 2003. Im Internet: http://www.telegraph.co.uk/news/worldnews/europe/germany/1447232/German-Sept-11-theory-stokes-anti-US-feeling.html.

49 Vgl.: Joseph Fortis, Transcript, übertragen von Laurie A. Collins, »World Trade Center Task Force Interview: Firefighter Edward Kennedy«, interviewt von Dennis Kenathan, *City of New York*, 7. November 2001.

50 Vgl.: National Institute of Standards and Technology (NIST), NIST & The World Trade Center, 30. August 2006. Im Internet: http://wtc.nist.gov/pubs/fact sheets/faqs_8_2006.htm.

51 Dass Giuliani in dem Gebäude auch noch große Mengen an

Diesel für Notzeiten lagern ließ, sollte als größte Panne und Ursache für den späteren Einsturz des Gebäudes gewertet werden. Vgl.: Raymond A. Grill, Duanne A. Johnson, Documentation of the Fuel System for Emergency Power in World Trade Center 7, NIST, September 2005.

52 Vgl.: History Commins, Complete 9/11 Timeline. Im Internet: http://www.historycommons.org/timeline.jsp?timeline=complete_911_timeline&startpos=3200.

53 Bin Laden wurde schon in den ersten Minuten nach dem ersten Jumbotreffer vom Gros der Terrorexperten im amerikanischen Fernsehen als Drahtzieher verdächtigt.

54 Vgl.: Kevin Cosgroves' Last Call From World Trade Center, *ebaumsworld.com*. Im Internet: http://www.metacafe.com/watch/195258/kevin_cosgroves_9_11_last_call_from_world_trade_center/.

55 Vgl.: David Enders, NY Alumni Club President Unable to Escape 86th floor, *The Michigan Daily*, 16. September 2001. Im Internet: https://www.michigandaily.com/content/ny-alumni-club-president-unable-escape-86th-floor.

56 Vgl.: The World Trade Center, Office of Cultural Education. Im Internet: http://www.nysm.nysed.gov/wtc/about/facts.html.

57 Beim Vorfall in Roswell, New Mexico, handelt sich um einen mysteriösen Absturz eines Flugobjektes im Juni oder Juli 1947. Anhänger von Verschwörungstheorien glauben, dass dort ein Außerirdischen-Raumschiff abstürzte, Fragmente und sogar die Körper von Aliens geborgen wurden und die Armee alles vertuschte. Offiziell war nur der Absturz eines experimentellen Aufklärungsballons zugegeben worden. Ähnlich mysteriös die Militärinstallation »Area 51« in Nevada, 133 nordnordwestlich von Las Vegas, deren Existenz lange verheimlicht wurde und wo vor allem geheime Tests neuer Waffensysteme der US-Luftwaffe durchgeführt werden sollen. Hinter »Grassy Knoll« schließlich verbirgt sich ein Grashügel an der Dealey Plaza in Dallas, auf dem zum Zeitpunkt der Ermordung John F. Kennedys zwei verdächtige Männer gestanden haben sollen. Zweifler an der Regierungsversion des Attentats sehen in der Anwesenheit der Männer einen der wichtigsten Beweise dafür, dass der Präsident einer groß angelegten Verschwörung zum Opfer fiel und nicht dem Einzeltäter Lee Harvey Oswald.

58 Vgl.: Final Report of the Collapse of World Trade Center Building 7, NIST, S. 11, November 2008.

59 Später soll recherchiert werden: 200 Menschen stürzten sich lieber freiwillig in den Tod, als im Feuer zu verbrennen oder im Rauch zu ersticken. Vgl.: Dennis Cauchon, Martha Moore, Desperation Forced a Horrific Decision, *USA Today*, 2. September 2002.

60 Vgl.: Julian E. Barnes, »A Nation Challenged: Proud Spirits; As Demand Soars, Glag Makers Help Bolster Nation's Morale«, *Annin Flagmakers*, 23. September 2001. Im Internet: http://www.annin.com/news_0109_a_nation_challenged.asp.

61 Heute ist Uchitel natürlich auch als Exfreundin des Supergolfers Tiger Woods berühmt-berüchtigt.

62 Allein die auf Anleihenhandel spezialisierte Investmentbank Cantor Fitzgerald verlor am 11. September 658 Angestellte.

63 Am 31. März 2001 kollidiert ein amerikanischer Aufklärungsflieger des Typs US EP-3 Aries II mit einem chinesischen Kampfjet über dem südchinesischen Meer. Der Jet der chinesischen Luftwaffe stürzt ab, der Pilot kommt ums Leben. Die US-Maschine kann jedoch mit der 24-köpfigen Crew auf dem Luftwaffenstützpunkt auf Hainan Island (China) notlanden. Die gesamte US-Crew wird verhaftet. US-Präsident George W. Bush und sein Team setzen bei ihrer ersten außenpolitischen Probe zunächst auf einen Showdown mit Peking, droht China mit der Zerrüttung der Beziehungen. Sie müssen jedoch letztendlich nachgeben und sich bei der KP-Führung entschuldigen. Die US-Soldaten dürfen erst am 11. April, fast zwei Wochen nach der Notlandung, ausreisen.

64 Vgl.: Richard A. Clarke, Against All Enemies: Inside America's War on Terror, *Basic Books*, 2004, S. 23f.

65 Nach mehreren Telefonaten mit meiner Krankenversicherung akzeptierten sie am Ende die Rechnung, ich musste keinen Selbstbehalt bezahlen.

66 Eine Studie sollte später zeigen, wie traumatisiert die USA damals wirklich waren: 17 Prozent aller US-Bürger außerhalb New Yorks berichteten über Symptome wie Schlaflosigkeit, Albträume und Angstzustände. Vgl.: Steve Fishman, The Miracle Survivors. Im Internet: http://nymag.com/nymetro/news/sept11/2003/n_9189/.

67 Vgl.: Steve Fishman, The Miracle Survivors, *New York Magazine*, September 2002. Im Internet: http://nymag.com/nymetro/news/sept11/2003/n_9189/.

68 Vgl.: Steve Fishman, The Miracle Survivors, *New York Magazine*, September 2002. Im Internet: http://911research.wtc7.net/cache/wtc/analysis/theories/acfd_miraclecompany_6.htm.

69 Vgl.: George W. Bush, Bullhorn Address to Ground Zero Rescue Workers, *American Rhetoric*, 14. September 2001. Im Internet: http://www.americanrhetoric.com/speeches/gwbush911groundzerobullhorn.htm.

70 Vgl.: »Moonboots«, Bush did NOT know there was difference between Sunni & Shiite Muslims until Jan '03, *Daily Kos*, 8. Dezember 2005. Im Internet: http://www.dailykos.com/story/2005/12/8/215257/257.

71 Vgl.: Dan Verton, For Wall Street, 9/11 Lessons Three Years in the Making, *Computer World*, 8. September 2004. Im Internet: http://www.mail-archive.com/isn@attrition.org/msg03316.html.

72 Vgl. Shannon Fava, She Dances in his Heart, *In Memoriam Online Network*. Im Internet: http://inmemoriamonline.net/Profiles/Folders/F_Folder/Fava_Shannon.html.

73 Vgl.: Manhattan on September 12, NASA Goddard Office of Public Affairs, Landsat 7. Im Internet: http://en.wikipedia.org/wiki/File:Manhattan_on_September_12_-_Landsat7.jpg.

74 Vgl.: New York September 11 NEXRAD, NCDC NEXRAD Database, 11. September 2001. Im Internet: http://en.wikipedia.org/wiki/File:New_York_September_11_NEXRAD.png.

75 Vgl.: Rick Beusse, James Hatfield u. a., EPA's Response to the World Trade Center Collapse: Challenges, Successes, and Areas for Improvement, *EPA Office of the Inspector General*, 21. August 2003. Im Internet: http://www.epa.gov/oig/reports/2003/WTC_report_20030821.pdf.

76 Vgl.: Michael Mason, The 9/11 Cover-Up, *Discover Magazine*, Oktober 2007, S. 24. Im Internet: http://discovermagazine.com/2007/oct/the-9-11-cover-up.

77 In einer Untersuchung einer Fachabteilung der Columbia University (CCCEH) an 330 Frauen, die während 9/11 schwanger waren, zeigte sich, dass 9/11-Babys geringere Körpergröße, geringeres Geburtsgewicht, geringeren Kopfumfang hatten und die Indikatorwerte für mögliche genetische Schäden erhöht waren. Im Schnitt waren die Neugeborenen um 122 Gramm leichter und um 7,4 Millimeter kleiner. Die durchschnittlichen Addukthöhen (durch die genetischer Schaden beurteilt werden kann) waren sowohl im Blut der Nabelschnur als auch in jenem der Mutter am höchsten für Frauen und Kinder, die innerhalb eines Radius von 1,6 Kilometern rund um die WTC-Ruine lebten. Dann folgten Mütter, die nur dort arbeiteten. Die Wissenschaftler versuchten jedoch, auch mit einer zweiten Arbeit die Belastung in einen globalen Zu-

sammenhang zu bringen, dehnten ihre Studie auf Schwangere in Nordmanhattan, Krakau, Polen und Tongliang, China, aus. Dabei schnitten Frauen nahe Ground Zero immerhin besser ab als jene in den polnischen und chinesischen Städten. Vgl.: CCCEH Research: World Trade Center, Columbia University, Mailman School of Public Health. Im Internet: http://www.cumc.columbia.edu/dept/mailman/ccceh/research-wtc.html.

78 Vgl.: Denise Grady, Lung Function of 9/11 Rescuers Fell, Study Finds, *New York Times*, 7. April 2010. Im Internet: http://www.nytimes.com/2010/04/08/nyregion/08lung.html?src=m. Heute verschlingt die Behandlung der Arbeiter jeden Monat sechs Millionen Dollar.

79 Vgl.: Jean-Marie Colombani, »We Are All Americans«, *Le Monde*, 12. September 2001, Übersetzung: *World Press Press Review*. Im Internet: http://www.worldpress.org/1101we_are_all_americans.htm.

80 Vgl.: Michel Bruneau, Andrew Whittaker, Andrei Reinhorn, Engineering and Organizational Issues Related to the World Trade Center Terrorist Attack, The Multidisciplinary Earthquake Engineering Research, März 2002. Im Internet: http://mceer.buffalo.edu/publications/wtc/02-SP02Screen.pdf.

81 Vgl.: Flight 175 Engine, NIST, 11. September 2001. Im Internet: http://www.911myths.com/index.php/Image:Flight_175_engine.jpg#file.

82 Vgl.: Manny Howard, »David Bouley Is Feeding Rescuers, But It's Now a Business Venture«, *The New York Observer*, 4. November 2001. Im Internet: http://www.observer.com/node/45177.

83 Vgl.: Aviation Safety Network, Accident Description Flight 587, Flight Safety Foundation. Im Internet: http://aviation-safety.net/database/record.php?id=20011112-0.

84 Vgl.: Gary Younge, Flight to the Death, *The Guardian*, 11. November 2001.

85 Vgl.: Carla Marinucci, Bush Defends Record: I Am a War President, *San Francisco Chronicle*, 9. Februar 2004. Im Internet: http://articles.sfgate.com/2004-02-09/news/17412632_1_bush-s-strategy-white-house-iraqi-president-saddam-hussein.

86 Vgl.: William Hamilton, Bush Began to Plan War Three Months After 9/11, *The Washington Post*, 17. April 2004. Im Internet: http://www.washingtonpost.com/wp-dyn/articles/A17347-2004Apr16.html.

87 Vgl.: Michael R. Gordon, Judith Miller, The Iraqis, U. S. Says Hussein Intensifies Quest for A-Bomb Parts, *New York Times*, 8. September 2002. Im Internet:

http://www.nytimes.com/2002/09/08/international/middleeast/08IRAQ.html?ex=1121140800-&en=76eddceb628af81e&ei=50-70.

88 Vgl.: Russell Goldman, Luis Martinez, WikiLeaks: At Least 109,000 Killed During Iraq War, *ABC News*, 22. Oktober 2010. Im Internet: http://abcnews.go.com/Politics/wikileaks-109000-deaths-iraq-war/story?id=11949670.

89 Vgl.: Sarah Portlock, Flight to the Death, *The New York Sun*, 11. Dezember 2007. Im Internet: http://www.guardian.co.uk/lifeandstyle/2006/nov/11/weekend.garyyounge.

90 Vgl.: United Architects, New World Trade Center Site Designs, LMDC, 2002. Im Internet: http://www.renewnyc.com/plan_des_dev/wtc_site/new_design_plans/firm_f/default.asp.

91 WTC Memorial: $1 Billion; Bickering Over It: Priceless, *The Gothamist*. Im Internet: http://gothamist.com/2006/05/05/wtc_memorial_1_1.php.

92 Ryan Singel, Due Process Vanishes in Thin Air, *Wired*, 8. April 2003. Im Internet: http://www.wired.com/politics/security/news/2003/04/58386.

93 Vgl.: Matt Drudge, Drudge Report, 15. November 2010. Im Internet: http://www.drudgereportarchives.com/data/2010/11/15/20101115_160031.htm.

94 Jillian Scharr, Most New Yorkers Oppose Ground Zero Mosque: Poll, *NBC New York*, 17. August 2010. Im Internet: http://www.nbcnewyork.com/news/local/New-Yorkers-Oppose-Ground-Zero-Mosque-Poll-97602569.html.

95 Afghans protest Fla. Church's plans to burn Quran, *AP*, 6. September 2010. Im Internet: http://www.groundzeromosquenews.com/index.php?option=com_content&view=category&layout=blog&id=1&Itemid=50&limitstart=110.

96 Jonathan Carl, Congress vows unity, reprisals for attacks, *CNN*, 11. September 2001. In: http://articles.cnn.com/2001-09-11/us/congress.terrorism_1_attacks-world-trade-center-cowardly-acts?_s=PM:US.

97 Vgl.: David Elkins, Osama the Symbol Not So Easy to Vanquish, 3. Mai 2011, IPS. Im Internet: http://www.ipsnews.net/news.asp?idnews=55481.